Unsere Hände sind mit Blut befleckt

D1678397

DR. MICHAEL L. BROWN

UNSERE HÄNDE SIND MIT BLUT BEFLECKT

Die tragische Geschichte der „Christen" und Juden

Azar GbR
Söldenhofstr. 10, 83308 Trostberg
www.azarnet.de

Christliche Freunde Israels e. V.
Söldenhofstr. 10, 83308 Trostberg
www.cfri.de

Titel der Originalausgabe:
Our Hands Are Stained With Blood
The Tragic Story Of The „Church"
And The Jewish People
(Destiny Image Publishers, Inc.)

Copyright der amerikanischen Ausgabe:
1992 Michael L. Brown

Copyright der deutschen Erstausgabe:
2000 Mega Medien KG

Copyright der deutschen Ausgabe (ab 2. Auflage):
2016 Christliche Freunde Israels e. V. / AZAR GbR

1. Auflage: Januar 2000
2. Auflage: Dezember 2016

ISBN: 978-3-944603-16-2

Die Bibelzitate stammen, soweit nicht anders vermerkt,
aus der Lutherbibel 1984 Deutsche Bibelgesellschaft

Übersetzung: Robert Häußer und Gaby Lobit
Lektorat: Andreas Hornung, Otfried Hainebach, Bruni & Andreas Stock
Layout: Ewald Sutter, Azar GbR, Trostberg
Umschlagfoto: © Aronbrand I Dreamstime.com
Druck: CPI books GmbH, 25917 Leck

Inhalt

Vorwort zur deutschen Ausgabe

Als ich dieses Buch von Dr. Michael Brown vor gut einem Jahr las, hat es mich vom ersten Moment an zutiefst gepackt, und ich wusste: Es muss so schnell wie möglich nach Deutschland kommen!

Warum ist dieses Buch gerade jetzt für Deutschland so außerordentlich bedeutsam? Mindestens drei Gründe sind zu nennen:

Das Thema Israel wird derzeit in Deutschland wie kaum ein anderes Thema „vom Heiligen Geist angeschoben". Eine Fülle von Diensten, Gebetsaktivitäten, Initiativen auf kirchlicher, freikirchlicher, gemeindlicher und übergemeindlicher Ebene sind in den letzten Jahren in Deutschland aufgebrochen. War das Thema „Israel" noch vor wenigen Jahren ein Randthema, so rückt dessen Bedeutung immer mehr in das Zentrum der Aufmerksamkeit der Gemeinde Jesu in Deutschland.

Bei vielen Christen und in vielen Gemeinden ist diese Entwicklung jedoch mit einer Reihe von Fragen und Unsicherheiten verbunden. Ein Teil dieser Fragen und Vorbehalte, die mehr oder weniger offensichtlich mitschwingen, haben damit zu tun, dass man Angst vor Einseitigkeiten hat oder sich schwer tut, dass Thema „Israel" mit den bisher vorrangigen Themen oder theologischen Vorstellungen in Einklang zu bringen.

Dieses Buch scheint mir bestens dafür geeignet zu sein, diese Ängste und Vorbehalte abzubauen und gerade solche Christen, für die dieses Thema neu oder zwiespältig ist, in die wesentlichen

biblischen, geistlichen und historischen Zusammenhänge hinein-
zunehmen.

Der zweite Grund: Dr. Michael Brown legt in seinem Fazit dieses Buches im sechzehnten und letzten Kapitel den grundsätzlichen
Zusammenhang dar zwischen der Aufarbeitung historischer Schuld
am jüdischen Volk einerseits und der Fülle des Segens und der Voll-
macht Gottes für die Gemeinde Jesu der Endzeit andererseits.

Damit unterstreicht Dr. Michael Brown die Überzeugung, die
seit vielen Jahren in mir und einer wachsenden Zahl von Gläubigen
in Deutschland gewachsen ist, dass unser Land keinen tiefgehenden
und national bedeutsamen geistlichen Aufbruch sehen wird, ehe wir
uns als Gemeinde Jesu dieser Thematik nicht in angemessener, das
heißt in höchst ernsthafter und radikaler Weise, gestellt haben.

Ich halte es für eine der zentralen Wegbereitungsaufgaben der
Gemeinde Jesu, mit Blick auf Erweckung in Deutschland und dem
sogenannten christlichen Abendland, diesen Dienst der Aufarbeitung
historischer Schuld am jüdischen Volk – unter der Leitung des Heiligen Geistes – mit großer Hingabe und Konsequenz auszuführen.

Was Deutschland betrifft, haben die neuesten Recherchen der
evangelischen Marienschwesternschaft in Darmstadt ergeben, dass
es in den vergangenen 9 Jahrhunderten christlichen Antisemitismus' – das 3. Reich ausgenommen! – an 388 deutschen Orten 591
Pogrome gegen Juden gegeben hat. Praktisch, ohne Ausnahme,
gingen diese mit Folter, Massaker und Vertreibung einher. In wie
vielen dieser Orte und Städte ist diese Schuld jemals öffentlich bekannt worden?

Und was die jüngere Vergangenheit betrifft: In wie vielen unserer Familien liegt immer noch die Decke des Schweigens über der
Schuld vergangener Tage? Wie viele Organisationen, Vereine, Be-
rufsgruppen, Stände und soziale Gruppierungen haben die 12-jäh-
rige Nazizeit einfach aus ihrer Biographie ausgeblendet, ohne sie
jemals angemessen aufgearbeitet zu haben – und wie viele unserer
Gemeinden, Kirchen und Freikirchen ebenso?

Ich glaube, dass dieses Buch ein äußerst wertvoller Anstoß sein kann, das Bewusstsein für diese Zusammenhänge zu schärfen!

Der dritte Grund, warum ich glaube, dass dieses Buch für uns in Deutschland so außerordentlich geeignet ist, liegt in der Person von Dr. Michael Brown:

Michael Brown ist ein Mann der Erweckung. Das ist sein Lebensthema, und dafür ist er auch in Deutschland bekannt geworden. So ist wohl kaum jemand besser geeignet als er, uns dieses schmerzliche und herausfordernde Thema des kirchlichen Antisemitismus und der dahinter stehenden Ersatztheologie nahezubringen. Denn er schreibt diese Zeilen nicht mit dem Schwert der Verdammnis in der Hand, sondern in Verbindung mit der sehnsüchtigen Erwartung und hoffnungsvollen Schau auf Erlösung, Aussöhnung und Erweckung.

Dr. Michael Brown ist ein Mann des Wortes Gottes. Er gilt in den Vereinigten Staaten und darüber hinaus, als einer der fundiertesten und scharfsinnigsten Bibellehrer und Autoren der letzten 10 Jahre. Sowohl sein Umgang mit der Bibel selbst, als auch mit außerbiblischen Quellen, ist sein Arbeitsstil von großer Präzision und reichem Sachverstand gekennzeichnet.

Und schließlich: Michael Brown ist ein Mann des Herzens. Bei aller Präzision und Korrektheit in der Sache, spürt man in jedem Satz das umfassende Engagement und die brennende Leidenschaft des Herzens für die Sache, um die es ihm geht.

So wünsche ich diesem Buch, dass es in den Herzen vieler Gläubiger zu einem Zündfunken wird und – in ihnen und durch sie – einen Flächenbrand auslöst. Einen Flächenbrand, der in die Betroffenheit, in die Buße und in die Reue führt. Einen Flächenbrand, der mit dazu beiträgt, dass die schmutzigen Kleider unserer Sünde und Schuld verbrannt werden, Blutschuld getilgt und Flüche über Familien, Ortschaften und Regionen zerbrochen werden. Einen Flächenbrand, der auf unsere Gesellschaft übergreift. Einen Flächenbrand, dessen Wärme auch die Herzen der heute lebenden jüdischen Menschen in Deutschland, in Israel und wo auch immer sie sind, erreicht und sie heilsam und tröstend berührt.

Möge aus dem heiligen Feuer der Buße das heilige Feuer der Erweckung hervorbrechen, das Deutschland und Europa wirklich zu durchdringen und zu verändern vermag!

Altensteig, im August 2000
Harald Eckert

Vorwort

Von einem guten Buch wird gesagt: „Man kann es nicht beiseite legen." Von diesem Buch „Unsere Hände sind mit Blut befleckt" muss ich jedoch sagen: „Ich wollte es beiseite legen, es nicht lesen oder mich mit seinen Fragen beschäftigen" – aber ich konnte nicht. Der Herr ließ es nicht zu. Ich war zu sehr von seinem Inhalt überführt. Überführt auch von meiner bisherigen Unwissenheit. Unwissenheit, vor allem, was den Geist des Antisemitismus betrifft, der in der Kirche und in so vielen sogenannten Christen durch die ganze Geschichte hindurch vorhanden war. Ich kannte das Ausmaß der früheren Verfolgung unserer jüdischen Brüder durch „heidnische Christen" nicht. Jetzt kenne ich es – dank der gründlichen Nachforschungen von Michael Brown und der von ihm dargelegten, unbestreitbaren historischen Fakten. Die in der Vergangenheit von christlichen Leitern gemachten Aussagen über die Juden rüttelten mich auf und ließen mich aufwachen.

Was mich jedoch beängstigt, ist, dass ein ähnlicher Geist des Antisemitismus heute in der Kirche in einigen Bereichen des Leibes Christi vorhanden ist. Dieser ist in Form einer sehr populären Lehre in die Kirchen gekommen und macht dort – wie auch in den Gemeinden – die Runde. Sie wird als „Theologie der Ersetzung" oder auch „Enterbungstheorie" bezeichnet. Der dahinterstehende Gedanke ist der, dass die christliche Gemeinde nun das „neue Israel" sei und dass allein die Gemeinde die Erfüllung all der alttestamentlichen Prophetien darstellt, die Gott im Blick auf den Bund mit dem jüdischen Volk gegeben hat. Falls Ihnen diese Frage auch schon zu schaffen machte, ganz gleich, ob deshalb, weil Sie unwissend waren, oder weil Sie persönlich überführt wurden, fordere ich Sie auf, die Kapitel 12 und 13 dieses Buches betend zu lesen.

Die Auslegung, die Michael Brown von der Lehre des Apostels Paulus darüber bringt, wer Israel und wer ein Jude ist, ist unanfechtbar. Jedem, der ernsthaft im Wort Gottes nachforscht, werden diese beiden Kapitel in seinem Verstand und im Herzen die bleibende Erkenntnis hinterlassen, dass wir Christen nicht das neue oder wahre Volk der Juden sind, dass Gott niemals Sein Volk – die Juden – verlassen wird und es auch niemals verlassen hatte, dass die Inbesitznahme des Landes durch Israel ein Recht ist, welches nicht durch Menschen gewährt wurde, sondern durch Gott, aufgrund einer wunderwirkenden Verheißung, die für alle Zeit und Ewigkeit Bestand haben wird.

Deshalb ist dieses Buch ein Weckruf an die Gemeinde. Gerade als Pastor will ich, dass jeglicher Antisemitismus an den Türen der Kirche Halt macht. Diese Haltung darf bei wahren Christen keinen Platz einnehmen. Wo immer wir sehen, wie diese hässliche Einstellung ihr Haupt erheben will, müssen wir daran arbeiten, dass sie weicht. Es mögen sich auch Fürbitter erheben, die dafür beten, dass das Evangelium „zuerst den Juden" gebracht wird.

Ich betrachte mich selbst als jemanden, der Israel und das jüdische Volk liebt. Aber es gab in meiner Vision bezüglich der Juden „blinde Flecken". Ich bin überzeugt, dass ich durch die Botschaft von Michael Brown nun besser darauf vorbereitet bin, für den Frieden Jerusalems zu beten und zu arbeiten.

Mein Gebet ist es, dass Sie von diesem Buch genauso tief bewegt werden, wie ich es wurde – und dass Sie – so wie ich es jetzt tun werde – Ihren Teil dazu beitragen, dass dieses Buch in die Hände von Pastoren, christlichen Leitern und Laien gelangt – seien sie nun der Judenfrage gegenüber aufgeschlossen oder nicht. Keiner nun, ob gläubig oder ungläubig, der dieses Buch „Unsere Hände sind mit Blut befleckt" gelesen hat, wird in seiner Haltung gegenüber dem jüdischen Volk derselbe bleiben, der er vorher war.

Don Wilkerson, Times Square Church

Vorwort des amerikanischen Verlegers

Dies Buch musste geschrieben werden. Die nichtjüdischen Gläubigen müssen wissen, was in den vergangenen Jahrhunderten dem jüdischen Volk im Namen Jesu angetan wurde.

Wir nichtjüdischen Gläubigen müssen verstehen, welchen Schmerz und welches Leid zahllose Pseudochristen über das jüdische Volk gebracht haben. Erst dann können wir auch nur annähernd den tiefen Schmerz und Kummer ermessen, den dieses Volk durch die Hand sogenannter „Christen" ertragen musste.

Obwohl vieles von dem, was Sie lesen werden, keineswegs echten Christen zugeschrieben werden kann, muss man doch sagen: einiges trifft auf sie zu. Es gibt selbst heute einen beunruhigenden Trend hin zu einem erneuerten Geist des Antisemitismus, sogar unter den Christen, und das nicht nur in den Vereinigten Staaten, sondern weltweit.

Wir müssen unsere Verantwortung begreifen, uns „in den Riss zu stellen" und für Gottes Volk einzutreten, das Er noch immer erwählt hat. Aufrichtige Gebete der Fürbitte müssen von uns für Israel dargebracht werden. Herzensgebete der Buße müssen von uns für die Brüder und Schwestern in Christus dargebracht werden, die solch einen Hass in ihren Herzen trugen und ihn immer noch tragen. Wir müssen ganz tief in unserem Herzen den Vorsatz fassen, antisemitische Einstellungen in uns selbst wie auch in den Menschen um uns herum bloßzustellen.

Schließlich müssen wir daran erinnert werden, für den Frieden Jerusalems zu beten, so wie die Schrift es uns aufträgt, damit die Herrlichkeit des Herrn den Erdboden bedeckt und damit es bei

Seiner Wiederkunft eine Braut geben möge, die aus jüdischen und nichtjüdischen Gläubigen besteht, die in wahrhaftiger Einheit und im Band des Friedens zusammenhalten.

Einleitung
(Wie dieses Buch zu lesen ist)

In einer Rede im Jahre 1985, machte der deutsche Bundespräsident Richard von Weizsäcker folgende wichtige Aussagen:

> *Das jüdische Volk erinnert sich und wird sich immer erinnern.* Wir suchen als Menschen Versöhnung. Gerade deshalb müssen wir verstehen, dass es Versöhnung ohne Erinnerung gar nicht geben kann. Die Erinnerung millionenfachen Todes ist ein Teil des Inneren jedes Juden in der Welt, nicht nur deshalb, weil Menschen ein solches Grauen nicht vergessen können, sondern Erinnerung gehört zum jüdischen Glauben." [1]

Ja, das ist wahr – „Erinnerung ist ein Teil des jüdischen Glaubens". Immer und immer wieder gebot Gott Seinem Volk Israel, sich zu erinnern und niemals zu vergessen:

> *Denkt an den Tag,* als ihr vor dem Herrn am Berg Horeb standet ...
>
> *Denkt daran,* dass ihr Sklaven in Ägypten wart und dass der Herr euer Gott euch mit mächtiger Hand und ausgestrecktem Arm von dort herausgeführt hat ...
>
> *Denkt daran,* was der Herr, euer Gott, an Pharao und an ganz Ägyptenland getan hat ...
>
> *Denkt daran,* wie der Herr euch den ganzen Weg durch die Wüste hindurch in den 40 Jahren geleitet hat ...

Denkt daran, was der Herr, euer Gott, an Miriam tat auf dem
Wege, als ihr aus Ägyptenland herauskamt ...
Denkt an das, was Amalek an euch tat, auf eurem Wege als ihr
aus Ägyptenland herausgeführt wurdet ...
Vergesst es nicht! [2]

Diese Lektion haben wir Juden sehr gut gelernt: Unsere eigene
schmerzvolle Geschichte ist unauslöschlich in unsere Seelen einge-
meißelt. Es gibt jedoch andere, die sich nicht erinnern können, weil
sie es nie gewusst haben. Um es mit den Worten des katholischen
Gelehrten Edward Flannery auszudrücken:

„Die überwiegende Mehrheit der Christen, auch die gut gebil-
deten, sind, bis auf wenige Ausnahmen, unwissend im Hinblick
darauf, was den Juden im Laufe der Geschichte angetan wurde,
auch durch die schuldhafte Beteiligung der Kirche ... Es ist kaum
eine Übertreibung zu behaupten, dass es sich bei den Aspekten der
Geschichte, die die Juden unauslöschlich in ihr Gedächtnis ein-
geprägt haben, um genau die Aspekte handelt, die in christlichen
– wie weltlichen – Geschichtsbüchern ausgeklammert werden." [3]

Wie tragisch ist es, dass die Christen – von einem jüdischen Messias
erlöst, von jüdischen Aposteln unterrichtet, Miterben der jüdischen
Schriften und eingepfropft in den Ölbaum Israels – gegenüber der
2000 Jahre währenden Leidensgeschichte der Juden nahezu unwissend sind. Während der letzten Jahre, als ich die unerträglichen Kapitel der Vergangenheit meines jüdischen Volkes immer und immer
wieder las, manchmal darüber nachts in den Schlaf fallend, manchmal schluchzend, so dass es mir den Atem verschlug, hat Gott immer wieder mein Herz mit einer brennenden Botschaft aufgerüttelt:
Die Kirche muss es wissen!

Aber dies ist nur der Anfang. Es ist die christliche Kirche – als
Namensträger, nicht jedoch vom Geist her – die in der Tat einen

großen Teil der unerträglichen und schmerzvollen Geschichte Israels geschrieben hat, wobei sie statt Tinte jüdisches Blut benutzte. Bis zum heutigen Tag wird der Name „Jesus Christus" in vielen jüdischen Häusern als Schimpfwort angesehen. Der kostbare Name des Erlösers wurde beschmutzt, überschattet von dem Bösen, das von denen, die sich selbst Sein Volk nennen, in Seinem Namen getan wurde. Es ist an der Zeit, dass wir Christen uns dieser schmachvollen Vergangenheit bewusst werden, damit es für Israel wie auch für die christliche Kirche eine herrliche Zukunft gibt.

Wenn Sie dieses Buch lesen, wird es Zeiten geben, in denen Sie mit dem Lesen aufhören und es zur Seite legen wollen. Die Schilderungen sind einfach zu schmerzhaft. *Aber diese Geschichte muss zu Herzen genommen werden.* Denn der einzige Weg, um diese Sünden gegen das jüdische Volk jemals auszulöschen, der einzige Weg, um jemals eine wahrhaftige weltweite Erweckung zu erleben, der einzige Weg, auf dem wir jemals Diener der Gnade Gottes an Israel sein können, ist, wenn wir voll und ganz die Schuld und Schande unserer „christlichen" Vorfahren anerkennen und mit zerbrochenem Herzen Buße tun. Ganz gleich, ob sie katholisch oder evangelisch waren – an den Händen unserer Väter klebt Blut.

Aber klebt Blut auch an unseren Händen? Sind die wahren Gläubigen heute für die Sünden derjenigen verantwortlich, die sich in den vergangenen Generationen selbst als „gläubig" bezeichneten? In welchem Sinne klebt denn Blut an den Händen der *wahren Gemeinde*? Das sind entscheidende Fragen!

Es ist eine tragische Tatsache der Geschichte, dass die äußerlich sichtbare Kirche vom Blut des jüdischen Volkes befleckt ist. Diese schmerzhafte Erinnerung ist dem jüdischen Herzen so sehr lebendig, dass ein orthodoxer jüdischer Autor in einem 1991 veröffentlichten Buch schreiben konnte: „Einer der Hauptgründe für das Leiden der Juden in heutiger Zeit, ist der Hass der Christen auf die Juden und den jüdischen Glauben."

Dieser jüdische Autor glaubt tatsächlich Folgendes:

„Von seiner Geburt an saugt jeder Christ, sei er es dem Namen nach oder praktizierend, den Glauben in sich auf, dass jeder Jude, d. h. jeder einzelne Jude, für den Mord an seinem Messias verantwortlich ist. Und in der Tat geschah die überwältigende Mehrheit der Verfolgungen, der religiösen Zwangsübertritte und der Massaker, die unser Volk in seiner Geschichte erdulden musste, durch die Hand von Christen. Daher sehen wir, dass das Christentum ein bedeutender und nicht unerheblicher Grund für das Leid der Juden ist." (Meir Simcha Sokolovsky) [4]

Wenn Sie einige der folgenden Kapitel lesen – insbesondere, wenn Ihnen klar wird, dass diese Art von Christentum die einzige ist, die viele Juden jemals kennen gelernt haben – werden Sie Abscheu, Erschrecken und Zorn verspüren. Kein Zweifel, Ihre Reaktion wird dann sein: „Aber das ist doch nicht die wahre Gemeinde! Darin finde ich mich nicht wieder. Echte Christen sind mit Liebe erfüllt, nicht mit Hass!"

Einerseits ist dies absolut richtig. Die Kirche, die jüdische Männer, Frauen und Kinder abgeschlachtet hat, war vom wahren Glauben gründlich abgefallen. Um diesen Punkt zu betonen, habe ich oftmals die Worte „Kirche" und „Christ" in Anführungszeichen gesetzt. So werden Sie das ganze Buch hindurch daran erinnert.

Aber nicht nur die vom Glauben abgefallene Kirche hat gesündigt. Die falsche Theologie und auch die Arroganz der vielen Leiter innerhalb der echten Gemeinde trugen dazu bei, den Weg zum voll ausgereiften gewalttätigen „christlichen" Antisemitismus zu pflastern, über den Sie hier lesen werden. Auch die echte Gemeinde muss Verantwortung übernehmen! Auch aus diesem Grund habe ich manchmal die Worte „Kirche" und „Christ" in Anführungszeichen gesetzt. Das Verhalten und die Taten vieler Christen innerhalb der wahrhaftigen Kirche konnte man zeitweise kaum als „christlich" bezeichnen.

In Zeiten großen Leidens unter den Juden, bis in unser Jahrhundert hinein, ist ein Großteil der Kirche gegenüber dem Schmerz des jüdischen Volkes gleichgültig geblieben. Auch für diese Sünde müssen wir unsere Schuld anerkennen. Sogar unter den Gläubigen heute wuchern Keime des Antisemitismus und treiben ihr Unwesen. Für all diese Dinge müssen wir Buße tun.

Ich bin überzeugt davon, dass die weltweite Buße der Gläubigen für die Sünden der Kirche, die sie in ihrer Vergangenheit und Gegenwart an den Juden begangen hat, zu einer weltweiten Buße der Juden für die zurückliegenden (und gegenwärtigen) Sünden Israels an Jesus Christus führen werden. *Es sind die von der Kirche vergossenen Bußtränen, die den blutigen Schandfleck reinwaschen werden.*

Sie fragen sich vielleicht: „Aber warum sollte ich Buße tun? Ich liebe doch Israel und das jüdische Volk!"

Erstens: Sie können sich selbst der Fürbitte und der Buße hingeben, indem Sie den Antisemitismus der „Kirche" erkennen, darüber Betroffenheit empfinden und ihm abschwören. Auch die Propheten Israels taten für die Sünden ihrer Nation Buße, indem sie sagten: „WIR haben gesündigt." – sogar dann, wenn sie selbst nicht schuldig gewesen sind. Als geistlicher Überrest übernahmen sie durch ihre Fürbitte Verantwortung für die fleischlich gesinnte Mehrheit und taten Buße an Stelle derer, die gesündigt hatten. Sie können heute dasselbe tun!

Zweitens: Sie können Ihr eigenes Herz erforschen, um festzustellen, ob es darin irgend eine Wurzel des Antisemitismus gibt. Haben Sie wirklich Mitgefühl für das jüdische Volk in seinem Leiden oder denken Sie vielleicht: „Nun, sie bekommen ganz einfach das, was sie verdient haben!" (Als ob alles Leiden der Juden durch die Worte verursacht wurde, die die Menschenmenge nach Matthäus 27, 25 ausrief: „Sein Blut [gemeint ist die Schuld am Tode Jesu] komme über uns und unsere Kinder!")

Haben Sie es registriert oder haben Sie geschlafen, als die Juden hingeschlachtet wurden? Sind Sie innerlich unbeteiligt, während weltweit eine satanische Verschwörung gegen Israel stattfindet? Und – falls Sie Nichtjude sind – fühlen Sie sich von der Tatsache, dass die

Juden immer noch von Gott auserwählt und geliebt sind, bedroht oder benachteiligt? Fragen wie diese müssen ehrlich beantwortet werden. Es mag mehr Verunreinigung in uns geben, als wir zuzugeben bereit sind!

Drittens müssen wir erkennen, dass sowohl in der Vergangenheit als auch in der Gegenwart die falsche Theologie der *wahren Christen* dazu beigetragen hat, alle Arten von tödlichen Verfolgungen über die Juden zu bringen. Die Tatsache, dass Denkansätze dieser Theologie heute noch lebendig sind, ist ein starker Beweis dafür, dass die gegenwärtige Kirche Buße tun muss.

Als jemand, der beide – Juden und gläubige Christen – „mein Volk" nennt, (mit anderen Worten also ein jüdischer Nachfolger Jesu) schreibe ich dieses Buch. Es drängt mich dieses Buch so schnell wie möglich zu verbreiten. Und das aus einem ganz einfachen Grund. *Sogar heute noch sind der Feinde Israels viele, seine Freunde aber wenige.*

Auch wenn es schwer zu verstehen ist, hat US-Amerika mit Männern wie dem syrischen Hafez-Assad Geschäfte gemacht – so als seien sie vertrauliche Partner, obwohl diese sich der Vernichtung Israels verschworen haben und bis an die Zähne bewaffnet sind. Täglich steigt der internationale Druck gegen den jüdischen Staat.

Obwohl es kaum möglich erscheint, schwirren dennoch Neonazi Computerspiele durch Europa, die junge Spieler, die die meisten Juden quälen und töten können, mit Beförderungen zu immer mächtigeren Positionen in diesem verrückten Todescamp-Video belohnen. Ein österreichischer Jugendlicher bemerkte dazu: „Juden vergasen ist toll!" Diese Spiele sind jetzt auch in Kanada auf dem Vormarsch.

Folgendes klingt auch eher wie ein Alptraum, als wie Realität: Wütende Mobs schwarzer New Yorker Jugendlicher inszenierten im September 1991 antijüdische Gewaltausschreitungen, indem sie „Heil Hitler! Tötet die dreckigen Juden!" schrieen. Sie plünderten jüdische Geschäfte, zerstörten mutwillig jüdische Schulen, durchwühlten und plünderten jüdische Synagogen – sie töteten sogar einen jüdischen Studenten und verwundeten mehrere. [5]

Und während diese Gräueltaten stattfinden, erzählen christliche Leiter ihrer Herde, dass Gott sich von Israel als seinem Volk und als Nation abgewandt habe. Wie pervers!

Aber es kommt noch schlimmer – und das ist schon fast jenseits aller Vorstellungskraft. Es gibt christliche Leiter, deren geistlicher Dienst zum großen Teil darin besteht, vor dem „Übel" Israel zu warnen. Ich übertreibe hierbei nicht! [6]

Da gibt es noch einen hässlichen Geist des Antisemitismus im Leib der Gemeinde Jesu, der offenbart werden muss. Es ist schon schlimm genug, dass derselbe Geist vieles in der heutigen Welt beeinflusst. Aber dass er noch in der Gemeinde vorhanden ist, ist einfach unglaublich. Möge Gott schenken, dass diese Generation von Gläubigen ein für allemal diesen üblen Geist austreibt.

Dieses Buch ist mit einem brennenden (und oftmals gebrochenen) Herzen geschrieben worden, in der Hoffnung, dass das Volk Gottes *heute* die Sünden der Kirche von gestern vollkommen verwirft. Das wird Versöhnung bringen – Versöhnung der Kirche mit dem jüdischen Volk, und Versöhnung des jüdischen Volkes mit ihrem Messias.

Es wird ohne Zweifel auch Kontroversen aus beiden, der jüdischen und christlichen Perspektive, geben. [7] Ich bitte Sie, den Leser, nur um eines: Lesen Sie dieses Buch mit einem offenen Herzen vor Gott. Die Ergebnisse sind in Seinen Händen. Möge Ihr Herz zur Tat bewegt werden, wenn Sie die folgenden Seiten lesen!

* * *

Einige wichtige Danksagungen:

Mein aufrichtiger Dank geht an Chuck Cohen, ein lieber Freund der „Times Square"-Kirche in New York. Er drängte mich im Dezember 1990 dazu, dass ich darum beten sollte, dieses Buch zuende zu bringen. Zu diesem Zeitpunkt hatte ich nur sehr wenig geschrieben – eigentlich sah ich mich nur genötigt das erste Kapitel zu schreiben und wollte dann diese Arbeit für ein Jahr oder länger nicht wieder aufnehmen. Aber Chuck spürte, wie wichtig es war, dass das Manuskript fertiggestellt werden sollte. Er spürte auch die geistliche Verbindung zwischen der „Times Square"-Gemeinde und der Botschaft dieses Buches. Der Herr bestätigte, dass er Recht hatte.

Den Pastoren Don und David Wilkerson drücke ich meine tiefe Wertschätzung darüber aus, dass sie wahre Freunde des jüdischen Volkes sind und dass sie mir bei der Veröffentlichung des Buches beistanden. Ich fühle mich durch Pastor Dons deutliches und ehrliches Vorwort zu diesem Buch geehrt.

Den koreanischen Brüdern und Schwestern in Christo schulde ich tiefe Liebe dafür, dass sie inbrünstig für die Errettung und das Wohlergehen Israels beten. Jede meiner Reisen nach Korea war von göttlichen Zeichen gekennzeichnet, dass Gott die koreanische Gemeinde in Bewegung gesetzt hat, um für das jüdische Volk fürbittend einzutreten. Es war eine mächtige Welle der koreanischen Fürbitte, die mir ermöglichte, den größten Teil dieses Buches in einem Zeitraum von nur drei Wochen im Januar 1991 zu schreiben. (Der Anhang wurde im Juli und August 1991 geschrieben.) Während einer Reise nach Seoul im Oktober 1991 wurde das Manuskript dieses Buches, während wir zusammen beteten und weinten, nahezu buchstäblich von Tränen durchtränkt. Ja, das Gebet dieser koreanischen Geschwister, so voller Leidenschaft und mit zerbrochenen Herzen, wird eines Tages dazu verhelfen, dass meinem jüdischen Volk immerwährende Freude zuteil wird.

Auch meinem alten Freund Rabbi William Berman drücke ich meine tiefste Anerkennung aus. Ein Mann, der mich vor 20 Jahren ermutigte („herausforderte!" um es genauer zu sagen), als gerade erst neugeborener Christ Hebräisch zu lernen. Er war es auch, der mir das erste Buch über die unschöne Geschichte des „christlichen" Antisemitismus zu lesen gab. Obwohl er mit einigen Teilen dieses Buches nicht übereinstimmt, hoffe ich doch, dass er mein Herz hierin spürt – und das Herz unseres Erlösers.

Leonard und Martha Ravenhill beschämten mich durch ihre treue und liebevolle Gebetsunterstützung (wie kann ich nur meinen Dank ausdrücken!). Mike Murray beteiligte sich durch ein gut durchdachtes Korrekturlesen des Manuskriptes. Steve Hocy, mein Kollege hier am „Messiah"-Bibel Institut lieferte mir sorgfältig durchdachte Einblicke. Lori Smith gab ihren Teil hinzu: Tränen wie bei einer Geburt. Don Nori, Präsident von „Destiny Image" (dem amerikanischen Verlag) half mir auf unschätzbare Weise, indem er mir ermöglichte das Herz eines Christen, der das jüdische Volk innig liebt, zu hören. Ich bete dafür, dass Gott ihn überreichlich dafür belohnt, dass er hinter diesem Werk steht.

Meine liebe Ehefrau Nancy, sowie meine beiden lieben Töchter Jennifer und Megan sind für mich drei immerwährende Gründe, dem Herrn ständig dankbar zu sein. Möge er durch dieses Buch verherrlicht werden!

Michael L. Brown
Im März 1992 (Der Fünfhundertste Jahrestag des Edikts, welches die Ausweisung aller Juden aus Spanien anordnete).

Hinweis an den Leser: Beachten Sie bitte auch die Fußnoten mit ihren Querverweisen am Schluss! Falls Sie durch solche Fußnoten abgelenkt werden, möchte ich Ihnen empfehlen, zuerst die Kapitel ohne und dann erneut mit diesen Anmerkungen zu lesen. Viele dieser Anmerkungen enthalten wichtige Zitate, Illustrationen und Fakten, die man im Haupttext nicht findet. Für diejenigen, die dieses Thema weiter studieren wollen, befindet sich im Anhang ein bibliographisches Verzeichnis.

Quellenangaben
Hinweis: Die mit einem Stern * versehenen Quellenangaben sind Zusätze, Bemerkungen oder Quellenangaben für die deutsche Ausgabe dieses Buches.

Kapitel 1

Die Endlösung

Sie begeben sich auf eine Reise. Die Soldaten haben ihnen befohlen einzusteigen, denn der Zug steht zur Abfahrt bereit. Sie stehen Seite an Seite mit Ihren Familienangehörigen und fragen sich, was wohl als Nächstes kommen wird. Sie werden zusammen mit Dutzenden von anderen Erwachsenen und Kindern in einem Viehwaggon zusammengepfercht. *Wohin bringen sie uns jetzt?*

Plötzlich werden die Türen zugeschlagen. Es ist völlig dunkel. Es gibt kein Essen. Es gibt kein Trinken. Es gibt nur sehr wenig Luft. Sie sind zusammengepfercht wie die Kühe und Stunde um Stunde rattert der Zug weiter voran; *vier endlose Tage und vier endlose Nächte.* Ihre Schwester steht an sie gepresst, während sie ihren kleinen Jungen umklammert. Nach drei Tagen verwandelt sich ihr schwerfälliges Atmen in ein Ringen nach Luft. Nach kurzer Zeit ist sie tot.

Ihre Kinder stöhnen. Ihre Ehefrau ist halb wahnsinnig geworden. Hunger und Durst wüten und brennen. *Wann wird der Alptraum zuende sein?* Aber das ist erst der Anfang. Sie sind jetzt kurz vor ihrem Ziel: einem Konzentrationslager der Nazis. Der einzige Ausweg hier heraus ist der Tod. Hier weiterzuleben ist schlimmer als zu sterben. Wie konnte dies alles nur geschehen? Vor nur sechs Monaten war das Leben doch noch so normal.

Mit einem Schwung öffnen sich die Türen. Soldaten brüllen Kommandos. Sie werden angeschrien, gestoßen und getreten. Der steifgewordene Leichnam ihrer Schwester fällt zu Boden. *Wenigs-*

tens ist das Baby noch am Leben. Aber nicht mehr lange. Der kleine Junge wird vorsichtig von einem Offizier aufgehoben ... und mit voller Wucht gegen eine Mauer geschleudert.

Dann werden zwei Reihen gebildet und jeder wird eingeteilt. Ein Kind ruft laut nach seiner gebrechlichen Großmutter. Ein Ehemann versucht neben seiner verängstigten Ehefrau zu stehen. Ihre Augen gehen Ihnen über. Ihr Herz pocht. Es gibt nichts, was Sie tun können.

Die Gesunden werden zur Reihe auf der rechten Seite versammelt. Sie sind auch unter den Starken. Schauen Sie lieber noch Mal hinüber zu ihrer Familie auf der linken Seite. Erinnern Sie sich an die Augen ihres altgewordenen Vaters. Vergessen Sie nicht das Lächeln Ihres dreijährigen Sohnes. Sie werden sie nie wiedersehen. Schon bald wird eine Gewehrkugel ihren Nacken von hinten durchbohren. Tot oder noch lebend werden sie alle verbrannt. Menschen werden massakriert und in einen brennenden Ofen geworfen!

All dies können Sie jetzt noch nicht wissen. Für die auf der linken Seite war alles innerhalb einer Minute vorbei. Für Sie jedoch, den Lebenden, haben die Qualen gerade erst begonnen. Willkommen in Auschwitz, mein Freund!

Überall sehen Sie Schilder mit der Aufschrift: „Arbeit macht frei". Was könnte das bedeuten? Aber es bleibt keine Zeit darüber nachzudenken. Bevor Sie verstehen, was gerade abläuft, finden Sie sich mit sechs anderen ihres Geschlechts in einen ungeheizten Raum zusammengepfercht. Ihnen und den anderen wird befohlen, sich auszuziehen. „Bitte, können wir etwas zu trinken haben?" – „Morgen!" bekommen Sie zur Antwort.

Dann findet eine Verwandlung mit Ihnen statt. Sie haben keinen Namen mehr, sondern sind eine Nummer. Ihre Körperbehaarung wird abrasiert – ganz! Sie erhalten nun Ihre neue Identität: Eine Nummer wird auf Ihren Arm tätowiert. Ihnen wird eine neue „Garderobe" aus bunt zusammengewürfelten kaum passenden Kleidungsstücken ausgehändigt. *Ich frage mich nur was für arme*

Seelen diese vorher getragen haben? Wer auch immer sie waren, es gibt sie nicht mehr. Sie werden ihre Kleidung nie wieder brauchen.

Ihre Gedanken kreisen bis zum Verrücktwerden. Sie wollen aufwachen. Sie wollen aus diesem Alptraum aussteigen. Aber es ist kein Traum. Das, was Ihnen gerade passiert, ist schon Millionen vor Ihnen so geschehen. Man kann es nur so zusammenfassen: dies ist der Holocaust. Hätten Sie jemals gedacht, dass so etwas passieren kann? Können Sie glauben, dass es jetzt passiert? *Ich komme um vor Durst. Ich bin in Todesängsten. Bitte, das kann doch nicht wahr sein!*

Aber genau hier wird Ihr Zuhause für den Winter sein. Ist es überhaupt möglich, hier zu überleben? Was bedeutet das alles? – Lassen wir einen anderen Gefangenen zu Wort kommen:

„Es bedeutet, dass sieben von zehn von uns sterben werden im Laufe der Monate von Oktober bis April. Diejenigen, die nicht sterben, werden jede Minute leiden – den ganzen Tag hindurch, jeden Tag: Vom frühesten Morgengrauen an bis zum Austeilen der Suppe am Abend müssen wir gegen die Kälte ankämpfen, ständig die Muskeln anspannen, von einem Bein aufs andere hüpfen und unsere Arme ständig unter die Achseln schlagen. Wir müssen Brot hergeben, um es gegen Handschuhe einzutauschen und müssen dann Stunden unseres Schlafes opfern, um sie zu stopfen, wenn sie löchrig geworden sind. Da es nicht mehr möglich ist im Freien zu essen, müssen wir unser Mahl stehend in den Baracken zu uns nehmen. Jedem ist ein bestimmter, lediglich handbreit großer Platz zugewiesen und es ist verboten, sich gegen die Kojen zu lehnen. An jedermanns Händen bilden sich offene Wunden. Wenn man Verbandszeug haben will, bedeutet es, jeden Abend bei Schnee und Wind stundenlang anzustehen – in Schuhen, die ständig Schmerzen verursachen." [1]

In der ersten Nacht finden Sie keinen Schlaf. Ihr Körper wird von Schmerzen gequält. Ihr Gehirn scheint zu taumeln. Ihr Bett ist selbst für eine Person zu klein, aber Sie müssen es sich mit einem anderen teilen. *Wessen Füße stoßen gerade an meinem Kopf?* Und immer wieder sehen Sie diese beiden Reihen vor sich. Was sollte das bedeuten? Und warum wurden gerade Sie ausgewählt, auf die rechte Seite zu gehen? Warum wurden die Schwachen, die Alten und die Kinder auf die linke Seite geschickt? Ein Arzt, der Auschwitz überlebt hat, hinterließ uns diesen Bericht:

> „Diejenigen, deren Schicksal es war, zur linken Seite gewiesen zu werden, wurden innerhalb einer Stunde nach ihrer Ankunft in den Gaskammern in Leichname verwandelt. (Wenn die Gaskammern und Krematorien überfüllt waren, wurden sie erschossen und auf dem Scheiterhaufen verbrannt.) Weitaus schlechter war nur der dran, der für die rechte Seite aussortiert wurde. Er war immer noch ein Todeskandidat, allerdings mit dem Unterschied, dass er sich all der Horrorszenarien unterwerfen musste, die das Konzentrationslager zu bieten hatte. Es konnte für drei oder vier Monate sein, oder solange er es halt aushalten konnte, solange, bis er unter totaler Erschöpfung zu Boden sank. Er blutete aus unzähligen Wunden. Sein Magen drehte sich vor Hunger um. Seine Augen waren ausgezehrt und er stöhnte wie einer, der wahnsinnig geworden ist. Er schleppte seinen Körper über verschneite Felder, bis er nicht mehr weiter konnte. Ausgebildete Hunde schnappten nach seinem erbärmlichem, fleischlosen Gerippe. Wenn dann sogar die Läuse seinen ausgetrockneten Körper verließen, dann stand sein Tod kurz bevor. Wer von uns – unsere Eltern, Brüder oder Kinder – war besser dran, diejenigen auf der linken Seite oder die, die zur rechten Seite gehen mussten?" [2]

Sie wurden für die rechte Seite ausgewählt, um somit dem lebenden Tod überantwortet zu werden. In ein paar Stunden wird es Zeit sein aufzustehen, stehend von drei Uhr morgens bis 19 Uhr, zu zittern, gezählt zu werden und wieder und wieder gezählt zu werden. Und dann müssen Sie zur Arbeit, wochen- und monatelang, so lange, bis sie einfach nicht mehr können. Dann ist es Zeit für die „Dusche". Aber statt Wasser, welches ihren ausgemergelten Körper benetzen würde, füllt Giftgas ihre Lungen. Nur wenige Stunden später wird ihre Asche durch die Schornsteine der Todesfabrik in den Himmel aufsteigen.

Was war denn ihr Vergehen? *Sie sind ein Jude.*

Und hätten sie tausend Leben zu leben, sie könnten doch nie wirklich erklären, wie sie den ersten Heiligabend empfanden – als sie so dalagen, ein verachteter und wertloser Gefangener, der die Wachleute singen hörte, jene grausamen, ja wahnsinnigen Wachleute, wie sie christliche Kirchen- und Weihnachtslieder sangen ...

Die Kirche hat Blut an ihren Händen.

Kapitel 2

Eine furchtbare und tragische Vergangenheit

„Obwohl das Christentum den Holocaust nicht erfand, hat es doch dem zutiefst antichristlichen Nationalsozialismus den Weg bereitet. Ohne christlichen Antisemitismus wäre der Holocaust unvorstellbar gewesen ... Hitler und die Nazis fanden in der katholischen antijüdischen Gesetzgebung des Mittelalters eine gedankliche Vorgabe für ihre Ideen und ließen Martin Luthers radikale antisemitische Schriften wieder neu drucken. Es ist aufschlussreich, dass der Holocaust von dem einzigen Land Europas ausging, in dem es etwa gleichviel Katholiken wie Protestanten gab. *Beide Glaubensrichtungen waren vom selben Hass gegen die Juden durchtränkt.*" [1]

„Seit nahezu 2000 Jahren hat die christliche Welt schonungslos die Juden entmenschlicht, sie ihrer Würde beraubt. Deshalb hat sie den Holocaust als letzte Konsequenz dieser Entmenschlichung ermöglicht. Während es einerseits zutrifft, dass viele Nazis gegen das Christentum eingestellt waren (der Nationalsozialismus selbst war ja zutiefst antichristlich), so waren sie doch alle – wie es uns der jüdische Philosoph Eliezer Berkovitz zeigt – Kinder christlicher Eltern." [2]

Christen? Kinder christlicher Eltern? Die christliche Welt? Wie soll man das verstehen? Sicherlich würden wir heute sagen, dass, wenn diese Leute wirklich Christen gewesen wären, hätten sie nie solche teuflischen Dinge getan. Natürlich stimmt das. Aber ganz so einfach ist es wiederum auch nicht.

Es gab einige Leiter in der christlichen Kirche, die zwar als „christlich" erschienen, die in ihren Worten und Taten Heilige waren, die aber einen eklatanten Schwachpunkt hatten: Sie verleumdeten mutwillig das jüdische Volk! Manchmal billigten sie sogar Gewalttätigkeiten gegen die Juden. Diejenigen, die von sich beanspruchten, Brüder und Schwestern im Geist des HERRN zu sein, attackierten Brüder und Schwestern im Fleisch. Leider ist diese tragische Geschichte noch nicht zu Ende! Aber lassen Sie uns zunächst einmal zurückblicken. Was Sie jetzt lesen werden, mag schmerzlich sein, aber es ist wahr.

Hören Sie Raul Hillberg, einen führenden Holocaust-Gelehrten:

„Seit dem 4. Jahrhundert n. Chr. gab es drei Arten antijüdischer Politik: 1) (Erzwungene) Bekehrung zum Christentum, 2) Vertreibung und 3) Vernichtung. Die zweite Vorgehensweise trat als Alternative zur ersten und die dritte als Alternative zur zweiten auf. Die Missionare des Christentums sagten zu den Juden: Ihr habt kein Recht, unter uns als Juden zu leben. Es folgten die weltlichen Herrscher, die sagten: Ihr habt kein Recht, unter uns zu leben. Und zuletzt erließen die Nazis ein Dekret: Ihr habt kein Recht, zu leben.

Der Prozess begann mit dem Versuch, die Juden zu zwingen, zum Christentum überzutreten. Die Entwicklung setzte sich damit fort, sie zu zwingen, ins Exil zu gehen. Der Abschluss war, sie in den Tod zu treiben. Die deutschen Nationalsozialisten bauten auf diese Vergangenheit auf. Sie begannen nichts Neues, sie vollendeten lediglich diese Entwicklung." [3]

Sicherlich, Israel war nicht perfekt und schuldlos. Die Bibel selbst ist voll von Tadel gegenüber Gottes auserwähltem Volk. Gott sagte zu Mose, Israel sei „halsstarrig". Er sagte zum Propheten Hesekiel, hätte er ihn zu den heidnischen Nationen gesandt, so hätten diese auf ihn gehört. „Aber das Haus Israel will dich nicht hören, denn sie wollen *mich* nicht hören; denn das ganze Haus Israel hat harte Stirnen und verstockte Herzen" (Hesekiel 3, 7). In den Evangelien wird ein Konflikt nach dem anderen erwähnt zwischen Jesus und den Leitern seines Volkes, und die Apostelgeschichte berichtet von Verfolgung der ersten Gläubigen durch jüdische Gruppierungen. [4]

Aber – und das müssen wir unbedingt verstehen – Mose, Hesekiel, alle Propheten, alle Apostel und Jesus selbst waren ausnahmslos *Israeliten*. Jedes „Gründungsmitglied" der Urgemeinde war als Jude geboren und starb auch als Jude. (Jesus ging noch weiter: Jesus war als Jude geboren, als Jude gestorben und er war *auferstanden* als Jude). Aller Tadel, alle Kritik und jede Rüge gegen das jüdische Volk, die die Schrift erwähnt, kam von Angehörigen ihres eigenen Volkes. All diese Kritik blieb innerhalb der Familie. Und der Grund dafür, dass Gott ein besonderes Interesse hatte, Israel zu disziplinieren, war einfach: Er behandelte Israel wie einen Sohn! „So spricht der Herr: Israel ist mein erstgeborener Sohn" (2. Mose 4, 22); und „wo ist ein Sohn, den der Vater nicht züchtigt? Seid ihr aber ohne Züchtigung, die doch alle erfahren haben, so seid ihr Ausgestoßene und nicht Kinder" (Hebräer 12, 7-8).

Die Juden waren – und sind – erwählt und geliebt vom Herrn. Gottes Züchtigung seinem Volk gegenüber ist ein besonderes Zeichen seiner Liebe zu ihnen. Sie waren berufen in eine einzigartige Beziehung zu ihm; aus diesem Grund trugen und tragen sie Verantwortung. Sohnschaft ist ein großes Privileg. Sie bringt aber auch eine große Verantwortung mit sich.

Um es mit einem beliebten jüdischen Satz zu umschreiben: „Wer hat denn darum gebeten, auserwählt zu sein?"

Aber die frühe Kirche hat schnell die Sicht von Israels besonderer Rolle und von Gottes Bundes-Liebe für seinen erstgeborenen Sohn verloren. Sehr bald wurden ihre Reihen von einem anti-jüdischen

„Krebs" infiziert. *Diese Krankheit verbreitet sich auch heute noch.* Man bedenke, wie viel Gift den Leib des Messias verdorben hat. Wenn Sie obige Schriftstellen gelesen haben, werden Sie besser verstehen, warum die Kirche so krank war und es immer noch ist.

Gehen wir ganz weit zurück – bis ins 4. Jahrhundert n. Chr. Der Erste, den wir uns genauer anschauen wollen, ist kein geringerer als der Heilige Johannes Chrysostomos (ca. 347–407). Er wird von dem Kardinal Newmann folgendermaßen beschrieben: „Eine glänzende, fröhliche und sanfte Persönlichkeit, ein Mann mit einem sensiblen Herzen, mit einem für Gefühle und Impulse offenen Temperament, zu alledem noch dadurch verfeinert, dass er eine Berührung durch die verwandelnde Kraft des Himmels gehabt hatte – solch ein Mensch war der Heilige Johannes Chrysostomos." [5] Er war als einer der redegewandtesten Verkündiger der Wahrheit und Liebe bekannt, sogar sein Name Chrysostomos bedeutet übersetzt: „mit goldenem Mund". Dieser Mann wird als einer der größten „Kirchenväter" geachtet. Aber irgendwie gingen sein Mitgefühl, all sein Einfühlungsvermögen und seine Sanftheit verloren, sobald es Juden betraf. Zitieren wir einmal, was er sagte:

> „Die jüdische Synagoge ist schlimmer als ein Bordell ... sie ist eine Räuberhöhle und Lasterstätte für wilde Bestien ... Sie ist der Tempel von Dämonen, geweiht zu kultischen Götzendiensten ... eine Zufluchtstätte für Ausschweifungen und die Höhle von Teufeln. Die Versammlungen der Juden dort kann man als kriminell bezeichnen ... ein Ort, an dem sich für die Ermordung Christi getroffen wurde. Ein Haus, schlimmer als eine Kneipe ... eine Räuberhöhle, ein Haus der Wahnsinnigen, eine Quelle der Schändlichkeiten, die Zufluchtstätte der Teufel und ein Abgrund der Scheußlichkeiten."

Über die Juden selbst bemerkt Chrysostomos: „Genau dasselbe würde ich über ihre Seelen sagen." Und weiterhin: „Was mich betrifft, so hasse ich die Synagoge ... und ich hasse die Juden aus dem selben Grund." [6]

Was ist bloß mit der Liebe der Christen geschehen? Paulus wünschte, dass er stellvertretend für das jüdische Volk verflucht sein könnte. Chrysostomos hingegen verfluchte sie! Wie viel zerstörerische Kraft wurde durch solch tragische Predigten der Bosheit in Gang gesetzt? Der katholische Historiker Malcom Hay hat sicherlich recht, wenn er sagt: „Viele Jahrhunderte lang mussten die Juden das Echo jener drei Worte ertragen, die vom Heiligen Johannes Chrysostomos, dem mit dem goldenen Mund, gesprochen wurden: „Gott hasst euch." [7] Oder: „die im Volk weitverbreitete Lehre besagte, dass jedermann – sei er Heide oder Christ, der einen Juden verfolgte, quälte oder massakrierte, dies als ein Instrument göttlichen Zorns tat." [8]

Während der folgenden langen und dunklen Jahre des Mittelalters wurden die Juden regelmäßig vor die Wahl gestellt: christliche Taufe oder Ausweisung, Taufe oder Folter, Taufe oder Tod. Jede nur erdenkliche Art von erniedrigenden Gesetzen wurde gegen sie erlassen. Ihnen wurde verboten, in angesehenen, gut bezahlten Berufen zu arbeiten, denn schließlich waren sie ja ein verfluchtes Volk, die Mörder des Christus. Wie also könnte man ihnen erlauben, in Wohlstand zu leben? Sie wurden gezwungen, öffentliche demütigende Reden anzuhören, in denen sie aufgefordert wurden, sich zum Christentum zu bekehren. War der Bekehrungsaufruf nicht heilige Verpflichtung der Kirche? Ihre Kinder wurden entführt und als „Christen" getauft, um sie vor dem Höllenfeuer zu erretten. Als Höhepunkt österlicher Feierlichkeiten wurden sie gerädert und erschlagen – schließlich verdienten sie als Mörder Christi so etwas. Im Eifer der fanatischen Kreuzzüge, als sich sogar das gemeine Volk Europas versammelte, um das Heilige Land von den muslimischen Ungläubigen zu befreien, wurde eine neue Entdeckung gemacht: es gab auch Ungläubige im eigenen Land, die man umbringen konnte. Warum also bis ins Heilige Land reisen? So wurde ein neuer entsetzlicher Wahlspruch geboren: „Töte einen Juden und rette dadurch deine Seele!" [9] (Das klingt genauso schrecklich wie die folgenden russischen Worte, die im letzten Jahrhundert sehr bekannt wurden: *„Byay Zhidov Spassai Rossiyu,"* „Töte die Juden (Zhids) und rette Russland!") [10]

Und was sagten die Kirchenführer zu alledem? Es ist zwar richtig, dass die Juden innerhalb des katholischen Klerus einige Freunde hatten und Namen wie Bernard von Clairvaux und Papst Innozenz III ragen hier besonders hervor. Diese Männer bemühten sich darum, dem Massenmord an unschuldigen jüdischen Männern, Frauen und Kindern Einhalt zu gebieten. Aber wie dachten sie wirklich über die Juden?

Bernard von Clairvaux, einer der einflussreichsten Mönche, der jemals gelebt hat – fast legendär wegen seiner großen Liebe zu Gott und den Menschen – bezeichnete das gesamte jüdische Volk als: „eine tierische Dummheit, und sogar mehr als tierisch, als eine ungeschliffene Intelligenz, schwer von Begriff, als seien sie stur", weil sie nicht dem HERRN nachfolgten. Sie seien „ein böser Same"; es gab nichts in ihnen, was nicht „roh und derb" wäre, „ob wir ihre Berufe, Neigungen, ihr Verstehen oder gar ihre Riten, mit denen sie Gott anbeten, betrachten." Sie seien eine Rasse, die Gott nicht zum Vater hat, sondern die vom Teufel kommt, und sie sind Mörder, wie er ein Mörder war von Anfang an." [11] Das kommt von einem „Freund" der Juden!

Peter der Ehrwürdige, ein Zeitgenosse Bernards, bekannt als der „sanftmütigste aller Menschen und ein Beispiel an christlicher Nächstenliebe", [12] der als der „friedliebendste Mensch seiner Zeit" angesehen wurde, dieser „Mann grenzenloser Nächstenliebe", verbreitete einen hässlichen Geist des Judenhasses:

„Oh ihr Juden! Ich sage, ich richte meine Worte an Euch, die ihr bis auf den heutigen Tag den Sohn Gottes verleugnet. Wie lange noch, ihr armen Sünder, wie lange noch wollt ihr nicht die Wahrheit glauben? Wahrlich, ich bezweifle, ob ein Jude wirklich ein

Mensch sein kann. Ich führe ein monströses Tier aus seiner Höhle heraus und zeige es wie einen Gegenstand des Gelächters auf der Weltbühne vor den Augen der Öffentlichkeit. Ich werde euch Juden, ihr brutalen Bestien, vor allen Menschen bloßstellen." [13]

Es ist nur ein kleiner Schritt von dieser Beschreibung des Juden als „monströses Biest" bis hin zu der mittelalterlichen Darstellung von Juden als kleine Teufel mit Hörnern und Klauen. Es überrascht dann auch nicht, dass diese Bilder schließlich von den Nazis verwendet wurden. [14]

Wir sollten auch nicht den einzigartigen Beitrag von Papst Innozenz III außer acht lassen, jenem Papst, der als ein Beschützer des jüdischen Volkes galt. Er sagte die Juden seien zu ewiger Sklaverei verdammt, „weil sie den Herrn Jesus kreuzigten."

„Auch wenn die Juden, gegen die das Blut unseres Herrn Jesus Christus schreit, nicht umgebracht werden sollten – die Christen dürfen ja göttliche Gebote nicht außer acht lassen – sollen sie doch ewig als Fremdlinge auf der Erde bleiben, unstet, bis ihr Angesicht mit Scham erfüllt ist." [15]

Für diesen Papst war das kontinuierliche Elend dieser „Kreuziger des Herrn" ein Zeugnis für die Wahrheit des christlichen Glaubens. Deshalb mussten die Juden in jeder Art und Weise herabgesetzt werden. Zitieren wir Malcom Hay:

„Handelsboykott, soziale Achtung, Ausweisung aus allen öffentlichen- und Ehrenämtern waren die hauptsächlichen wirtschaftlichen Waffen, die Papst Innozenz am wirkungsvollsten gegen die Juden einsetzen konnte." [16]

Aber all das war nichts Neues. Was jetzt neu *war*, war das zusätzliche Tragen eines Kennzeichens der Schande, ein Merkmal „das sie an

ihrer Kleidung tragen mussten ... wie Aussätzige oder Prostituierte"
(beschlossen auf dem vom Papst Innozenz III einberufenen Vierten
Laterankonzil, 1215). Auf diese Art waren die Juden dazu bestimmt

„... über das Angesicht der Erde zu wandern, rechtlos, auf Gna-
denzugeständnisse angewiesen, heimatlos und ohne Sicherheit;
in Zeiten der Ruhe und in Zeiten der Verfolgung – immer behandelt zu werden, als ob sie eine minderwertige Rasse wären." [17]

Im Lichte all dessen überrascht es nicht, dass Martin Luther in seiner Loslösung von der katholischen Kirche, sich den Juden zunächst
freundlich zuwandte. Er betonte, dass Jesus Christus als Jude geboren war und hoffte:

„Vielleicht werde ich einige Juden für den christlichen Glauben
interessieren. Unsere Narren, die Päpste, Bischöfe, Sophisten und
Mönche – die sturen Dummköpfe! – haben die Juden bisher behandelt, dass ... wenn ich ein Jude gewesen wäre und solche Idi-
oten und Dummköpfe den Christenglauben regieren und lehren
gesehen hätte, ich lieber eine Sau geworden wäre, als ein Christ
– weil sie mit den Juden umgegangen sind, als wären es Hunde
und nicht Menschen ..." [18]

Dies wurde im Jahr 1523 geschrieben. Zwanzig Jahre später, als die
Juden sich nicht massenweise zum christlichen Glauben bekehrt hatten, als Luther alt und krank war, und nachdem er einige blasphemi-
sche, anti-christliche Literatur gelesen hatte, die aus jüdischer Feder
stammte, veränderte sich sein Herz: „Was wollen wir Christen nun
mit dieser verdammten, verworfenen Rasse der Juden tun?" Luthers
Antwort war sehr entschieden:

„Zum ersten sollten ihre Synagogen verbrannt werden. Zum
zweiten sollten ihre Häuser ebenso niedergerissen und zerstört

werden. Zum dritten sollte man ihnen ihre Gebetsbücher und Talmuds wegnehmen. Zum vierten muss man den Rabbinern unter Androhung der Todesstrafe verbieten, weiter zu lehren. Zum fünften müssen Reisepässe und Reiseprivilegien absolut verboten werden für Juden. Zum sechsten dürfen sie keine Zinsen nehmen. Zum siebten, gebt den jungen und starken Juden und Jüdinnen den Dreschflegel, die Axt, die Hacke, den Spaten, das Spinnrad und die Spindel in die Hand und lasst sie ihr Brot verdienen im Schweiße ihres Angesichts; wir sollten die erbärmlichen Faulpelze aus unserem System aussondern – darum hinweg mit ihnen.

Zum Schluss – verehrte Fürsten und Adlige, die ihr Juden in euren Gebieten habt, wenn dieser mein Ratschlag euch nicht zusagt, dann lasst euch etwas besonderes einfallen, damit ihr und wir alle befreit werden von dieser unausstehlichen teuflischen Last – den Juden." [19]

Später nahm Luther diese verabscheuungswürdigen Aussagen zurück, genauso wie die katholische Kirche erst vor kurzem ihre antijüdischen Aussagen widerrief. [20] Aber etwas, das sich so weit und durchdringend verbreitet hat, das in seiner Wirkung so infizierend und vergiftend war, solch ein bitterer Hass und Vorurteil ist nicht so schnell auszulöschen. Der deutsche Lutheraner Gerhard Kittel, einer der größten Gelehrten des Neuen Testaments jener Tage (seine Nachschlagewerke über das Neue Testament findet man praktisch in jeder größeren Schulbibliothek überall auf der Welt), schrieb 1933 ein Buch, das die Frage behandelte, wie sein Land mit der „Judenfrage" umzugehen habe. Totale Ausrottung der Juden wäre danach nicht praktikabel. (Später ergänzte er, dass dies außerdem unchristlich sei.) Von Zionismus konnte keine Rede sein. (Es gab so viele Juden, dass für sie in Palästina nicht genug Platz gewesen wäre und die dort lebenden Araber sowieso nicht mit der Situation einverstanden gewesen wären.) Assimilation – Vermischung – wäre die schlechteste aller Lösungen. Das würde die deutsche Rasse verderben!

Vielmehr sollten die Juden Diskriminierung und Diffamierung als ihr Los akzeptieren. Behandelt sie wie „Gäste" in einem fremden Land – natürlich zweiter Klasse, eben nur wie geduldete Gäste. Schließlich sind sie doch Juden, nicht wahr? In der Tat sind gemäß Kittel die einzig echten Juden solche ...

> „die im Gehorsam ... die Leiden der Zerstreuung auf sich nehmen ... echter Judaismus erträgt es, als Fremdling ruhe- und heimatlos über das Angesicht der Erde zu wandern." [21]

Dies war die sorgfältig überlegte Antwort eines großen christlichen Theologen!

Robert P. Ericksen drückt es folgendermaßen aus: Gerhard Kittel ...

> „... ließ den Antisemitismus des Mittelalters wiederauferstehen, überzog ihn mit dem Hauch zeitgenössischen, rassistischen Mystizismus und richtete ihn als deutsches christliches Bollwerk gegen die jüdische Plage auf ... (Er) schlug strenge Maßstäbe vor, wie man mit dieser Plage umzugehen habe. Seine Forschungen hatten das Ziel, die jüdische Entartung zu offenbaren. Kurz gesagt, er schwamm im Strom des Nationalsozialismus, obwohl er wohl eine andere Lösung vorgezogen hätte." [22]

Dieser Strom endete mit der Ermordung von zwei Dritteln der europäischen Juden. Die Nazis hatten in der Tat einen „besseren" Weg gefunden um „frei zu werden von dieser unerträglichen teuflischen Last – den Juden". [23]

Bedauerlicherweise – und zu unserer eigenen Schande – könnten wir mit solch widerlichen Zitaten fortfahren und könnten viele Beispiele von bitterem Judenhass unter den geistlichen Leitern der „Kirche" bringen. [24] Aber wir haben schon genug gehört. Wir sollten jetzt erst mal innehalten und reflektieren: Könnte es sein, dass die Worte eines derart machtvoll eingesetzten Mannes wie Martin Luther – ein Mann, der die protestantische Reformation entzündete, dessen großer Genius den deutschen Intellekt tief beeinflusste, dessen Kommentar zum Römer- und zum Galaterbrief mit dazu beigetragen hat, dass sich John und Charles Wesley zu Jesus Christus bekehrten, dessen sensible Feder das kostbare Lied „Ein feste Burg ist unser Gott" zu Papier brachte – könnte es also sein, dass gerade seine Worte ihren Teil dazu beigetragen haben, um das Feuer in den Brennöfen der Nazis zu entfachen? Lasst die Heiligen und die Päpste, ja Luther selbst aus ihren Gräbern auferstehen und bitterlich weinen.

Die Kirche hat Blut an ihren Händen.

Kapitel 3

Ein gesegneter und wunderbarer Strom

Es ist wahr, dass die Kirche auf erschreckende Weise gegen das jüdische Volk gesündigt hat. *Aber nicht die ganze Kirche hat gesündigt.* Wo immer Jesus erhoben und angebetet wurde, gab es auch wahre Liebhaber des Volkes Israel. Es gab einen blutigen Strom des Judenhasses, der sich durch die Kirchengeschichte ergoss. Aber es gab auch einen Strom der Opferliebe. Es wäre gut, wenn dieser in unseren Tagen über seine Ufer treten würde. Erbarmen und Mitgefühl für des HERRN Brüder und Schwestern dem Fleische nach, muss entstehen. Wie erfreulich ist es, wenn wir in Liebe wandeln!

Betrachten wir einmal das Zeugnis der Puritaner. Sie streben danach, wieder zum ursprünglichen Wort Gottes zurückzufinden und sich von den toten menschlichen Traditionen abzuwenden. Sie predigten die Notwendigkeit individueller Erlösung und eines heiligen Lebensstils. Sie prägten dadurch die damals entstehenden Kolonien Nordamerikas. Und viele von ihnen hatten eine besondere Liebe zu Israel. [1]

John Owen, z. B., der größte puritanische Theologe, lebte von 1616 bis 1683. Zu seiner Zeit gab es für die Juden nicht den Funken einer Hoffnung, in ihr Land zurückzukehren. Aber John Owen glaubte der Heiligen Schrift. Er schrieb:

„Die Juden sollten von allen Orten der Erde, wohin sie zerstreut sind, zurück in ihr Heimatland gebracht werden."

Was ihren hohen Stellenwert in Gottes Heilsplan anbelangt, beschrieb Owen mit diesen erstaunlichen Worten:

„Es gibt nirgends auch nur eine einzige Verheißung darüber, dass ein Königreich für den Herrn Jesus Christus in dieser Welt aufgerichtet wird, aber es ist andererseits beschrieben, oder eindeutig niedergeschrieben, dass es mit den Juden seinen Anfang nimmt." [2]

Robert Leighton, ein Zeitgenosse Owens, schrieb hierzu folgendes:

„Die Gemeinde, die nicht täglich für die Bekehrung der Juden betet, versäumt einen wichtigen Punkt für ihren Ruhm vor Gott ... Es besteht kein Zweifel, dass dem Volk der Juden die Weisung gegeben wurde, aufzustehen und als ein Licht zu leuchten; ihre Umkehr zu Gott bedeutet Reichtum für die Heiden (Römer 11, 12). Dies wird für Gottes Gemeinde eine weitaus herrlichere Zeit sein als sie es je erlebt hat." [3]

Der Puritaner Samuel Rutherford, der wegen seiner Leidenschaft für den Herrn bekannt geworden ist, schüttete sein Herz in den Hunderten von Briefen die er schrieb, aus. Über diese Briefe sagte Charles Spurgeon:

„Wenn wir einmal gestorben und vergangen sind soll die Welt wissen, dass Spurgeon Rutherfords Briefe unter allen zu findenden menschlichen Schriften am meisten einer Inspiration nahegekommen hielt." [4]

Ein anderer Autor geistlicher Literatur bezeugte von den Briefen Rutherfords, dass sie – mit Ausnahme der Bibel – Schriften sind, „die die Welt niemals zuvor gesehen hat". [5]

Was machte Rutherfords Schriften so besonders? Er stand in einer tiefen Liebesbeziehung zu Jesus und kannte den Herzschlag seines Erlösers. In jeglicher Art und Weise wollte er seinem Herrn Freude bereiten. Weil Jesus Sein eigenes Volk liebte, liebte Rutherford es auch. *Er wusste, dass die Juden einen besonderen Platz im Reich Gottes hatten.* War Rutherford blindgläubig und irregeleitet?

Mehr als irgend etwas anderes hatte Rutherford Verlangen danach, mit Jesus Gemeinschaft zu haben. Er sehnte sich danach, den Herrn von Angesicht zu Angesicht zu sehen. Aber er war bereit zu warten und jenen Tag aufzuschieben, wenn es ihm erlaubt wäre, Zeuge einer Sache zu werden:

> „Ich könnte viele Jahre auf den Himmel verzichten, um den siegreichen, triumphierenden Herrn zu sehen, wie Er den vorhergesagten Teil Seiner seelengewinnenden Liebe in die Tat umsetzt, indem Er Seine größere Schwester, die Gemeinde der Juden in Sein Königreich aufnimmt. Oh für welche Freude und Herrlichkeit würde ich es erachten, wenn ich vom Himmel freigestellt wäre, um davonzulaufen und ein Zeuge dieser Hochzeits-Herrlichkeit zu sein, und zu sehen wie Christus die Herrlichkeit Seiner letzten Hochzeitsbraut und Seiner letzten Hochzeitsliebe auf Erden anzieht, wenn Er Sein Liebeslager erweitert und es auf den Spitzen der Berge aufschlägt und Seine ältere Schwester, die Juden und die Vollzahl der Heiden zu sich nimmt!" [6]

Neben der Wiederkunft Jesu konnte sich Rutherford nichts Herrlicheres als die Wiederherstellung Israels vorstellen:

> „Oh welch herrlicher Anblick, wenn der Herr aus den Wolken hernieder fährt! Unsere älteren Geschwister – die Juden, und Christus werden sich in die Arme fallen und küssen! Sie, die so lange entzweit waren, werden freundlich miteinander sein. Was für ein wunderbarer Tag! Schon so lange sehne ich mich nach dieser herrlichen Morgendämmerung! Oh herrlicher Jesus, lass es mich sehen dürfen, wenn es sein wird, als ob Leben aus den

Toten entsteht, Du und Dein Volk von alters her in gemeinsamer Umarmung!" [7]

Eine solche Liebe kann nur durch den Heiligen Geist gewirkt werden. Sie kommt von Gottes Herzen. *Wenn heutige Gläubige in größerer Harmonie mit dem Heiligen Geist lebten und das Herz unseres Herrn besser verstünden, würden sie dieselbe Last für Israel empfinden, die auch Gott auf seinem Herzen trägt.*

Auch bei den Presbyterianern in Schottland floss im letzten Jahrhundert dieser wunderbare Strom. Unter ihnen ragt Robert Murray M'Cheyne heraus, der wie kein zweiter einen Ruf großer Gottergebenheit besaß. Er war ein Mann von Feinfühligkeit und Mitgefühl. Er betete unter Tränen und predigte unter Tränen. Diese Nähe zum Herrn überführte oftmals Menschen von Sünde und setzte die Vergebung des Herrn frei. Sein Lebensbericht, seine Predigten und seine Briefe haben Millionen von Gläubigen weltweit berührt. Mit jeder Faser seines Lebens liebte er die Juden.

Im Jahr 1839, als er aus Palästina von einer Missionsreise unter den Juden zurückkam, hielt er eine Predigt aus Römer 1, 16 mit dem Titel: „Unsere Verpflichtung gegenüber Israel".

Seine Botschaft war einfach: „Dass das Evangelium zuerst den Juden gepredigt wird." Warum?

1. Weil das Gericht Gottes bei ihnen zuerst beginnt ...
2. Weil es ist, wie Gott es tat: er kümmerte sich zuerst um die Juden ...
3. Weil man bei den Juden – weltweit – einen besonderen Zugang findet, wenn man ihnen das Evangelium predigt ...
4. Weil durch sie Leben in die tote Welt gebracht wird. [8]

Die Versöhnung der Juden würde die Auferstehung der Toten bedeuten! [Römer 11, 15]

Jene Presbyterianer waren überzeugt davon, dass – soweit es Israel betraf – „der gesegnet ist, der dich segnet". Als dann im Jahr 1839 in der schottischen Stadt Kilsyth durch William C. Bums' Predigten eine Erweckung ausbrach, meinten M'Cheyne und seine Zeitgenossen den Grund zu kennen. Es gab vorher viel Gebet, Fasten und Heiligung. Es gab eine mächtige Verkündigung des Kreuzes Christi. Es gab aber auch noch etwas: Das Jahr 1839 war das Jahr der Mission an den Juden in Palästina! Aus diesem Grund kam der besondere Segen. Deshalb wurde der Heilige Geist ausgegossen. [9] *M'Cheyne war sich sicher: dass dies ein immer gültiges Muster darstellte:* Die Erlösung der Juden führt zur Erneuerung der christlichen Gemeinde.

Solche Worte hören wir auch von Andrew Bonar, die er 1889 formulierte:

„Israel ist die ‚ewig bestehende Nation', die das Leben von den toten Nationen ist. Und so drückt es auch diese klare Prophetie aus: ‚Er, der Israel zerschlagen hat, wird es auch wieder sammeln.' ‚Und ich will ihnen einerlei Sinn und einerlei Wandel geben, dass sie mich für immer fürchten.' ‚Es soll meine Freude sein, ihnen Gutes zu tun, und ich will sie in diesem Lande einpflanzen, ganz gewiss, von ganzem Herzen und von ganzer Seele.'

Gekrönt mit ihrer schönsten Hoffnung wird die Kirche mit ihrem Herrn triumphieren und die Erde soll sich anhaltend freuen, wenn Israel wiederhergestellt ist." [10]

Was für ein herrlicher Tag wird das sein!

M'Cheyne glaubte, dass, wenn wir so evangelistisch wären ... wie Gott uns haben will – und nicht so, dass wir das Licht jedem neben uns austeilen, sondern es zuerst an die Juden weitergeben, dass wir dann dasselbe Ausgießen des Heiligen Geistes erleben, wie es aus dem Ort Kilsyth im Jahr 1839 bezeugt wurde.

„Dann wird Gott sein Werk inmitten jener Jahre neu beleben. Unser ganzes Land wird so erfrischt werden, wie es in Kilsyth geschah. Das Spinnengewebe der Unreinheit wird aus unseren Heiligtümern ausgekehrt werden. Das Gegeneinander und der Neid in unseren Gemeinden würde sich in einen Einklang des Lobpreises verwandeln, und unsere Seelen werden wie gut bewässerte Gärten." [11]

Und all dies, weil zuerst den Juden gepredigt wurde!

Jener schottische Mann Gottes setzte also seine Füße in diesen Segensstrom. Und welch eine Erfrischung hat er erfahren!

Aber dieser Liebesstrom zu den verlorenen Schafen des Hauses Israel ergoss sich nicht nur im 17. Jahrhundert in England und im 19. Jahrhundert in Schottland. In jeder Generation gab es einen göttlichen Überrest von Heiden (Heide in diesem Zusammenhang heißt ganz einfach jemand aus den Nationen, jemand der nicht zum Volk Israel gehört), die für den Frieden Jerusalems beteten. Sie haben die Worte des Apostel Paulus verstanden: Als Resultat der Barmherzigkeit Gottes an ihnen, den Heiden, werden auch die Juden Gottes Barmherzigkeit erfahren (Römer 11, 31).

Es gab Menschen wie die ten-Boom Familie, die ihr Leben riskierten, ja es sogar opferten, um Juden aus der Hand der Nazis zu retten. [12] Und es gab z. B. Basilea Schlink, die deutsche evangelische Nonne, die zusammen mit Schwestern ihres Ordens jahrelang fürbittende Bußgebete wegen der schwerwiegenden Sünden ihres Volkes verrichtete. [13]

Es gab auch berühmte Missionare wie William Carey und Henry Martyn, die wenn „versucht bis an ihre Grenzen, immer voll Dank an die Verheißungen der Sammlung der Juden dachten". [14] Es gab geistliche Leiter wie z. B. Charles Simeon, bekannt als herausragender Prediger an der Cambridge Universität (der dort in den Jahren 1782 bis 1836 wirkte), ein Mann mit einer tiefen Liebe zu den Juden. Ian Murray berichtet über ihn:

„Auf einer Missionstagung geschah es einmal, dass Simeon von der Zukunft der Juden so hingerissen war, dass ihm ein Freund ein Blatt Papier mit der Frage zuschob: ‚Sechs Millionen Juden – und sechshundert Millionen Heiden. Welches sind die wichtigeren?' Sofort kam die schriftliche Antwort Simeons: ‚Was nun, wenn die Bekehrung (Umkehr) dieser sechs Millionen Leben aus dem Tod für die sechshundert Millionen wäre? Was dann?'" [15]

Bischof Handley C. G. Moule drückte diese Hoffnung so treffend aus:

„Jenes großartige Ereignis, wenn Israel sich in Jesus Christus wieder zu Gott hin wendet, wird das Signal eines unermesslichen Auferstehens geistlichen Lebens in der universalen Gemeinde sein. Auf diese Art und Weise wird es eine beispiellose Sammlung erneuerter Seelen aus einer verlorenen Welt heraus geben." [16]

Nur Gott allein weiß, wie viele unbekannte Heilige im Stillen geweint und gefleht haben und sich nach dem Tag sehnten, an dem „das Haus Davids und die Bürger Jerusalems einen offenen Quell haben gegen Sünde und Befleckung." (Sacharja 13, 1).

Sie haben zum Herrn geschrieen, dass er jene Quelle öffnet, die in ihren Herzen schon längst aufgebrochen ist.

* * *

Es gibt einen bitteren und hässlichen Strom, der viele Jahrhunderte lang durch die christliche Kirche geflossen ist. Er ergießt sich bis zum heutigen Tag. Es gibt aber auch einen reinen und heiligen Strom der Liebe.

Welcher Strom fließt in Ihnen?

Kapitel 4

Die Rabbiner:
Halsstarrig, hartherzig und stolz?

In jeder Religion gibt es heuchlerische Führer. In jeder Glaubens-
richtung gibt es Scharlatane. Aber sind die Rabbiner besonders
schuldig? Sind sie schlimmer als alle anderen? Tragen sie verborgene
schlimme Sünden in ihren Herzen? Sind sie unheilige Gotteslästerer
seit sie Jesus Christus als Herrn verleugneten? Sind sie abergläubig
und gesetzlich weil sie den Neuen Bund ablehnten? Betrachten wir
einige Beispiele:

Rabbi R. Akiba ben Josef, einer der berühmtesten Weisen des
Talmuds starb den Märtyrertod im Jahr 135 n. Chr. [1] Er beging den
tragischen Fehler zu glauben, dass ein mächtiger jüdischer General,
der sich gegen die Römer erhob, tatsächlich der verheißene Messias
sei. Aber die römische Armee siegte. Die römische Regierung ging
sofort rigoros mit den Juden um, indem sie ihre religiösen Freiheiten
enorm einschränkte. Als die Römer das öffentliche Lehren des jüdischen Gesetzes untersagten, weigerte sich Akiba dies zu befolgen. Er
lehrte weiter in der Öffentlichkeit und hörte noch nicht einmal auf,
als er im Gefängnis war. Schließlich kam der Tag seiner Folterung
und seiner Hinrichtung.

Während die sadistische Menge fröhlich zusah, begannen die
Exekutionssoldaten das Fleisch des 90-jährigen mit eisernen Zin-
ken zu bearbeiten. Aber Akibas Gedanken waren auf etwas anderes
gerichtet. Er begann die *Shema* zu zitieren, das von den Römern

verbotene jüdische Glaubensbekenntnis, welches mit den Worten beginnt: „Höre Israel, der Herr dein Gott ist der einzige Gott ...". Er zitierte es also und lächelte dabei.

„Der römische Offizier rief daraufhin laut aus: ‚Alter, entweder bist du ein Zauberer oder du trotzt den Schmerzen (um mich zu ärgern), weil du inmitten deiner Schmerzen lächelst?' Akiba erwiderte: ‚Keins von Beidem, aber immer – mein ganzes Leben lang, wenn ich die Worte: „Liebe den Herrn, deinen Gott, von ganzem Herzen, von ganzer Seele und mit all deiner Kraft", aussprach, schmerzte es mich, weil ich mir sagen musste: Wann wird es möglich sein, diese drei (Arten der vollständigen Hingabe) zu erfüllen? Ich liebte Gott von ganzem Herzen, ich liebte ihn mit all meinem Vermögen (Kraft), aber wie ich ihn von ganzer Seele [d. h. wörtlich mit meinem Leben] lieben konnte, hat er nie auf die Probe gestellt. Aber jetzt, da ich mein Leben für Gott hingebe, jetzt, da ich die „Shema" zitiere, jetzt, da mein Entschluss, Gott mit meiner ganzen Seele zu lieben, unerschütterlich bleibt, sollte ich da nicht lächeln?' Und während er so redete, hauchte er seine Seele aus." [2]

Dies wurde zu einer Richtschnur für zahllose jüdische Märtyrer, die noch in Akibas Fußstapfen gehen sollten. Sie starben mit der *Shema*, dem jüdischen Glaubensbekenntnis, auf den Lippen.

Elchanan Wasserman war einer der größten Rabbiner Osteuropas. Im Jahr 1941 wurde er durch die Hand der Nazis hingeschlachtet. Rabbi Wasserman und eine Anzahl jüdischer Gelehrter waren am 6. Juli 1941 im Ghetto von Kovno, Litauen, gerade dabei, den Talmud zu studieren. Plötzlich stürmte eine Gruppe litauischer Faschisten in den Raum. Sie schossen mit ihren Gewehren um sich und beschuldigten die Rabbiner, dass sie versuchten eine Revolte zu organisieren. Diese verrückt gewordenen Soldaten befahlen den Juden, sich in einer Linie hintereinander aufzustellen und marschierten mit ihnen zur Hinrichtungsstelle. Während sie so liefen, blieb Rabbi Wassermann plötzlich stehen und richtete sich an seine Begleiter:

„Es scheint mir, dass die im Himmel uns jetzt zu den *tzaddikim* [gerechte Männer] zählen, wertgeachtet mit unseren Leben für das Volk Israel einzustehen. Wir müssen daher sofort, das ist hier und jetzt, Buße tun, denn die Zeit ist kurz, die Neunte Kaserne [der Ort ihrer Exekution] ist nah. Wir müssen uns dessen bewusst sein, dass wir in Wahrheit diejenigen sind, die den Namen Gottes heiligen sollen. Lasst uns daher mit erhobenen Häuptern weitergehen, lasst uns – Gott bewahre uns davor – keinen unreinen Gedanken mehr hegen, wodurch unser Opfer ein ungeeigneter Dienst wäre. Wir sind jetzt dabei das größte Gebot zu erfüllen – den Namen Gottes, des Herrn zu heiligen. Das Feuer, welches uns gleich verzehren wird, wird die Flamme sein, aus der heraus das jüdische Volk wiederauferstehen wird." [3]

Einen Augenblick später war das Leben von Rabbi Wasserman und seiner jüdischen Begleiter dahin – Maschinengewehrsalven brachten ihnen den Tod – aber seine letzten Worte leben weiter. *Der Staat Israel wurde auf wunderbare Weise aus der Asche des Holocaust geboren.*

Rabbi Wassermans Lehrer war Yisrael Meir HaCohen. Dessen erstes Buch trug den Titel: *Hafetz Hayyim* (auch *Chofetz Chayyim* ausgesprochen), „Der sich nach dem Leben sehnt". Dieser Titel ist aus Psalm 34, Verse 13+14 entnommen: „Wer möchte gern gut leben und schöne Tage sehen? Behüte deine Zunge vor Bösem und deine Lippen, dass sie nicht Trug reden." Dies Buch behandelt die Teile des jüdischen Gesetzes, die sich gegen Verleumdung und Klatsch aussprechen. Es wurde so berühmt, dass Rabbi Yisrael Meir HaCohen als „der Chofetz Chayyim" bekannt wurde. Er praktizierte auch, was er predigte. Es wurde von ihm berichtet, dass er noch nicht einmal eine einfache Quittung unterschrieb ohne vorher die

Worte „Zur Ehre Gottes" ausgesprochen zu haben. Sein Verhalten würde die meisten von uns heute beschämen. [4]

„Es wird erzählt, dass einmal ein nichtjüdischer Landwirt einen kleinen geräucherten Fisch, den er in Chofetz Chaims Laden gekauft hatte versehentlich liegen ließ. Chofetz Chaim war fast verzweifelt, als er feststellen musste, dass er diesen Fremden nicht ausfindig machen konnte. Am darauffolgenden Markttag gab Chofetz Chaim deshalb jedem Landwirt, der seinen Laden betrat, kostenlos einen Fisch." [5]

Was für ein Beispiel in Geschäftsethik!
Chofetz Chaim lehrte auch, dass

„diese Welt kein Ort ist, um glücklich zu sein; wahre Freude ist nur in den Himmeln, hier auf Erden sind wir nur, um die Arbeit zu tun, die uns vom Schöpfer aufgetragen ist." [6]

Er lebte ein Leben des Opfers.

„Unsere Weisen berichten, dass Gottes Thron so lange nicht vollkommen ist, wie die Erlösung noch nicht gekommen ist. Wie kann ich also auf einem komfortablen Sessel Platz nehmen, wo ich doch weiß, dass Gott selbst auf einem kaputten Stuhl sitzt?" [7]

Er glaubte an die Barmherzigkeit Gottes:

„Um unseres Wohlergehens willen und aus Seiner Güte heraus nimmt Gott unsere Buße an, wenn nicht, so würden wir in dem eigenen dreckigen Schlamm ertrinken, den wir selbst in nur wenigen Jahren produziert haben." [8]

Schreibt so ein arroganter Mann?

Einige Christen meinen, dass der Talmud, das Fundament der rabbinischen Lehre, ein schlechtes und irreführendes Buch sei (es ist übrigens nicht ein Buch, sondern es enthält *viele* Bücher). Sie stellen sich vor, dass es voll von schrecklichen Attacken auf das Neue Testament ist und dass jede Seite von jüdischer Überheblichkeit trieft. Aber trifft dieses Bild wirklich zu?

Von den zweieinhalb Millionen Wörtern (2.500.000) des Talmuds erwähnt kaum eines Jesus oder Seine Jünger. Die wenigen Stellen, an denen ein Bezug zu Jesus offensichtlich ist, sind eindeutig negativ. [9] Dies sollte uns nicht überraschen, da die Rabbiner nicht an Ihn glaubten. Und um absolut ehrlich zu sein: die meisten Rabbiner beachteten ihn nicht einmal. Sie bauten ihr eigenes Lehrsystem *ohne* Ihn auf. Sie *ignorierten* Ihn eher, als dass sie Ihn ablehnten. Grundsätzlich ist der Talmud deshalb keine Sammlung antichristlicher Bücher! Er ist eher ein *nicht*-christliches als ein *anti*-christliches Buch, eher *ohne* Jesus als *gegen* Jesus. [10] Dies sollte uns traurig stimmen und nicht wütend machen!

Natürlich trifft es auch zu, dass der Talmud einige harte Dinge über die Nichtjuden sagt. Aber er sagt auch einige positive Dinge über sie aus (ganz zu schweigen von den vielen negativen Dingen, die er über die eigenen Leute zum Ausdruck bringt). Der Fakt ist der gleiche: der Rest der Welt ist für den Talmud kein großes Thema. Er behandelt hauptsächlich wie die *Juden* hier auf der Erde leben sollten. Trotzdem lehren die Rabbiner als allgemein gültig, dass die Gerechten aus jeder Nation einen Platz in der zukünftigen Welt haben werden. Hunderte von Seiten des Talmuds sind angefüllt mit Diskussionen über das Gesetz und seine Auslegungen, dass es sogar einem Rechtsanwalt schwindelig werden könnte. Er ist aber auch reich an Schönheit und Weisheit. [11]

Hier einige Beispiele davon:

Wie können wir verhindern, dass wir in die Macht der Übertretung kommen?

„Betrachte diese drei Dinge: Wisse, was über dir ist – ein Auge das alles sieht, ein Ohr das alles hört, und dass all deine Taten in ein Buch geschrieben werden." [12]

Wie sollen wir Gott dienen?

„Sei nicht wie die Diener, die dem Herrn dienen um Lohn zu erhalten, sondern wie Diener, die dem Herrn dienen, ohne Lohn zu erwarten; nur die Ehrfurcht vor dem Himmel sei über dir." [13]

Wir sollen wir beten? (Bedenke, dass religiöse Juden aus einem Gebetsbuch heraus fertig vorformulierte Gebete ablesen.)

„Derjenige, der seine Gebete zu einer mechanischen Aufgabe macht, dessen Gebet ist kein wirkliches Gebet ... Man sollte nicht in Leichtfertigkeit und Scherz beten, sondern mit Ernst und mit Freude, wissend, dass man etwas Gutes tut ... Gebet ist größer als Opfer ... Gebet ist der Dienst des Herzens ... Gebet ist nur dann akzeptabel, wenn die eigene Seele darin mitgeopfert wird." [14]

Was ist wahre Buße und wie mächtig ist sie?

„Wer auch immer sagt: ‚Ich werde sündigen und Buße tun, wieder sündigen und wieder Buße tun', dessen Buße wird ihn nicht wirklich reinigen. Wenn ein Mensch einmal Buße getan hat, so erinnere ihn nicht mehr an seine Taten! Buße ist etwas Großes, denn sie bringt der Welt Heilung ... Buße ist etwas Großes, weil sie bis an den Thron der Herrlichkeit heranreicht; weil sie Erlösung mit sich bringt; ... weil sie das Leben eines Menschen verlängert ... Der Herr sprach: ‚Ich kann es nicht über mich bringen, einen bösen Menschen anzuschauen, aber wenn er Buße tut, werde ich ihn mit einer Krone krönen, die wie meine ist.'" [15]

Wie sehr sollte ein Mensch Gott lieben?

„Was ist die angemessene Liebe zu Gott? Sie ist es dann, wenn ein Mensch Gott mit einer so außergewöhnlichen Liebe, in solch einem Maß liebt, dass seine Seele ganz eng mit der Liebe Gottes verbunden wird, so dass er sich unaufhörlich nach ihr sehnt. Sie sollte so sein, als ob er krank vor Liebeskummer wäre, so wie ein Mann eine Frau liebt, unfähig, die Frau aus seinen Gedanken zu verbannen, nach der er sich immerwährend sehnt, auch wenn er isst und trinkt. Noch viel mehr als diese Liebe sollte die Liebe zu Gott in den Herzen sein, die Ihn lieben und die sich beständig nach Ihm sehnen, so wie er es uns geboten hat: ‚von ganzem Herzen, von ganzer Seele und mit aller deiner Kraft.‘ (5. Mose 6,5)" [16]

Was sagen die Rabbiner über die Liebe zu den Menschen?

„Alles was ihr tut, tut es aus Liebe!" [17]

Wir müssen unsere stereotype Sicht über die jüdische Religion ändern. Sie *ist* eine Religion des Gesetzes.

Sie ist eine Religion, die Werke betont. Sie ist eine Religion, die intellektuelle Fähigkeiten und Studium hervorhebt. Sie ist eine Religion, die Wert auf gesetzliches Argumentieren und Diskutieren legt. Aber sie ist die großartigste Religion, die je von Menschen geschaffen wurde, der großartigste Versuch menschlicher Geschöpfe, Gott wohlzugefallen – *sofern es überhaupt in menschlicher Macht stünde, Gott ein Wohlgefallen zu sein.* Von ganzem Herzen glaube ich, dass es religiöse Juden gab und gibt, die gerecht vor Gott wären, *sofern es einem Menschen möglich wäre, aus sich heraus vor Gott gerecht zu sein.*

Selbstverständlich ist dies nicht möglich. Nur durch das Blut des Messias können wir erlöst werden. Nur durch Seine Verdienste können wir errettet werden. Ohne Ihn sind wir bestenfalls eine gefallene Rasse, die sich ganz stark abmüht. Aber sich ganz stark abmühen ist nicht genug. Sogar täglich die Barmherzigkeit Gottes zu erbeten, was jeder religiöse Jude tut, reicht nicht aus. Wir brauchen ein uns völlig veränderndes Wunder der Gnade Gottes. *Jesus ist dieses Wunder.* Auch die Rabbiner brauchen Ihn.

Wie also sollen wir diese Männer sehen? Wie sollen wir über die religiösen Juden denken? Einige mögen in der Tat ein heuchlerisches Wesen haben, voll von „geistlichem" Stolz. Einige Rabbis sind vielleicht nur deshalb Rabbiner, weil sie meinen es sei ein guter Beruf. Andere wiederum könnten total aufrichtig sein. So wie Paulus sind sie möglicherweise „untadelig", soweit es die „Gerechtigkeit, die das Gesetz fordert" (Philipper 3, 6) betrifft. Sie mögen sogar ein aufrichtigeres Leben führen als die meisten von uns! „Denn ich gebe ihnen Zeugnis, dass sie Eifer für Gott haben, aber nicht nach rechter Erkenntnis." (Römer 10, 2 [Elberfelder]). Sie sind Eiferer bis auf den heutigen Tag.

Seien wir also mit dem Richten und Verurteilen nicht so voreilig. Teilen wir viel lieber unseren gemeinsamen Glauben in einer Haltung des Mitempfindens. Öffnen wir doch unsere Herzen zu Gott und bitten Ihn, unsere Herzen im Gebet zu zerbrechen. Denn trotz all ihrer Studien, ungeachtet all ihrer Hingabe, trotz all ihrer Anstrengung sind die verlorenen Schafe des Hauses Israel immer noch verloren.

Bete, dass sie von ihrem guten Hirten gefunden werden.

Kapitel 5

Miriam und Jakob: Zwei Namen, die dem Heiland von Jugend auf vertraut waren

Woran denken Sie, wenn Sie die Worte „Maria, die Mutter Jesu" hören? Denken Sie vielleicht an eine Statue – irgendwo in einer katholischen Kirche – die den Sohn Gottes als Baby auf dem Schoß seiner Mutter darstellt? Das hört sich doch bestimmt „christlich" an, nicht wahr? Was aber denken Sie, wenn Sie die Worte hören: „Miriam, die Mutter Jeshuas?" Ein ganz anderes Bild drängt sich Ihnen dann sicherlich auf! Und das sieht extrem jüdisch aus.

Nehmen wir die Originalberichte zur Hand: *Die Mutter Jesu hieß Miriam, genau so sicher wie die Schwester Mose Miriam hieß.* In der Tat waren alle „Marias" des Neuen Testaments jüdische Frauen namens Miriam. (Ja, auch Maria Magdalena hieß in Wirklichkeit Miriam von Magdala – hätten wir „Maria" zu ihr gesagt, hätte sie sich nicht angesprochen gefühlt.) Weil das Neue Testament in Griechisch geschrieben wurde, kommen die darin enthaltenen Namen im griechischen „Gewand" zu uns. Aber wenn wir mit den wahren Fakten arbeiten wollen, müssen wir verstehen, dass Johannes in Wirklichkeit Jochanan (gesprochen: Yochanan) war, Matthäus war eigentlich Mattityahu (Kurzform: Mattai), und der uns so bekannte Simon Petrus hieß in Wirklichkeit Shimon Kepha. [1] Tatsache ist es auch, dass Jakobus, der Bruder unseres Herrn und Schreiber des Jakobusbriefes keineswegs der „Jakobus" war! Er hieß Jakob! Selbst im Griechischen wurde er als Jakob geschrieben, aber irgendwie wurde er in unseren Bibelübersetzungen zu Jakobus und im englischen sogar James. [2]

Nehmen wir jetzt einmal unser Neues Testament zur Hand und beginnen es zu lesen: Auf einmal ist es ein anderes Buch. Unser Erlöser und Herr nennt sich *Yeshua*. [3] Seine Mutter heißt Miriam, sein irdischer Vater Joseph. (Es wird Yoseph gesprochen, aber Yeshua würde ihn mit „Abba" angesprochen haben). Er hatte einen Bruder namens Judah, der Schreiber des Judahbriefes (Judas).

Die Namen Seiner Jünger klingen wie eine neue Gruppe von Männern. Unter ihnen sind Jakob und Jochanan, die Söhne des Zavdai (Zebedäus) und einer von ihnen wird Bar Talmai genannt (schon mal von Bartholomäus gehört?). Sie sprechen in erster Linie Aramäisch und Hebräisch (sehr ähnlich dem, wie Esra und Nehemia 500 Jahre zuvor gesprochen haben, oder wie Jakob vor mehr als 1000 Jahren sprach). Fast überall, wohin sie gingen, hört es sich jüdisch an: der Ort Nahum (eigentlich Kefar Nahum – Kapernaum), Beth Ani (Bethanien) und Natzeret (Nazareth). [4]

Die Jünger Yeshuas nennen ihn „Rabbi", Er besucht am Sabbat die Synagoge und kleidet sich sogar wie ein Jude – der Schrift gemäß: Als sich die Frau mit dem Blutfluss nach Ihm ausstreckt, um geheilt zu werden, berührt sie die *Quasten* [5] seines Gewandes (Matthäus 15, 20; 4. Mose 15, 38+39+85). Bis zu Seinem Lebensende konnte niemand Jesus beschuldigen, das geschriebene jüdische Gesetz gebrochen zu haben. Der Sohn Gottes lebte sein irdisches Leben als ein völlig dem jüdischen Gesetz gehorsamer Jude. [6] Er war anderer Meinung mit den von Menschen gemachten Traditionen, niemals aber mit der Torah (die Lehre, das Gesetz) Gottes. Als er zur Welt kam, wurde ihm als „König der Juden" gehuldigt, als Er am Kreuz hing wurde er, als „König der Juden" verspottet. *Diesem Titel widersprach er nie!* [7]

Blättern wir nun weiter in der Bibel und stoppen genau vor den Briefen des Petrus. Sind Sie bereit, den Brief des Jakob zu lesen? (Ja, das ist wahr, sagen Sie es jetzt ruhig laut für sich: „Ich lese jetzt den

Brief des Jakob.") Aber kaum, dass Sie angefangen haben, stoßen Sie schon auf die nächste Überraschung: schauen wir mal, an wen der geschrieben ist: „... den zwölf Stämmen in der Zerstreuung." Er schreibt an jüdische Christus-Gläubige, die außerhalb ihres Heimatlandes leben! *Es ist Jakobs Brief an die Juden.* (Wer auch immer uns bisher glauben machen wollte, dass mit den „zwölf Stämmen" die gesamte Gemeinde gemeint ist – zusammengefügt aus Juden und den Gläubigen an Christus, so liegt er damit nicht richtig.) Alle Bezüge, die Jakob hier zum Gesetz herstellt, müssen nun in einem völlig neuen Licht gesehen werden! [8]

Selbstverständlich kann jedes Kind Gottes diesen Brief auf sich beziehen, genauso, wie wir die Briefe des Paulus an die Korinther auf unsere heutigen Situationen beziehen können. Aber so sicher wie Paulus Briefe an die Kolosser, Römer, Philipper, Thessalonicher, Galater und an die Korinther schrieb, genauso sicher ist es, dass Jakob diesen Brief an die Juden schrieb. *Wenn dies Sie ärgerlich macht, so bitten Sie Gott doch einfach, dass er Ihnen dabei hilft Ihr Herz zu erforschen. Möglicherweise findet sich darin eine etwas anti-jüdische Einstellung.*

Die Person des Apostel Paulus liefert uns ein klassisches Beispiel unbewusster antijüdischer Einstellungen. Folgende Denkart ist unter uns sehr weit verbreitet: Bevor Paulus den Herrn Jesus annahm, war er der *Saulus* (oder anders ausgedrückt: er war Jude), als er dann wiedergeboren war, wurde er zum Paulus (mit anderen Worten: er war jetzt Christ). Also folgert man unbewusst: Saulus (= jüdisch) ist schlecht, aber Paulus (= Christ) ist gut. Ist das nicht klar und einfach?

Keineswegs! Es ist nicht einmal korrekt. Er war Saulus vor seiner „Straße nach Damaskus Erfahrung" (Apostelgeschichte 9. Kapitel) und er war Saulus *nach* dieser „Straße nach Damaskus Erfahrung". Glauben Sie es ruhig und lernen Sie den *Apostel Saulus* (hebräisch: Sha'ul) kennen. Sogar nachdem er von den Brüdern in Apostelgeschichte 13 ausgesandt wurde (hier, so glauben viele, sei er erstmals zum „Apostel" geworden), wurde er weiterhin Saulus genannt. Erst im weiteren Verlauf dieses Kapitels lesen wir, dass er *auch* Paulus genannt wurde. Mit anderen Worten: Wie die meisten römischen Juden in dieser Zeit, hatte auch er mehrere Namen. [9] Es gibt keinen Grund zu der Annahme, dass er sich von seinen jüdischen Brüdern – mit denen er sich auf hebräisch oder aramäisch unterhielt – mit „Paulus" ansprechen ließ. Warum sollten sie ihn mit seinem griechischen (oder römischen) Namen ansprechen? Den benutzte er, wenn er in der griechischen Sprache lehrte oder schrieb. Für die Gläubigen in Israel war er immer der geliebte Bruder Sha'ul. Versuchen wir es noch mal: Der größte Apostel, der je gelebt hat, war ein Jude namens Saulus.

Yeshua, der Messias, Miriam seine Mutter, der Brief des Jakob und ein Apostel namens Sha'ul (Saulus). Das Evangelium erwuchs wahrhaft aus sehr jüdischer Saat! Aber wir können noch mehr hinzufügen:

Der unter uns Gläubigen bekannte Ausspruch „Maranatha" kommt nicht aus dem Griechischen, sondern aus dem Aramäischen. Er war der von Herzen kommende Ausruf jedes jüdischen Gläubigen (sehr wahrscheinlich von *marana tha* abgeleitet, was soviel wie „Unser Herr, komm!" heißt). Dieser ist zum universalen Ausspruch der gesamten frühen Kirche geworden. Als Jesus uns lehrte, Gott mit „Abba" anzusprechen, sagte er einfach: „Tut das, was ich auch tue. *Macht das, was jeder jüdische Junge tut.* Nennt euren Vater Abba! Ihr seid in Seine Familie adoptiert."

Unsere intimste Anrede, die wir im Gebet formulieren können „Abba!" und unsere dringlichste Bitte, die wir im Gebet vorbringen können: „Maranatha!" – sind beides absolut jüdische Ausdrücke. Christ zu sein ist jüdischer als wir dachten!

Natürlich wissen die meisten von uns, dass die Wurzeln unseres Glaubens im Judentum liegen. Aber haben wir uns auch bewusst gemacht, *dass jüdische Wurzeln auch jüdische Früchte bedeuten?* Unser Glaube begann nicht nur in Israel mit dem jüdischen Volk, sondern er wird auch in Israel mit dem jüdischen Volk im Zentrum des Geschehens sein Ende finden.

Schauen wir uns einmal die bedeutendsten Feiertage an, die Gott Seinem Volk gegeben hatte. Sie sind voll von prophetischer Bedeutung und geistlichen Wahrheiten. Im ersten Monat des jüdischen Kalenders, am 14. Tag dieses Monats, beginnen die Feierlichkeiten des *Passahfestes*. Dann, am ersten Sonntag nach dem Passah gab es das Fest der *Erstlingsfrüchte*. Fünfzig Tage nach dem Passah kam das *Wochenfest* oder auch das „Fest der ersten Früchte" [„Schawuoth"] (= Pfingsten).

Außer den (regelmäßigen) Feiertagen des Sabbats und des Neumondes gab es dann bis zum siebten Monat keine besonderen Feiertage mehr. *Die ersten Feiertage sollen an das erste Kommen des HERRN erinnern, die letzten drei Feiertage im jüdischen Kalender an Seine Wiederkehr.* [10] Deshalb liegt eine so lange Zeit zwischen ihnen.

Der erste Tag des siebenten Monats wurde als *„Tag des Posaunenblasens"* gehalten (und wurde später zum jüdischen Neujahrsfest). Zehn Tage später folgt der *Versöhnungstag* [„Jom Kippur"]; nach weiteren fünf Tagen das *Laubhüttenfest* [„Sukkot"].

Der Tod Jesu trifft mit dem *Passahfest* zusammen (Erinnern wir uns: Jesus war das Lamm Gottes!) Seine Auferstehung geschah am Fest der *Erstlingsfrüchte*. „Nun aber ist Christus auferstanden von den Toten als *Erstling* unter denen, die entschlafen sind" (1. Korinther 15, 20). Der Heilige Geist wurde am *Wochenfest* (Pfingsten) ausgegossen.

Das Evangelium ereignete sich jeweils an den ersten drei jüdischen Feiertagen in Israel. *Es wird an den letzten drei jüdischen Feiertagen in Israel sein Ende haben.*

Die Wiederkunft Jesu wird – prophetisch gesehen – mit dem *Tag des Posaunenblasens* zusammentreffen:

„... und sie werden den Sohn des Menschen kommen sehen auf den Wolken des Himmels mit großer Macht und Herrlichkeit. Und er wird seine Engel aussenden mit starkem Posaunenschall ..." (Matthäus 24, 30+31 [Elberfelder])

„… Wir werden nicht alle entschlafen, wir werden aber alle verwandelt werden; und das plötzlich, in einem Augenblick; zur Zeit der letzten Posaune. Denn es wird die Posaune erschallen, und die Toten werden auferstehen unverweslich, und wir werden verwandelt werden." (1. Korinther 15, 51+52)

„Denn er selbst, der Herr, wird, wenn der Befehl ertönt, wenn die Stimme des Erzengels und die Posaune Gottes erschallen, herabkommen vom Himmel, und zuerst werden die Toten, die in Christus gestorben sind, auferstehen." (1. Thessalonicher 4, 16)

Jesus Christus wird bei dem Schall der Posaune wiederkommen!

Der Prophet Sacharja zeigt uns, dass das jüdische Volk, wenn es seinen gekreuzigten Messias sehen wird, voller Reue trauern wird (Sacharja 12, 10).

„Zu der Zeit werden das Haus David und die Bürger Jerusalems einen offenen Quell haben gegen Sünde und Befleckung." (Sacharja 13, 1)

Dies wird ein nationaler „Jom Kippur", der Versöhnungstag sein. Vergebung wird schließlich für alle fließen!

Die Heilige Schrift ist wundervoll klar. Zuerst kommen das Passah (Jesu Tod) und das Fest der Erstlingsfrüchte (Seine Auferstehung) und Pfingsten (die Ausgießung des Heiligen (Geistes). Dann folgen der Tag des Posaunenblasens (Sein zweites Kommen zur Erde), der Versöhnungstag (Vergebung für die ganze Nation) und – ein Fest bleibt noch übrig: Das Laubhüttenfest – das Einbringen der Ernte wird gefeiert!

Nachdem der Herr wieder zurückgekehrt ist und Israel Versöhnung empfangen hat, wird es geschehen:

„Alle Übriggebliebenen von allen Nationen, die gegen Jerusalem gekommen sind, die werden Jahr für Jahr hinaufziehen, um den

König, den HERRN der Heerscharen, anzubeten *und das Laub-hüttenfest zu feiern.*" (Sacharja 14,16 [Elberfelder])

Alle Nationen werden das Laubhüttenfest jedes Jahr in Jerusalem feiern! Zu dieser Zeit wird dann das folgende Schriftwort erfüllt werden:

> „... Zu der Zeit werden zehn Männer aus allen Sprachen der Heiden einen jüdischen Mann beim Zipfel seines Gewandes ergreifen und sagen: ‚Wir wollen mit euch gehen, denn wir hören, dass Gott mit euch ist.'" (Sacharja 8, 23)

Menschen aus allen Teilen der Erde werden zum Berg des Herrn hin strömen. Sie werden nicht zueinander sagen: „Lasst uns nach Rom, nach Tulsa, nach Dallas oder nach Seoul gehen!" Nein! Sie werden zueinander sagen: „Lasst uns hinauf nach *Jerusalem* gehen!" Sie werden auch nicht sagen: „Lasst uns zur ‚Großen Baptistengemeinde' oder zur ‚Presbyterianischen Gemeinde' oder zur ‚Pfingstgemeinde' gehen." Stattdessen werden sie sagen: „Lasst uns zum Hause des *Gottes Jakobs gehen!*" Denn „von Zion wird Weisung ausgehen und das Wort unseres HERRN von Jerusalem" (Jesaja 2, 3).

> Und wissen Sie, wie der letzte Rest von
> Antisemitismus hinweggeblasen wird?
> Der Eine, der Seine Füße auf den Ölberg setzen wird,
> wird ein von Gott verherrlichter Jude sein. [11]

Kapitel 6

Bösartige Reportagen, Tendenzen und Scheinheiligkeit

Was haben die großen Zeitungen, Zeitschriften und die neuesten TV- und Radio-Nachrichten alle gemeinsam? Eine Vergangenheit irreführender anti-israelischer Berichterstattung! Hier einige der krassesten Beispiele:

Am 2. August 1982 – während des Höhepunkts des Konflikts zwischen Israel und der PLO im Libanon – wurde von der Nachrichtenagentur United Press International ein Foto veröffentlicht:

„Das Foto zeigte ein sieben Monate altes Mädchen, das von Kopf bis Fuß mit Verbänden umwickelt war. Die Bildunterschrift sagte aus, dass dieses Kind beide Arme verloren und schwere Verbrennungen erlitten hatte, die durch das versehentliche Bombardement eines Wohnhauses in Ost-Beirut durch die israelische Luftwaffe verursacht wurde. Empört äußerte sich Präsident Reagan in einem persönlichen Telefongespräch mit Premierminister Begin und forderte ihn auf, die Bombardierung palästinensischer Einrichtungen in West-Beirut durch die israelische Armee einzustellen. Im Verlauf des nun folgenden Austausches benutzte Reagan gar das Wort ‚Holocaust‘". [1]

Selbstverständlich fand dieses sehr zu Herzen gehende Foto seinen Platz auf den Titelseiten jeder Zeitung in aller Welt. So wurden die

Israelis als kaltblütige Mörder hingestellt. Man stelle sich einmal diese brutale, willkürliche Attacke der Israelis auf hilflose Zivilisten vor! Bedauerlicherweise waren die Medien – im Gegensatz zur prompten Berichterstattung über Fehler der israelischen Verteidigungskräfte (die zugegebenermaßen auch vorhanden waren) – bei den Recherchen über die weiteren Hintergrundinformationen zu diesem Ereignis sehr langsam.

Wurde der übrigen Welt etwa gezeigt, dass ein großer Teil der libanesischen Bevölkerung die israelischen Truppen mit Blumen begrüßt hat, weil sie dankbar dafür waren, dass sich durch ihr Einrücken die PLO aus dem Libanon zurückgezogen hatte? [2] Wie viele Zuschauer waren sich eigentlich dessen bewusst, dass der Yassir Arafat, der auf den Fernsehschirmen Kinder und Babys küsste, derselbe Terrorist war, der seinen pöbelnden Horden den Befehl gab, jeden seiner Gegner einzuschüchtern, zu verstümmeln oder abzuschlachten? [3]

„Aber was ist mit dem sieben Monate alten Baby?" mögen Sie zu Recht fragen. „Hier handelt es sich nach wie vor um ein schlimmes Verbrechen." Wie so oft, so wurde auch hier die wahre Geschichte verschwiegen. Frank Gervasi berichtet uns, dass die israelischen Verantwortlichen nach Reagans Telefonanruf umgehend tätig wurden, indem sie

„eine gründliche Untersuchung ins Leben riefen und danach, am 22. August 1982 ein Foto desselben Kindes nach seiner ärztlichen Behandlung veröffentlichten. Dies Kind hatte nicht beide Arme verloren, es hatte keine Brandwunden erlitten und nur leichte Verletzungen an den Handgelenken. Und es stellte sich heraus, dass das Baby nicht durch eine israelische Bombe, sondern durch eine Granate verletzt wurde, die von einer PLO-Stellung in West-Beirut aus abgefeuert wurde. Die Presseagentur UPI bestätigte, dass die Original Bildunterschrift unpräzise war und drückte ihr Bedauern aus. Während das Originalfoto überall hin verstreut war, fand die neue, richtige Version kaum den Weg in die inneren Seiten der Zeitungen. (Die *New York Times* z.B. druckte die Richtigstellung auf S. 14 ihrer Ausgabe)" [4]

Es scheint so, dass einige Leute noch nicht einmal den *Versuch* einer fairen Berichterstattung machen!

Heutzutage wird viel über das sogenannte „palästinensische Problem" gesprochen und es gibt Rufe nach einer sofortigen Errichtung eines unabhängigen Staates Palästina innerhalb des israelischen Staatsgebietes. Ja, obwohl die jetzige Notlage dieser Flüchtlinge tragisch ist, und obwohl sie unserer Gebete bedürfen, damit eine gerechte Lösung für sie gefunden wird, wird hier eine hässliche Doppelmoral angewandt. Wo war der Aufschrei der Welt – von den Vereinten Nationen, vom US-amerikanischen Senat, von den Medien – als Jordanien mehr als 3.400 seiner eigenen palästinensischen Landsleute während der nur zehn Tage andauernden Gewaltausschreitungen der berüchtigten Gruppe „Schwarzer September" im Jahr 1970 umbringen ließ? Oder als Syrien im Jahr 1976 23.000 Palästinenser abschlachtete? [5] Nebenbei bemerkt: Während ständig über die Gründung eines eigenen palästinensischen Staates im Nahen Osten gesprochen wird, übersieht man, dass es einen solchen bereits gibt: Er nennt sich Jordanien! (Mehr als die Hälfte der Bevölkerung Jordaniens sind Palästinenser.) [6]

Als am 8. Oktober 1990 während der Unruhen auf dem Tempelberg in Jerusalem 19 Araber erschossen wurden, verurteilten die Vereinten Nationen mit der Zustimmung der USA deutlich die Anwendung von Gewalt durch das israelische Militär. Wo aber war eine Verurteilung als nur wenige Tage später syrische Truppen mehrere Hunderte libanesische Christen nach deren Kapitulation vergewaltigten und massakrierten? Klar, es verwundert nicht mehr, da der UN-Sicherheitsrat auf folgende Ereignisse auch nicht reagierte: a) Syrien lässt im Jahr 1982 etwa 30.000 eigene Landsleute – Zivilisten – in der syrischen Stadt Hama umbringen b) die Sowjetunion okkupiert Afghanistan c) auf dem Tienammen Platz in China findet ein

Massaker an der Zivilbevölkerung statt d) die irakische Luftwaffe vergast in den Jahren 1988 und 1989 8.000 Kurden; dies sind nur einige Beispiele. Aber sobald Israel eine falsche Bewegung macht, sind die Vereinten Nationen sofort in Aufruhr!

Die vollständigen Hintergründe der Unruhen auf dem Tempelberg sind der Öffentlichkeit kaum bekannt. Den Berichten auf den Titelseiten zufolge brachen muslimische Gläubige spontan in Unruhen aus, als ihnen zu Ohren kam, dass eine kleine Gruppe extremistischer Juden auf dem Weg dorthin seien um dort den Grundstein für den dritten jüdischen Tempel zu legen. Diesen Tempel an derselben Stelle wie den Felsendom und die Al-Aksa Moschee zu errichten, würde eine direkte Drohung gegen diese wichtigen islamischen Heiligtümer bedeuten.

Aber es gab für niemanden einen Grund zur Panik. Schon vorher hatte die israelische Regierung es dieser kleinen jüdischen Gruppe verboten, sich auch nur in die Nähe des Tempelbergs zu begeben. Dies wurde schon mehrere Tage im voraus öffentlich verkündigt und in arabischen Zeitungen bekannt gegeben, es wurden sogar spezielle Flugblätter gedruckt und verteilt. Außerdem trafen sich Sicherheitsverantwortliche mit den wichtigsten muslimischen Offiziellen, um sicherzugehen, dass alles klar war! [7]

Nein, es handelte sich absolut nicht um spontane Gewaltausschreitungen. Die beachtliche Menge an Steinen, die von arabischen Protestanten geworfen wurden, kamen nicht plötzlich von irgendwo her. Es war ein von längerer Hand vorbereiteter Versuch, Israel in ein schlechtes Licht zu rücken, selbst wenn es einige Menschenleben kosten würde. [8] Und so lief es denn für die palästinensische Agitation wie im Märchen ab: wieder einmal war die Weltöffentlichkeit ärgerlich auf Israel.

Nichts Neues – die Weltöffentlichkeit ist immerzu über Israel verärgert.

Es war im Jahr 1973, *nur vier Tage nachdem die Araber während des Jom-Kippur-Festes, dem Versöhnungstag, Israel angegrif-*

fen hatten: Yakov Mali, UN-Vertreter der Sowjetunion, bezeichnete Israel im UN-Sicherheitsrat als „Mörder und internationale Gangster". [9] Hierauf brach der UN-Sicherheitsrat in „einen lang anhaltenden Beifall" aus (dies allein ist für dieses Gremium schon außergewöhnlich). Am 1. Oktober 1975 hielt der schändliche Idi Amin – damaliger Staatspräsident von Uganda – eine Rede vor den Vereinten Nationen. Er war zu diesem Zeitpunkt schon als barbarischer Massenmörder und sogar als Kannibale bekannt, der die gekühlten Körperteile seiner Opfer aß. Vor und nach seiner Rede erhielt er von der UN-Vollversammlung stehende Ovationen. Seine Botschaft? Er denunzierte „die zionistisch-amerikanische Verschwörung" und forderte den Ausschluss Israels aus den Vereinten Nationen sowie die *Vernichtung* Israels. „Am darauffolgenden Tag gab der UN-Generalsekretär zu Ehren Idi Amins ein öffentliches Abendessen." [10]

Im US-amerikanischen Kongress, am 18. Januar 1991, nur zwei Tage nach Beginn des Golfkriegs am Persischen Golf und nur wenige Stunden nachdem vom Irak abgefeuerte „Scud"-Raketen in Tel Aviv explodierten, fand Gus Savage, Abgeordneter aus dem Bundesstaat Illinois, irgendwie Brennstoff für sein anti-israelisches Feuer. In seiner Rede vor dem Repräsentantenhaus – die übrigens live in die gesamte USA übertragen wurde – setzte er Iraks grundlose Bombardierung der israelischen Zivilbevölkerung mit dem israelischen Bombardement von *Iraks Atomwaffenlage* im Jahr 1981 gleich! Er verurteilte zwar die jüngste irakische Aktion, fragte aber auch, wo denn der nationale Aufschrei der amerikanischen Bevölkerung war, als Israel damals Iraks Atomanlagen zerstörte. Wie würde denn die Landkarte des Nahen Ostens heute aussehen, wenn Israel zugelassen hätte, dass Atomwaffen in Saddam Husseins Hände gelangt wären?

Selbstverständlich ist nicht jede Militäraktion Israels gerechtfertigt. Die Israelis haben sich zeitweilig übermäßiger Gewaltanwendung schuldig gemacht. Und es ereigneten sich Vorfälle illegaler Brutalität von israelischer Seite. Sicherlich gibt es israelische Soldaten, die nach monatelanger Konfrontation mit dem Steine werfenden Mob außer Kontrolle geraten ... so ist es leider vorgekommen, dass einige Palästinenser zu Tode geprügelt wurden. [11] Aber wo sind die israelischen Terroristen, die vorsätzlich vollbesetzte Schulbusse mit Bomben in die Luft jagen? (Die PLO hat solches getan.) Wo ist die Liste der libanesischen Zeitungsreporter, die von Israelis bei lebendigem Leibe zerhackt wurden, Gelenk für Gelenk? (Die PLO hat so etwas getan) und immer noch erhält die PLO Hunderte von Millionen Dollar als Unterstützung von Staaten wie Saudi Arabien und Kuwait, jedoch so gut wie keine Rüge oder Tadel durch die Vereinten Nationen. [12]

Man muss sich auch vor Augen halten, dass auf der einen Seite Terrorismus die erklärte *Politik* von Gruppen wie z. B. der PLO ist. Haben Sie sich je gefragt, wie sie ihre üppigen Unterstützungssummen verwenden? [13] Andererseits bestraft Israel terroristische Tendenzen in seinen Reihen. Die Israelis verfolgen und bestrafen ihre eigenen Landsleute, wenn diese grundlose Attacken gegen ihre Feinde ausüben. [14] Schon vor 1948, als ein paar jüdische Terrorgruppen in Palästina kämpften (wobei sie den vielen terroristischen arabischen Gruppen gegenüber zahlenmäßig weit unterlegen waren) wurden ihre Aktivitäten von den zionistischen Leitern deutlich verurteilt. Bis zum heutigen Tag kritisieren weite Teile der israelischen Medien, die Regierung, und Leiter von jüdischen Organisationen in aller Welt öffentlich ihre Landsleute, sobald diese irgendeine bewaffnete Aktion durchführen, und bezeichnen sie als unmenschlich. [15] Aber in Staaten wie Syrien z.B. gehört Folter zum üblichen Ablauf eines Verhörs, um Gefangene einzuschüchtern. Dies geschieht mit der Billigung selbst der höchsten Militärführungs-Kreise. [16]

Dr. Khalil Torbey, ein anerkannter libanesischer Chirurg, berichtet von Vorfällen, die sich während des Libanon Konfliktes zutrugen. Er kennt Fälle, wo Menschen in Säuretanks geworfen wurden und zu einer unerkennbaren Masse von porösen Knochen reduziert waren. Dies geschah durch die PLO, nicht durch Israelis.

Dr. Torbey fährt fort:

„Ich habe Personen behandelt, deren Arme durch Granaten schwer verwundet waren, und Männer, deren Hoden von ihren Folterknechten zerquetscht wurden [das Werk der PLO, nicht von Israel]. Ich habe gesehen wie Männer – lebendig, kann man sich das überhaupt vorstellen? – mit ihren Füßen an Autos gebunden und dann durch die Straßen geschleift wurden."

Es ist wahr, so berichtet Frederick El-Murr, ein führender libanesischer Industrieller,

„eine beliebte Methode [der PLO], um ihre politischen Gegenspieler loszuwerden, war, dass die Füße ihrer männlichen Opfer an zwei verschiedene Autos gebunden wurden und diese dann in entgegengesetzter Richtung losfuhren." [17]

Während solche Gräueltaten stattfanden, hielten israelische Generäle spezielle Seminare ab, um gemeinsam über Möglichkeiten zu diskutieren, wie man die Zahl der Opfer unter der libanesischen Zivilbevölkerung möglichst gering hält, selbst wenn dies ein höheres Risiko für Leib und Leben der *israelischen* Soldaten bedeutet! [18]

Viele wollen uns glauben machen, dass die PLO seit der historischen Pressekonferenz Jassir Arafats in Genf vom 14. Dezember 1988 die Existenz Israels anerkannt und sich von allen terroristischen Handlungen losgesagt habe. Aber das ist einfach nicht die Wahrheit. In Wirklichkeit

„hat die Erklärung der PLO, in Zukunft auf Gewaltanwendung zu verzichten, keine merkliche Auswirkung auf ihr Verhalten. Unterwanderungsversuche finden immer noch statt, Todesschwadronen der PLO töten immer noch Palästinenser [die sich deren terroristischen Aktivitäten widersetzen; so z. B. wurden am 9. Dezember 1990 315 Palästinenser aus diesem Grund kaltblütig ermordet]. Führende Persönlichkeiten der PLO – einschließlich Jassir Arafat – rufen nach wie vor zum ‚bewaffneten Kampf' gegen Israel auf." [19]

Am 18. Mai 1989 wurde Farouk Kaddoumi, Vorsitzender der politischen Abteilung der PLO und verantwortlich für außenpolitische Angelegenheiten dieser Organisation, von einem Zeitungsreporter befragt, ob Arafat „sich in Genf vom Terrorismus losgesagt" habe. Er antwortete:

„Dies ist eine Missinterpretation der Aussagen unseres Vorsitzenden Arafat ... wir prangern Terrorismus an, insbesondere den staatlich angeordneten israelischen Terrorismus."

Der Fragesteller fragte dann:

„Bedeutet dies, dass die von [Georg] Schultz [ehemaliger Staatssekretär der USA] gemachten Aussagen, dass nun ein Dialog in Gang gekommen sei, null und nichtig sind?"

Kaddoumi antwortete:

„Schultz kann von mir aus zur Hölle fahren. Ich nehme an, dass er bereits auf dem Weg dorthin ist." [20]

Lassen Sie sich nicht täuschen: Israel ist wirklich nicht die unheilvolle Macht des Nahen Ostens, der jüdische Goliath, der seine hilflosen schwachen Nachbarstaaten terrorisiert. Nahezu alle Israelis sehnen sich danach in Frieden zu leben, aber seine erklärten arabischen Feinde, und auch ein großer Teil der Medien scheinen Tod dagegen zu setzen.

Das heißt nicht, dem gesamten israelischen Militär eine Generalabsolution zu erteilen. Einige sind keinesfalls untadelig. Damit verwerfe ich auch nicht die Bedürfnisse der Palästinenser. Sie verdienen unser Mitleid, vor allem weil sie wie Schachfiguren für den anti-israelischen Kampf benutzt werden. Wir müssen uns auch erinnern, dass auch die arabischen Nationen von Gott geliebt sind. Hass auf die Araber ist genauso schlimm wie Hass auf die Juden. Aber es wäre einfach nur schön zu sehen, dass die Medien beide Seiten gerecht behandeln und nicht ständig auf dem jüdischen Staat herumhacken würden! Die volle *Wahrheit* sollte berichtet werden. Ist es nicht tragisch, dass Israel scheinbar nur dann die Sympathie der Weltöffentlichkeit erntet, wenn es einen seiner Kriege *verliert*? Warum hat man an Israel etwas auszusetzen, wenn es seine eigene Sicherheit verteidigen will? Warum wird Israel kritisiert, wenn es die eigene Sicherheit verteidigt, anstatt „die andere Wange hinzuhalten?" [21]

Aber es gibt etwas Beunruhigenderes als solche Tendenzen in den Medien. Obwohl viele Reporter scheinbar eine Vorliebe dafür haben, Israel in ein schlechtes Licht zu rücken (einige dieser Nachrichtenagenturen oder Zeitungsverlage werden sogar von liberalen amerikanischen jüdischen Gruppen geleitet) ist in ihren Worten wenigstens nicht völlige Feindschaft oder Gehässigkeit zu finden. Darüber hinaus findet man aber in der beängstigenden Ideologie, die vielen verschiedenen Gruppen zu eigen ist (wie z. B. weiße Herrenrasse-Vereinigungen, schwarze militante Zirkel und muslimische Extremisten) eine Menge Boshaftigkeit.

Was haben denn diese sich in ihren Grundsätzen einander ausschließenden Splittergruppen gemeinsam? *Sie alle haben große Achtung vor Adolf Hitler und eine tiefe Feindseligkeit gegenüber den Juden.* Sie formieren sich zu einer unheilvollen Allianz des Hasses. Die Beobachtungen des Methodisten und Professors A. Roy Eckardt lesen sich wie folgt:

„Mitgliedschaft in der Religion des Antisemitismus ist stets für jedermann möglich. Sie ist der einzige universelle Glaube. Die Sprache des Antisemitismus ist die ursprüngliche Sprache des

Teufels; sie wird bald zur zweiten Sprache der Nachfolger des Teufels und übernimmt schließlich das Kommando über ihren gesamten Sprachschatz ... Der Teufel selbst ist Gott und Schöpfer des Antisemitismus." [22]

Stokely Carmichael, der radikale Führer der sogenannten „Black-Power"-Bewegung sagte im Jahr 1970:

„Noch nie habe ich einen weißen Mann bewundert, aber der größte unter ihnen war meiner Ansicht nach Hitler." [23]

lm März 1984 sagte Louis Farrakhan, Gründer der rassistischen Nation des Islam in einer Radiosendung:

„... die Juden mögen Farrakhan nicht, daher nennen sie mich Hitler. Nun, das ist ein guter Name. Hitler war ja auch ein sehr großer Name."

Und Farrakhan äußerte im Juli 1985 in der US-Hauptstadt Washington folgendes:

„Juden kennen ihre Niederträchtigkeit, und das ist nicht nur der Zionismus. Dieser ist ein Auswuchs jüdischer Vergehen." [24]

Wen wundert es dann noch, dass Farrakhan und Muamed Ghaddafi aus Libyen gute Freunde sind? [25]

Die Juden, so sagt Farrakhan weiter, „saugen das Blut der schwarzen Gemeinschaft aus" (18. Februar 1990, Michigan Staats-Universität, USA). Aber, so prahlt er, „die Juden können mich nicht vernichten. Ich werde sie zermalmen und in kleine Stücke brechen" (21. Mai 1988, Flushing, New York). [26]

David Duke – der ehemalige Führer des Ku Klux Klan, der vormals für Louisianas gesetzgebende Körperschaft ausgewählt war,

1990 nur knapp bei seinem Versuch einer US-Senatoren-Sitz-Kandidatur scheiterte und dann als (erfolgloser) Republikaner-Kandidat zum Gouverneur ausgewählt wurde – nannte Hitlers Buch *Mein Kampf* „das großartigste Werk der Literatur im 20. Jahrhundert." [27] Und in praktisch allen Ebenen von weißen „Herrenrasse-Vereinigungen" ist Antisemitismus in zunehmendem Maß auszumachen, dazu gehören auch Hakenkreuze, Gewalt gegen Juden und jüdische Einrichtungen und alles andere. [28]

Willis Carto ist Gründer der sogenannten „Liberty Lobby" [etwa: Freiheits-Lobby]. Diese Organisation bringt das antisemitische Wochenboulevardblatt „The Spotlight" [Im Blickpunkt] in einer Auflage von ca. 100.000 Exemplaren heraus. Er schreibt:

„Hitlers Niederlage war die Niederlage Europas. Und Amerikas. Wie konnten wir nur so blind sein? ... Der Satan selbst konnte in seiner übermenschlichen Begabung und seinem diabolischen Einfallsreichtum für sein Ziel, eine Macht zur Zerstörung und für den permanenten Zerfall der Nationen zu schaffen, nichts Besseres erfinden als das Volk der Juden. Die Juden bleiben immer der Feind Nr. 1 der Weltöffentlichkeit." [29]

Hört sich das – leider – nicht sehr ähnlich an, wie die Bemerkungen Martin Luthers?

„Wisse, Christenheit, dass ihr neben dem Teufel keinen Feind habt, der grausamer, giftiger und gewalttätiger ist wie ein wahrer Jude." [30]

In jüngsten Ausgaben von „The Spotlight" [s. o.] werden Neonazis und die sogenannten „Skinheads" für „ihren oft zur Schau gestellten Patriotismus" hochgelobt. Außerdem wird ihrer gedacht für „ihr Bekenntnis zu einem Macho, ihr ,Zwei-Fäuste'-Wertesystem, das aus persönlicher Courage und der Fähigkeit zu kämpfen besteht." [31]

Die „Anti-Defamation League" [etwa: Liga gegen Diffamierung] weist auf folgendes hin:

„Die ‚Liberty Lobby' [s. o.] expandiert auch außerhalb der USA. Ihr Programm mit Namen ‚Radio Free Europe' [Radio Freies Europa] wird jetzt auch über Kurzwelle nach Europa, Südamerika, Indien und in den Nahen Osten über den Sender von ‚World Wide Christian Radio' übertragen, der einen 100.000 Watt starken Sender in Nashville, Tennessee, USA, betreibt." [32]

In der im September 1990 erschienen Ausgabe von der Zeitschrift „*The Nationalist*" [Der Nationalist], die von der Organisation „Voice of the National Democratic Front" [etwa: Stimme der demokratischen Nationalfront] herausgegeben wurde, wird [der z. Zt. des zweiten Weltkriegs im Amt befindliche US-amerikanische Präsident] Franklin D. Roosevelt beschuldigt, für Hitlers Aggression in Europa verantwortlich zu sein. Weiter wird Saddam Hussein dort als wohlmeinender, Frieden suchender arabischer Held dargestellt. Und es wird in dieser Ausgabe behauptet, dass „unsere amerikanischen Jungs" im persischen Golf-Krieg „wieder einmal zugunsten der Juden sterben werden".

„Es sind die Juden, die jetzt – wieder einmal – von den Amerikanern verlangen, dass diese für sie kämpfen ... Unsere Feiglinge [Politiker] sollten sich lieber den Juden entgegen stellen ... man kann jetzt schon den Gestank des gelben Journalismus riechen, der jeden Abend und jeden Morgen von Ihren Fernsehschirmen herüberweht, wenn die von Juden kontrollierten Sender (wie ABC, NBC, CBS und PBS [= die größten u. bekanntesten US-amerikanischen Fernsehsender]) die Werbetrommel für diesen Krieg rühren." [33]

Die militante muslimische Welt hat selbstverständlich Hitler und seine Taten nicht verstoßen. Hören wir einige stellvertretende Zitate:

„Am 17. August 1956 zitierte die französische Zeitung *Le Monde* die in Damaskus erscheinende, von der Regierung kontrollierte Tageszeitung *Al-Manar*: ‚Man sollte nicht vergessen, dass – im Gegensatz zu Europa – Hitler in der arabischen Welt einen Ehrenplatz errungen hat … sein Name macht uns stolz … lang lebe Hitler, der Nazi, der in das Herz unserer Feinde geschlagen hat.'"

„Am 24. April 1961 veröffentlichte die englischsprachige, in Jordanien erscheinende Tageszeitung *Jerusalem Times* einen ‚offenen Brief an [Adolf] Eichmann' [kurz vor seiner Hinrichtung], welcher mit den Worten schloss: ‚Seien Sie tapfer, Eichmann, mögen Sie Trost in der Tatsache finden, dass dieser Gerichtsprozess eines Tages in der Liquidation der noch übriggebliebenen sechs Millionen [Juden] gipfeln wird, wodurch dann Ihr Blut gerächt wird.'" [34]

Der Staatsgründer Saudi-Arabiens, Abdul Aziz, war ein Freund des Dritten Reiches. Er erklärte im Jahr 1937:

„Unser Hass gegen die Juden kommt von Gottes Verdammung der Juden her, diese kam, weil sie ‚Isa' [Jesus Christus] verfolgt und abgelehnt haben und wegen der später nachfolgenden Ablehnung Seines auserwählten Propheten [= Mohammed] …" [35]

Weitere saudi-arabische Staatsmänner sind in Abdul Azizs Fußstapfen gefolgt. König Faisal pries das notorisch anti-jüdische Buch mit dem Titel *The Protocols of the Elders of Zion* [Protokolle der Ältesten von Zion] in den höchsten Tönen. Mittlerweile ist es schlüssig belegt, dass dies eine Fälschung und ein propagandistisches Lügenwerk ist. Er schenkte jedem seiner internationalen Gäste ein Exemplar zum Lesen. [36] Im Jahr 1972 äußerte er, dass „alle Länder gegen die Zionisten in den Krieg ziehen sollten." [37]

Auch der im Jahr 1948 ergangene Ruf des [arabischen] Mufti von Jerusalem, Haj Amin Al-Husseini, spiegelt diese Einstellung wider. Al-Husseini, der ein Vertrauter Hitlers war, verbrachte einen großen Teil der Zeit während des Zweiten Weltkrieges in Deutschland:

> „Die gesamte jüdische Bevölkerung Palästinas muss zerstört oder ins Meer getrieben werden. Allah hat uns das besondere Vorrecht zuteil werden lassen, das Werk fortzuführen, welches Hitler begonnen hat. Das *Ji'had* soll beginnen. Tötet die Juden. Tötet sie alle!" [38]

Dies ist bis heute eine heilige Mission für die Araber geblieben. So hat es auch der jordanische König Hussein im Jahr 1967 während des Sechs-Tage-Krieges ausgedrückt:

> „Tötet die Juden, wo immer ihr sie auch findet. Tötet sie mit euren Armen, euren Händen, mit euren Fingernägeln und mit euren Zähnen." [39]

So unglaublich dies alles auch erscheinen mag, so gibt es doch etwas viel Beunruhigenderes. Obwohl negative Reportagen und Tendenzen in den Medien einerseits kaum zu entschuldigen sind, sind sie andererseits in einer gewissen Art und Weise nachvollziehbar. Wer will behaupten, dass die Leute in den Nachrichtenagenturen perfekte Heilige sind? Obgleich die unter rassistischen Gruppen und religiösen Fanatikern vorhandene Bigotterie entsetzlich ist, so ist sie – bedenken wir ihre Einstellungen und Denkweisen – in deren Sinne etwas Normales! Was jedoch *nicht* normal oder auf irgendeine Weise zu entschuldigen ist, ist die Tatsache, dass kirchliche Leiter und im ganzen Land bekannte christliche Buchautoren, Menschen, die bekunden, wiedergeboren zu sein, bibel-gläubige Christen also, heute ihre Stimmen erheben, um das jüdische Volk in seinem verheißenen Land zu verurteilen.

Oh ja, Dank sei dem Herrn für die große Anzahl von Gläubigen, die Israel lieben, es segnen und es finanziell unterstützen. Es waren christliche Zionisten, die im Gebet für Israels staatliche Neugeburt rangen, und es sind heute die christlichen Zionisten, die aktiv an allen Fronten tätig sind, auf der geistlichen und praktischen Ebene. Sie beweisen dem jüdischen Volk und seinem Land Solidarität. Aber es sind nicht die einzigen Stimmen, die man hört.

Ein Pastor gab Israel die direkte Schuld für die ständigen Spannungen zwischen Arabern und Israelis. Er sagte:

„Das Misstrauen, das die Araber gegen Israels Expansionspolitik hegen, sowie das ungelöste Flüchtlingsproblem [der Palästinenser] lässt die arabische Welt in einer ständigen Position des Angriffs und der Verteidigung [gegen Israel] verharren." [40]

Mit anderen Worten: Wenn diese Israelis nur endlich aufhören würden, ständig ihr Staatsgebiet zu erweitern, hätten wir Frieden!

Doch Israel hat keine Absichten, seine arabischen Nachbarn „ins Meer zu jagen" (oder um es passender auszudrücken: in die Wüste zu treiben). Israel möchte einfach nur in Frieden und in Sicherheit existieren. Andererseits jedoch ist es das erklärte Ziel der meisten Nachbarn Israels, die Juden und den jüdischen Staat „ins Meer zu jagen"! Das Problem liegt also *nicht* im „Expansionsbestreben Israels". [41]

Die Beschuldigungen gegenüber Israel werden zunehmend lächerlich. In einem Buch, das kostenlos an alle Geistlichen in den gesamten USA versandt wurde, behauptet der Autor, dass die finanzielle Unterstützung Israels durch die USA

„der Grund für den geringen und enttäuschenden Erfolg vieler christlicher Missionsaktivitäten in der muslimischen Welt ist (jeder siebte Bewohner der Erde ist Moslem). Diese sieht folgerichtig in solch einer Unterstützung eine Zustimmung der Christen zu den jüdischen Gräueltaten." [42]

Welch überaus bizarre Beschuldigung! Die muslimische Welt hat kein Problem, unseren (US amerikanischen) finanziellen Beistand, Unterstützung auf militärischem Gebiet oder in der modernen Technologie in Anspruch zu nehmen. Sie zögert auch nicht, ihre jungen vielversprechenden Intellektuellen zu uns zu senden, damit sie hier eine Universitätsausbildung erlangen – all dies trotz unserer (US amerikanischen) Solidarität mit Israel. Und man sollte folgender Frage nicht ausweichen: Wenn also die Unterstützung Israels durch die USA der Grund für die relativ erfolglose und enttäuschende Missionsarbeit unter den Muslimen ist, was war dann der Frust-Grund christlicher Missionare im letzten Jahrhundert (ganz zu schweigen von den 1200 Jahren davor, als es den „widerlichen" Staat Israel noch gar nicht gab, den Amerika hätte unterstützen können)? Und warum haben dann die anderen, nicht amerikanischen Missionare dieselben Schwierigkeiten und Kämpfe?

So grotesk wie diese antiisraelischen Äußerungen sind tragischerweise auch die, die ein im ganzen Land anerkannter Bibellehrer machte:

> „Es schadet unserem Zeugnis den arabischen Nationen gegenüber, wenn wir alles gutheißen, was Israel tut. Das heutige politische Israel ist nicht Israel. Sie haben kein Recht ... sich dort niederzulassen (wo sie jetzt sind)." [43]

Es gibt jedoch weitere Aussprüche, die beängstigender sind, als wir es uns vorstellen können.

Lesen wir diese Worte und erzittern:

> „Die Sichtweise des Abgeordneten im Repräsentantenhaus kann einerseits Liebe den Juden gegenüber befürworten, und gleichzeitig ihre antichristliche *Nation verwerfen*; eine Nation, die Christen verfolgt und andere Menschen, die Christus genauso brauchen wie sie selbst, abschlachtet. Es könnte für die Umkehr

Israels hilfreich sein, ohne dass sie zum Werkzeug krankhaften Nationalismus' werden, ohne die Überlegenheit einer Rasse, hässlich und erdrückend, wie es etwa ihr 20. Jahrhundert-schlauer Feind war, der Arismus [d. h. der Nationalsozialismus]." [44]

Lesen wir diese Worte und weinen:

„... wir haben unwiderlegbar den Beweis zutage gebracht, dass Israel eine dominierende und treibende Kraft für das gegenwärtige und kommende Übel unserer Zeit ist. Zu unserem Erstaunen haben wir herausgefunden, dass Israel nicht der vertrauenswürdige, vertraute Freund ist, für den wir es immer gehalten haben. Genauer gesagt ist es eine misslungene Nachbildung all dessen, wonach wir uns so sehr sehnten ... Schließlich wurden wir mit einem monströsen System des Bösen konfrontiert. Wenn wir diesem nicht widerstehen, wird es uns und unsere Kinder zerstören und die gesamte Welt in eine solche Dunkelheit, Bedrückung und satanische Herrschaft bringen, dass nur die Wiederkunft Christi dies alles wieder aufheben kann." [45]

Dies stammt aus der Feder eines besorgten „Christen"! (Es gibt *keine* Saat des Antisemitismus unter uns?)

Also: Zionismus ist genauso schlimm wie der Nationalsozialismus. Israel ist auf dem Sprung, die Weltherrschaft einzunehmen um diese Erde dann in eine satanische Dunkelheit zu stürzen. Die muslimische Welt würde sich zu Christus bekehren, wenn die USA endlich aufhören würden, diesen elenden kleinen jüdischen Staat zu unterstützen. – Dieser Staat ist aber nun einmal der einzige Staat im Nahen Osten mit einer Demokratie, einer Demokratie wie die der USA und andere ihrer Verbündeten!

Und wie steht es mit der angeblichen Verfolgung von Christen durch Israel? Beantworten wir diese Frage mit folgendem Fakt: Gerade diese scheinheilige, rassistische und böse Nation Israel war es, die sich energisch dagegen wandte, dass der Film „Die letzte Versuchung Christi" in ihrem Land gezeigt wird. Warum? Sie wollten nicht, dass die Christen beleidigt werden!

Ich frage mich, wo die wahren Scheinheiligen sind ...

Kapitel 7

Lügen, Lügen und nochmals Lügen

Viele eigenartige Geschichten sind schon über das jüdische Volk erzählt worden, aber es gibt keine seltsamere als die des „Jüdischen Wanderers". Dieser Legende zufolge wurde Jesus, der Sohn Gottes, auf seinem Weg zur Kreuzigung von einem Juden gestoßen oder abgewiesen. Wegen dieser Respektlosigkeit dem Sohn Gottes gegenüber wurde er vom Herrn dazu verdammt bis zu Seiner Wiederkehr ruhelos über die Erde zu wandern.

Nur eine harmlose Legende, oder? Nicht ganz. Erstens glaubten Tausende von Menschen, besonders im mittelalterlichen Europa, dieser Erzählung. Es gibt unzählige Berichte, in denen Menschen bei verschiedenen Situationen meinten, diesem „Jüdischen Wanderer" persönlich begegnet zu sein! So wurde er angeblich im Jahr 1223 von einigen Pilgern gesehen, wie er durch Armenien wanderte; und vermeintlich erschien er im Jahr 1542 in einer deutschen Kirche. Will man einigen örtlichen Traditionsberichten Glauben schenken, so wurde er in Lübeck (im Jahr 1603), Paris (1604), Brüssel (1640), Leipzig (1642), München (1721) und London (im Jahr 1818) gesichtet.

Die verschiedenen Namen, unter denen er bekannt wurde sind unter anderem Ahasverus, Caitaphilus, Buttadeus, Boutedieu, Votadio und Juan Espera en Dios – um nur einige wenige zu nennen. Die antisemitische Vorstellungskraft ist ziemlich kreativ! Ein berühmtes deutsches Buch über den „Wandernden Juden" (welches auf seinem angeblichen Besuch einer deutschen Kirche im Jahr 1542 basiert) wurde in Französisch, Dänisch, Estländisch und Italienisch übersetzt bzw. paraphrasiert. [1]

Warum dieses ganze Interesse an so einer absurden Geschichte? Ganz einfach: Sie personifiziert die grundsätzliche Blickrichtung der gesamten Kirche auf das jüdische Volk als Ganzes. Sie sind als gesamte Nation schuldig wegen der Kreuzigung Jesu. Deshalb müssen sie beständig über die Erde wandern: mittel- und heimatlos, immerwährend verfolgt und leidend als ein ständiges Zeugnis für die Wahrheit der Evangeliumsbotschaft. Die Juden sind die Verfluchten – die Christen sind die Gesegneten. Dies beweist, dass das Christentum recht hat.

Nun sollte uns diese Geschichte des „Wandernden Juden" aber etwas zeigen, was Satan schon lange wusste: Wenn man lächerliche, unmögliche, hasserfüllte und giftversprühende Lügen erzählt, wenn man sie nur lang und oft genug erzählt – besonders wenn sie von den Juden handeln – so wird ein großer Teil der Kirche, samt der restlichen Welt, sie glauben.

Adolf Hitler hat herausgefunden, dass „die großen Massen des Volkes ... eher einer großen Lüge als einer kleinen zum Opfer fallen." Sind auch *wir* Opfer von solchen großen Lügen gegen die Juden geworden?

In den Jahren 1348–1349 suchte der sogenannte „Schwarze Tod" (die schwarze Pest) Europa heim. Er löschte praktisch *ein Drittel* der gesamten Bevölkerung Europas aus. Wem konnte man dafür die Schuld geben? Den Juden natürlich! (Die Tatsache, dass dem „Schwarzen Tod" auch massenhaft Juden zum Opfer fielen, schien dabei niemanden zu stören.) Wie aber haben die Juden einen so weitreichenden zerstörerischen Plan ausgeführt? Sie haben heimlich die Brunnen mit einer Mischung aus Spinnen, Eidechsen und den Herzen von Christen, vermengt mit den Elementen aus dem Heiligen Abendmahl, vergiftet. [2]

Hunderttausende von „Christen" glaubten dieser Lüge. Als Ergebnis wurden Tausende von Juden von wütenden Volksmassen abgeschlachtet und „jüdische Kinder unter sieben Jahren wurden getauft und als Christen erzogen, nachdem man ihre Familien umgebracht hatte."[3] Woher hatte man denn den „Beweis", dass die Juden schuld daran waren? Einige von ihnen „gestanden" dies Verbrechen – unter grausamer Folter. Andere „Beweise" existierten nicht.

Und dann tauchte die Anschuldigung auf, die „Heilige Hostie" „geschändet" zu haben:

„Im Jahr 1215 wurde auf dem Vierten Lateranischen Konzil die Lehre von der ‚Transsubstantiation' als verbindliches Dogma festgelegt. Dieses Dogma besagte, dass die beim Abendmahl verwendete Hostie bei jeder Messe auf übernatürliche Art und Weise in den wirklichen Leib Christ verwandelt wird ... Solch ein Glaube an die ‚Wandlung des Leibes Christi' führte zur Folter und zur Ermordung vieler tausender Juden. Wo doch Jesus Christus durch und in der Hostie praktisch ‚zum Leben' erweckt wird, würden die Juden, die Ihn einst kreuzigten – nicht wünschen, Ihn zu quälen und erneut umzubringen? So wurden im Jahr 1243 alle jüdischen Einwohner von Berlin lebendig verbrannt – ihnen wurde vorgeworfen, eine Hostie ‚geschändet' zu haben. In Prag wurde im Jahr 1389 die gesamte jüdische Bevölkerung beschuldigt, einen Mönch attackiert zu haben, der eine geweihte Hostie trug. Große Horden pöbelnder Christen versammelten sich rund um das jüdische Viertel und stellten die Juden vor die Wahl, sich entweder taufen zu lassen oder umgebracht zu werden. Als sie diese Zwangstaufe verweigerten, wurden 3000 Juden ermordet. Im Jahr 1510 wurden in Berlin 26 Juden verbrannt und zwei enthauptet, da sie angeblich ‚eine Hostie entweiht' hätten. Und sogar noch im Jahr 1836 wurde dieser Vorwurf der Entweihung einer Hostie aus Rumänien berichtet."[4]

Die zu allen Zeiten wohl am weitesten verbreitete Lüge gegen die Juden, der großer Glaube geschenkt wurde, war die des Ritualmordes.[5]

Die Geschichte ist immer die gleiche: Juden rauben ein christliches Kind (meistens vor Ostern), quälen es, töten es schließlich (oftmals durch Kreuzigung) und schlimmer noch: Sie trinken dann von seinem Blut! Das verbleibende Blut gebrauchen sie um „Passah Matzen" (ungesäuertes Brot) zu machen! Wie erwartet sind die einzigen „Beweise" bei diesem Delikt wie immer die gleichen: „Geständnisse" von Juden – unter der Folter! Folgender Bericht ist charakteristisch:

> „26. April 1343: Gegen die Juden in Germersheim in Deutschland wird der Vorwurf des Ritualmordes erhoben: Kurz darauf werden alle jüdischen Einwohner der Stadt auf dem Scheiterhaufen verbrannt." [6]

Nur Gott allein weiß, wie viele Juden wegen dieser schändlichen „Blutbeschuldigung" ihr Leben lassen mussten. Ihre Zahl geht sicher in die Zehntausende. Und nur Gott allein weiß, wie viele Menschen – Muslime, Atheisten und „Christen" – heute noch an diese Lüge glauben. *Sie zieht nun schon seit mehr als 2000 Jahren ihre Kreise.* In ihrer ersten „nicht-christlichen" Ausführung wurde sie bereits von den Griechen und Römern verbreitet. [7] Und dann nahm sie ihren Lauf um die ganze Welt: Eine von dieser jüdischen „Blutbeschuldigung" inspirierte Ballade wurde kürzlich in einem Folk-Liederbuch in den Ozark-Bergen in Arkansas, USA, entdeckt. [8] Und im Jahr 1962 wurde in der Stadt Birmingham im Staat Alabama, USA, ein Büchlein veröffentlicht, in dem der Vorwurf dieses jüdischen Ritualmords wieder neu erhoben wird. [9]

Bedenken Sie doch nur diese zerstörerischen Fakten. So schreibt der Kirchenhistoriker James Parkes:

> „In Zentral-Osteuropa gab es sowohl bei der römisch-katholischen als auch bei der orthodoxen Kirche in den Jahren 1880 und 1945 beinahe mehr Anschuldigungen [des Ritualmordes] als im ganzen Mittelalter." [10]

Diese „Blutbeschuldigung" wurde auch von den Nationalsozialisten aufgegriffen:

„Die Ausgabe der nationalsozialistischen Zeitung *Der Stürmer* vom 1. Mai 1934 handelte praktisch nur von jüdischen Ritualmorden; die wöchentlich erscheinende Ausgabe dieser Zeitung enthielt regelmäßig Illustrationen von Rabbis, die deutschen Kindern das Blut aussaugen.

In den 1960er und 1970er Jahren wurde die ‚Blutbeschuldigung' von König Faisal von Saudi-Arabien, einer der führenden Persönlichkeiten in der arabischen Finanzwelt, verbreitet. Bei vielen Gelegenheiten informierte Faisal Reporter, dass Juden für ihr jährliches Passah-Fest regelmäßig einen Nichtjuden ermorden und sein Blut trinken." [11]

Vor kurzem erst veröffentlichte Mustafa Tlas, Premier und Verteidigungsminister Syriens, ein Buch mit dem Titel „*The Matzah of Zion*" [etwa: Das Matzen von Zion].

„In diesem Buch ließ er eine Legende wiederaufleben, demzufolge Juden im Jahr 1840 in Damaskus zwei Christen getötet hätten um ihr Blut für die Herstellung von Matzen zu verwenden. *Dies Buch ist auf Deutsch übersetzt worden und wurde für das kuwaitische Fernsehen bearbeitet.*" [12]

Dieses Krebsgeschwür breitet sich immer noch aus. Während einer Versammlung der UN-Menschenrechtskommission am 8. Februar 1990 in Genf empfahl Nabila Shaalan – die zweite Vorsitzende der syrischen Delegation – allen Teilnehmern dringend das Buch „*The Matzah of Zion*" [s. o.] zu lesen. Sie bezeichnete es als ein „wertvolles Buch, welches den rassistischen Charakter Zions [des Judentums] bestätigt." Niemand widersprach diesem Vorschlag. [13]

Und es gibt noch mehr Lügen, so grotesk, dass man es kaum glauben mag:

„Der Holocaust hat nie stattgefunden! Er ist lediglich eine zionistische Erfindung, geschaffen um die Meinung der Welt zu beeinflussen." [14]

Gibt es eine schlimmere Lüge als diese? Trotz der vielen und unbestreitbaren Beweise des Holocaust, wie z.B. unzählige Bücherbände, die Menge von Dokumenten (einschließlich meterweise Filmmaterial), das Zeugnis von Zehntausenden von Augenzeugen – von denen viele heute noch am Leben sind – trotz all dessen werden „wissenschaftliche" Bücher geschrieben und Universitätsdissertationen erstellt, die versuchen, den Holocaust zu leugnen.

Dieser tragische Betrug breitet sich über ganz Europa, den Mittleren und den Fernen Osten, Afrika, Süd- und Nord-Amerika aus. (Mit anderen Worten: er gelangt überall hin.)

Ein evangelikaler Buchautor in den Vereinigten Staaten scheint sogar der Sichtweise Glauben zu schenken, die besagt, dass die allgemein geschätzte Zahl der im Holocaust umgebrachten Juden (das sind 6.000.000) eine extreme Übertreibung sei. [15] Ein Bischof der vor kurzem gegründeten traditionellen Katholischen Kirche in Quebec äußerte sich dahingehend, dass der Holocaust „möglicherweise eine sehr große Lüge" ist. [16] Diese besorgten „christlichen" Männer haben sicherlich nie Berichte von Holocaust-Überlebenden gelesen. Oftmals beginnen solche Bücher mit den Worten: „Zum Gedenken an meine Großmutter, meinen Vater, meine Ehefrau, meine beiden Töchter (elf und acht Jahre alt) und meine drei Söhne (im Alter von Vierzehn, Sechs und Vier) – alle durch die Nazis im Jahr 1943 umgebracht." – Wenn dies doch nur eine Übertreibung oder eine große Lüge wäre! [17]

„Die Juden kontrollieren alle Banken und alles Geld. Sie sind es, die für die wirtschaftlichen Probleme der ganzen Welt verantwortlich sind." [18]

Neben der Tatsache, dass die jüdische Bevölkerung weniger als 0,003 % der Weltbevölkerung ausmacht ([1999:] 21 Millionen von 6 Milliarden) und dass die Juden sicherlich nicht die enormen Summen des arabischen Geldes kontrollieren, das in die reichen Ölstaaten am Golf fließt, *leben* so gut wie keine Juden in den Nationen, die sie anklagen. Ein anschauliches Beispiel: In *Japan* werden mehrere Bücher außerordentlich gut verkauft, in denen den Juden die Schuld an den wirtschaftlichen Problemen des Landes gegeben wird. Die Tatsache, dass die Mehrheit der Japaner nie in ihrem Leben einem Juden begegnet sind (in Japan leben weniger als 1000 Juden) hat die Ausbreitung dieses gefährlichen Gedankens bis in die Öffentlichkeit hinein nicht stoppen können. Er wird sogar von politischer Seite unterstützt: Ein Buch mit dem Titel *„Das Geheimnis der jüdischen Macht die Welt zu kontrollieren"* wurde von Aisaburo Saito, einem Mitglied der japanischen Legislative, geschrieben. [19]

„Die Juden arbeiten im Geheimen mit den Kommunisten zusammen (oder mit den Faschisten oder mit den Sozialisten – oder wen auch immer wir momentan nicht leiden mögen)." [20]

Will man diesem Unsinn Glauben schenken, so hätten sich die Knesset und der Kreml miteinander verschworen! Schade nur für die Juden, dass während sie im geheimen die Weltpolitik beherrschen, sie ausgerechnet von den Nationen öffentlich verfolgt und umgebracht werden, die sie angeblich manipulieren! Schade nur für die Juden, dass während sie die internationalen Medien kontrollieren, diese ihnen die größten Schläge versetzen! Schade nur für die Juden, dass während sie viele einflussreiche Leute in hohen Positionen *haben*, sie in ihren eigenen Reihen in völlig gegensätzliche Fraktionen und einander widersprechende Ideologien zersplittert sind! Es gibt leitende Juden links und leitende Juden rechts. Soweit zum Thema Weltverschwörung. Aber seien wir realistisch. Wenn Menschen glauben können, dass die Juden für den „Schwarzen Tod" [s. o.] verantwortlich sind und das Blut von Christen in ihr ungesäuertes Brot beimischen, so werden sie auch an diesen Unfug von einer Weltherrschaft glauben!

Es überrascht dann auch nicht zu hören, dass das Buch „*The Protocols of the Elders of Zion*" [„Die Protokolle der Ältesten Zions" – s. o.] wieder sehr populär geworden ist (obwohl dieses Machwerk von Gelehrten als „lächerlicher Unfug" und als „unmoralisch" eingestuft wurde.) Dieses Buch – ein sehr bekanntes antisemitisches Werk des letzten Jahrhunderts – sagt angeblich was wirklich Sache ist: 300 geheime jüdische Könige werden die Welt erobern und die gesamte Menschheit unter den Einfluss des Hindu-Gottes Vishnu bringen! Es gibt tatsächlich Leute, die dieses Buch *heutzutage* lesen. Und sie glauben was darin steht! Es sollen außerdem einem kürzlich bekannt gewordenen Bericht zufolge die beiden Bücher *Protokolle der Ältesten Zions* und Hitlers *Mein Kampf* Pflichtlektüre für jeden Angehörigen der Roten Armee Russlands sein. [21]

„Die heutigen Juden sind in Wirklichkeit keine Juden. Sie sind eigentlich Europäer, die zum Judentum konvertiert sind. (Andere Variationen dieser Aussage behaupten, dass die ursprünglichen Juden allesamt schwarz waren)." [22]

Irgendwie muss diese Aufsehen erregende Information wohl Jahrhunderte lang an den größten Historikern vorbeigegangen sein, ganz zu schweigen davon, dass sie einige ziemlich ernste Fragen aufwirft. Wann war es denn in den letzten 1500 Jahren allgemein „in", zum Judentum überzutreten? Wann wurde es denn so populär, Jude zu sein? Wenn also die meisten der heutigen Juden Übergetretene sind – einschließlich praktisch *aller* aschkenasischen Juden – dann muss der Übertritt zum Judentum in den letzten Jahrzehnten wahrlich rasant gewesen sein! Und warum haben dann diese Übergetretenen während Zeiten antisemitischer Verfolgung vergessen, dass sie bei alledem doch keine Original-Juden waren? *Hitler vergaß es wohl auch.* Die europäischen Juden wurden einzig und allein aus dem Grund hingemetzelt, weil sie ethnisch Juden waren; Übertritt zum Christentum oder Vermischung mit Nichtjuden hatten nicht geholfen. Und doch gibt es Leute, die uns weismachen wollen, dass sie alle in Wirklichkeit keine Juden waren!

Es gibt heutzutage Geschichtsschreiber, die behaupten, dass die meisten europäischen Juden auf den Glaubensübertritt der Chasaren im 8. Jahrhundert zurückzuführen seien. [23] Klar, wenn viele von ihnen wahrhaftig übertraten, dann wird Gott sie auch als Juden akzeptiert haben, so wie Er Ruth akzeptierte. (Ein Jude ist jeder, der von jüdischen Eltern geboren wurde oder der sich durch Glaubensübertritt mit dem jüdischen Volk identifiziert.) Die Geschichte berichtet uns jedoch, dass dieser Glaubensübertritt des chasarischen Volkes *nicht* perfekt und komplett war, dass nur eine kleine Anzahl nach und nach zum europäischen Judentum übertrat (die meisten Übertritte waren auf die königliche Familie beschränkt), und dass mit dem 14. Jahrhundert diese übergetretenen Chasaren praktisch verschwunden waren. Einige derer, die zum Judentum übertraten, wandten sich später dem Christentum bzw. dem Islam zu! [24]

Was aber geschah mit den „wahren Juden", die angeblich die Konvertierten zu diesem Schritt hin überzeugten? Waren sie in Wirklichkeit schwarze Juden, die Europa heimlich infiltrierten (wie „Stealth Bomber", unerkannt von allen historischen Berichten), die Massen von Nichtjuden zum Glaubensübertritt bewegten, und sich dann in Luft auflösten? Welch eine bizarre Betrachtungsweise!

Aber es hört hier noch nicht auf! Gemäß dieser Theorie gab es eine überaus große Zahl von Verheiratungen zwischen Juden und Nichtjuden – mit der Folge, dass die Nichtjuden nach und nach vom jüdischen Volk aufgenommen wurden. Das ist das genaue Gegenteil von dem, was normalerweise geschieht, wenn Juden und Nichtjuden sich verheiraten: Es sind die *Juden*, die sich mit der nichtjüdischen Bevölkerung gleich machen. Selbstverständlich berichten Historiker auch davon, dass sich einige Nichtjuden durch Übertritt oder Heirat in die jüdische Gesellschaft eingliederten. Deren Anteil ist aber verschwindend gering. [25]

Warum nun sollte historische Wahrheit einer großen Lüge den Platz streitig machen? Die Bemerkung „die heutigen Juden sind keine wahren Juden" dient einem nützlichen Zweck: sie erlaubt es Leuten wie Louis Farrakhan, amerikanische und europäische Juden zu verachten. Gleichzeitig kann er eine antisemitische Haltung leugnen, da diese Juden seiner Meinung nach keine Semiten sind! [26] Zu dumm, dass Richard Wagner, der Opernkomponist des 19. Jahrhunderts, die wahren Fakten nicht kannte. Er beschwerte sich:

> „Trotz einer 2000-jährigen Vermischung mit den europäischen Nationen hat die Kultur es nicht geschafft die besondere Sturheit der jüdischen Natur auszurotten, insbesondere die charakteristisch semitische Art sich auszudrücken." [27]

Mit anderen Worten: das zivilisierte Europa konnte die Juden nicht von ihrer ungeschliffenen semitischen Natur heilen! Und wieder sind die Juden verdammt, wenn sie etwas tun – und sie sind verdammt, wenn sie nichts tun. Sie tragen an allem die Schuld, weil sie Semiten *sind* oder sie sind schuldig, weil sie es *nicht* sind.

In jeder Generation hat Satan versucht das jüdische Volk durch Angleichung an ihre Umwelt zu zerstören. In der jüngsten Generation fügte er eine neue Waffe hinzu: Ausrottung. Da diese insofern versagt hat, als dass er nicht das gesamte Volk vernichten konnte, versucht er jetzt etwas Neues: Falschinformationen: Die Juden sind in Wirklichkeit keine Juden! Wie schlau vom Teufel. Da er sie nicht völlig auslöschen kann, behauptet er, sie existieren in Wirklichkeit gar nicht.

„Der Talmud lässt keineswegs Kindesmissbrauch in irgend einer Form stillschweigend zu, er bestraft diesen sogar – genau so wie andere abartige Formen der Unsittlichkeit." [28]

Neben der Tatsache, dass weder Jesus noch die Apostel jemals selbst die schlimmsten der religiösen jüdischen Führer solcher Sünden bezichtigen, bezeugt die jüdische Geschichtsschreibung das genaue Gegenteil dieser grundlosen Beschuldigungen. Weltweit wird anerkannt, dass aufmerksame jüdische Gemeinschaften eine außerordentlich *niedrige* Rate an Verbrechen, sexuellen Unsittlichkeiten und Perversionen aufweisen. [29] Und doch haben diese bekannten Tatsachen einige christliche Autoren nicht davon abhalten können, jüngst die Worte des Talmuds völlig zu verdrehen, Zitate aus dem Zusammenhang zu reißen und die Rabbiner, die sich an diese halten, als entartet hinzustellen. (Übrigens, wenn man verstehen möchte, was im Talmud steht, sollte man einen Rabbi fragen und nicht jemand der mit einer antijüdischen Meinung erfüllt ist.) Es ist schon eigenartig, dass dieselben Rabbiner in einem Atemzug als streng gesetzlich angeklagt und mit dem nächsten Atemzug als sinnliche Liberale verurteilt werden.

Und doch gibt es eine noch viel größere Lüge! In einem weit verbreiteten christlichen Video wird behauptet, dass die Kirche des Mittelalters die religiösen Juden deshalb verfolgt hat, weil sich die moralisch hochanständigen (!) Christen von den sexuell entarteten Praktiken der Juden beleidigt fühlten. [30] Was für eine dämonische Erfindung! Nicht die Rabbiner sind pervers, sondern die Verdrehung der geschichtlichen Tatsachen ist pervers.

„Alle arabischen Nationen sind friedliebend. Ihr Problem mit den Juden kam erst auf als die imperialistischen Zionisten ihnen 1948 das Land stahlen. Im Grunde besitzen jene Juden bis heute nur gestohlenes Land!" [31]

Ignorieren wir für einen kurzen Moment die Tatsache, dass Gott der Allmächtige dieses Land Seinem Volk Israel *für immer* versprochen hat. (Wenn Sie dies nicht glauben können, sind Sie möglicherweise auch in diesem Punkt einer Lüge aufgesessen. Falls Sie weitere offene Fragen zu diesem Thema haben, bitte ich Sie, weiterzulesen. Wir kommen später noch auf diese biblische Aussage zurück).

Haben die Juden wirklich arabisches Land gestohlen? Sind ihre Sünden gegen die Araber größer als die Sünden der Amerikaner gegen die Ureinwohner des Kontinents, die Indianer? Sind die Zionisten diejenigen, die in erster Linie für die Umsiedlung der Palästinenser verantwortlich sind?

Michael Comay weist darauf hin, dass im Jahr 1948, kurz bevor sich die Briten aus dem damaligen Palästina zurückzogen, 9% des Landes Juden gehörte, 3% des Landes von Arabern bewohnt wurde,

„17% war verlassenes Arabisches Land und die verbleibenden 71% waren sogenanntes ‚Crown-Land‘, das praktisch der britischen Krone gehörte oder von Großbritannien im Rahmen der britischen Mandatsverwaltung rechtmäßig erworben wurde. Als Großbritannien sein Mandat rechtmäßig an den neu gegründeten Staat Israel abgab ging folgerichtig das Land in den Besitz des Staates Israel über." [32]

Obwohl sich die jüdischen Menschen erst wieder neu in ihrem alten Heimatland ansiedelten, (die UN hatten vorsichtig die erklärten Grenzen, die im Grunde genommen unhaltbar waren, akzeptiert) wurden sie am selben Tag, als Israel seine Unabhängigkeit erklärte, von fünf arabischen Nachbarstaaten attackiert. [33]

Es waren die Israel umgebenden arabischen Staaten, die jeweils in den Jahren 1948, 1956, 1967 und 1973 Kriegshandlungen gegen Israel anzettelten. Und bevor Israel im Libanon einrückte, hatte die PLO schon vorher mit Gewaltakten gegen Israel begonnen. [34] Es dauerte mehr als 30 Jahre bis Ägypten als erster der arabischen

Nachbarstaaten einen Friedensvertrag mit Israel unterzeichnete. Mit anderen Worten: Die übrigen arabischen Staaten verharrten im erklärten Kriegszustand mit Israel. Sie erkannten noch nicht einmal das *Existenzrecht* Israels an. (Stellen Sie sich bitte vor, 24 Stunden täglich von so etwas umgeben zu sein!). Statt mit den Juden in einem Land zusammenzuleben, zogen es Zehntausende von Arabern vor, das Land Israel kurzfristig zu verlassen – um wieder zurückzukehren, sobald ihre arabischen Brüder die Juden vertrieben hätten. Ihre Ziele sind bis heute dieselben. Professor David Rausch bemerkt dazu:

> „Bei vielen Gelegenheiten [im Jahr 1948] erklärte der höchste arabische Kommandeur gegenüber den Palästinensern: ‚Eine Kanone kann nun mal nicht zwischen einem Juden und einem Araber unterscheiden. Verlassen Sie daher das Land für zwei Wochen und Sie werden siegreich dahin zurückkehren.'" [35]

Mehr als vierzig Jahre später warten die staatenlosen Palästinenser immer noch auf den arabischen Sieg über das jüdische Land. Alle palästinensischen Befreiungsorganisationen – wie z. B. Fatah, Saika, die PLF, die PLFR die PLFP-GC, die DFLP *und die* PLO haben ihre Ziele offen erklärt: die Bildung eines palästinensischen Staates ist nur der erste Schritt um die Juden vollständig aus dem Land zu vertreiben. [36] Diese Gruppen sind es, die die Intifada ins Leben gerufen und publik gemacht haben.

Das bedeutet natürlich nicht, dass alle Araber kriegslüstern oder alle Israelis Friedenstauben sind. Aber es bereitet Israel auch *kein* Vergnügen, mehr als 20% seines ohnehin knappen Haushaltes für Verteidigung ausgeben zu müssen. Wer würde das auch gerne tun? Die U.D.S.S.R, die ihre Rüstungsgüter in alle Welt exportiert, verwendet nur 15% ihres Haushaltes für „Verteidigungszwecke", die USA gibt im laufenden Jahr nur 6% dafür aus.

Man sollte auch nicht vergessen, was Israel *für* sein eigenes Land getan hat. Jahrhunderte lang war das Land Palästina größtenteils ein sumpfiger und unbebauter Abfall. Aber jüdische Pioniere haben die malariaverseuchten Sümpfe trockengelegt – oft unter Aufopferung ihres Lebens – und machten das Land zu dem was es heute ist: ein landwirtschaftlicher Leckerbissen! [37] Hat dies irgendjemand den Juden gedankt?

Was die Frage eines eigenen palästinensischen Staates angeht, so ist es wichtig, dass die Gläubigen die ganze Wahrheit darüber hören, nicht zuletzt um gezielter beten und wahrhaftiger handeln zu können. Wenn *wir* nicht für die Gerechtigkeit in dieser Sache einstehen, wer dann? Hier nun also die Dinge, die wir wissen sollten: Es ist eine Tatsache, dass Israel die von der UNO im Jahr 1948 vorgenommene Aufteilung des Landes in einen israelischen und in einen palästinensischen Staat akzeptiert hat, die arabischen Staaten jedoch nicht. Es ist wahr, dass die sogenannte „West-Bank" (Judäa und Samaria) und der Gaza-Streifen bis zum Jahr 1967 unter jordanischer und ägyptischer Kontrolle standen. Kein Staat hat bisher irgendwelche Anstrengungen gemacht, einen palästinensischen Staat für die Flüchtlinge zu errichten. Es ist auch Fakt, dass es den arabischen Staaten möglich wäre, die Palästinenser in ihre Staatengemeinschaft aufzunehmen, aber keiner von ihnen hat auch nur den Versuch einer solchen Lösung begonnen.

Schlicht gesagt, das „palästinensische Problem" brauchte nicht weiter fortzubestehen. Nach der Staatsgründung Israels verließen 800.000 Juden arabische Länder, entsprechend wanderten 600.000 palästinensische Araber aus Israel in arabische Länder ab. Diese Juden ließen Güter zurück, die an Wert fünfmal soviel ausmachten, wie der von den auswandernden arabischen Flüchtlingen zurückgelassene Besitz. Dem jüdischen Staat, der 640 mal *kleiner* ist als die arabische Welt und nur ein Fünfzigstel seiner Einwohner hat, gelang es, den größten Teil jüdischer Flüchtlinge aufzunehmen. [38] Warum haben die arabischen Staaten dann nicht die Palästinenser aufnehmen können? Warum wenden einige dieser arabischen Nationen Hunderte von Millionen Dollar auf, um palästinensische Terroristen zu unterstützen, und (bestenfalls) zweistellige Millionenbeträge für humanitäre Hilfe an den Palästinensern?

Ralph Galloway, ehemaliger Chef des UN-Arbeitszweiges für die Unterstützung der Palästinenser schrieb dazu:

> „Die arabischen Staaten wollen das palästinensische Problem gar nicht lösen. Sie wollen es als offene Wunde beibehalten, als ein Affront gegen die Vereinten Nationen und als Waffe gegen Israel. Arabische Führer scheren sich nicht darum ob diese Flüchtlinge leben oder sterben." [39]

Tatsächlich hören wir von einigen Palästinensern, die

> „unverblümt zum Ausdruck bringen, dass sie von Israel besser behandelt werden als von irgend jemand anderem sonst. ‚Wenigstens tun sie uns nichts, solange wir ihnen nichts tun,' sagte Hanifi Younes [ein in Kuwait lebender Palästinenser] ... ‚Ihre demokratischen Ideale schützen uns. In den arabischen Ländern jedoch werden wir wie Formen niedrigeren Lebens behandelt.'" [40]

Unter der israelischen Herrschaft hat sich die Lebensqualität der in den sogenannten „besetzten Gebieten" (Judäa/Samaria und im Gaza-Streifen) wohnenden Palästinenser enorm verbessert. Die Lebenserwartung ist von 48 auf 62 Jahre gestiegen; die Säuglingssterblichkeit ist drastisch gefallen (besonders in Judäa/Samaria); überbevölkerte Regionen sind geschrumpft und die modernen Annehmlichkeiten der Zivilisation sind weitaus erschwinglicher geworden. Um nur zwei Beispiele zu nennen: Im Jahr 1967 besaßen nur 3% der im Gaza-Streifen lebenden Palästinenser einen Kühlschrank oder Kochherd; Mitte der 80er Jahre dann waren es 77% mit Kühlschrank und 87% mit einem Herd. [41]

Was die sogenannte aggressive Expansionspolitik des eigentlich kleinen Staates Israel angeht, so ist es eine Tatsache, dass Israel 91%

des im Sechs-Tage-Krieg besetzten Landes bereits *zurückgegeben* hat. [42] Trotzdem behaupten einige, dass es Frieden im Nahen Osten geben würde, wenn Israel *mehr* Territorium abtreten würde (das sogenannte „Land gegen Frieden"-Konzept). Die traurige Wahrheit ist aber, dass sich die Araber jahrzehntelang *gegenseitig umgebracht* haben, ohne dass Israel dabei eine Rolle gespielt hätte. Auch haben sich die arabischen Staaten *seit* der Staatsgründung Israels nicht vereinigt.

> „Die Geschichte der arabischen Welt ist seit 1948 gekennzeichnet von Mord, Subversion, Staatsstreichen, Verfolgungen, Bürgerkriegen, Hass und Blutvergießen. Hunderttausende von Arabern wurden durch die eigenen Landsleute umgebracht, Viele Hunderte von Leitern, Präsidenten, Königen, Ministern, religiösen Führern und anderen Würdenträgern wurden ermordet. Zu verschiedenen Zeiten bekämpften sich arabische Armeen und verursachten Zehntausende von Opfern." [43]

Sogar der syrische Außenminister Abd Alhalim Khaddam gestand im Jahr 1980 ein:

> „Wenn wir auf die Landkarte der arabischen Welt schauen, können wir kaum zwei Länder finden, die nicht miteinander im Konflikt stehen ... wir finden wohl keine zwei Staaten, die sich nicht im Kriegszustand befinden oder kurz davor stehen." [44]

Auch Jordaniens König Hussein bemerkte über den Bürgerkrieg im Libanon, in dem Tausende von Arabern ihr Leben ließen:

> „Es zeigt sich nun, dass die Araber, die Einwohner des selben Landes sind, nicht nebeneinander her leben können, sondern Tag und Nacht miteinander kollidieren." [45]

Saddam Husseins Invasion in Kuwait und Syriens Angriff auf den Libanon sind die jüngsten Beispiele des inner-arabischen Zwistes. Die meisten Konflikte dieser Region haben *keinerlei Bezug* zum jüdisch-arabischen Streit.

Aber wer kümmert sich schon um die Realität? Lügen über Israel machen doch mehr her in der Presse! Und so wird die „Lügen-Liste" immer länger. Vor einigen Jahren beschuldigte Steve Cokely, Berater des Bürgermeisters von Chicago, jüdische Ärzte, Schwarzen den AIDS-Virus injiziert zu haben. [46] Parallel dazu kursierten in einigen französischen Hochschulen Flugschriften, in denen behauptet wurde, dass „israelische Söldner" junge französische Frauen mit AIDS infiziert hätten. In Russland verbreitete ein nationalistischer Autor die Behauptung, dass Juden (und Freimaurer) russischen Kindern Joghurt mit einem Alkoholgehalt von mindestens 1,5% verabreichen, nur damit diese später abhängig werden. In Mexiko behauptete eine Neonazi Gruppe, dass die Juden versuchen, eine weltweite spirituelle Herrschaft anzutreten, indem sie jüdische Priester und Päpste in die katholische Kirche einschleusten". [47] Und in den USA bezeichnete ein Kandidat für den Kongress von New Jersey die Untersuchungen des US-Justizministeriums, um nationalsozialistische Kriegsverbrecher aufzuspüren, tatsächlich als eine „Christenverfolgung." [48] Was um alles in der Welt wird wohl als nächstes kommen?

Kein Zweifel, derartige Lügen werden immer wieder neu aufgestellt werden. Satan hat ein wirksames und zugleich vernichtendes Werkzeug gefunden. Dennoch gibt es einen einfachen Weg, wie *Sie* diesem anti-jüdischen Gift entgegenwirken können:

Das nächste Mal, wenn jemand Sie davon überzeugen will, dass der Holocaust nie stattgefunden hat, sagen sie, dass sie es glauben ...,

sobald sie dem „Wandelnden Juden" begegnet sind!

Kapitel 8

Die Inquisition ist noch nicht vorüber

Jeder hat schon etwas über die spanische Inquisition gehört. Als Christopher Kolumbus oder Ferdinand und Isabella von Spanien lebten, begann die katholische Kirche eine schreckliche Verfolgung der Menschen, die der Ketzerei verdächtigt wurden. Tausende wurden ins Gefängnis geworfen, gefoltert und auf dem Scheiterhaufen verbrannt.

All dies ist der Allgemeinheit hinreichend bekannt. Aber wie viele wissen, dass die spanische Inquisition versuchte, eine spezielle Form der „Ketzerei" aufzudecken und zu zerstören? Es gab eine Art Hexenjagd auf solche christlich getauften Juden von denen man meinte, sie hätten noch eine Spur von Judentum beibehalten. Diese katholischen Juden (auch „Marranos", „Conversos" oder „Neu-Christen" genannt) wurden sozusagen im ersten Akt gewaltsam gezwungen zum Christentum überzutreten – im zweiten Akt wurden sie genau beobachtet, ob sie möglicherweise irgendwelche „Ketzerei" betrieben. Ketzerische Praktiken konnten sein: kein Schweinefleisch essen, am Samstag nicht arbeiteten, sonntags nicht seine beste Kleidung tragen, die biblischen Feste beibehalten, irgendeine auch noch so kleine jüdische Eigenart beibehalten, irgendein jüdisches Gebet sprechen, Essbares nach jüdischem Gesetz zubereiten, Verbindung mit nicht christlich getauften Juden pflegen und Verheiratungen der Kinder von Marrano Familien mit denen aus anderen Marrano-Familien. [1]

Diejenigen die dagegen verstießen – häufiger jedoch solche, die lediglich *beschuldigt* wurden, dagegen verstoßen zu haben, wurden bestraft: Ihr Hab und Gut wurde konfisziert, sie selbst wurden in strenge Haft genommen, grausam gequält, in Schauprozessen wurden sie erniedrigt und oftmals zum Feuertod verurteilt. An den Verurteilten, die ihre „Ketzerei" widerriefen und sich öffentlich zum „wahren christlichen Glauben" bekannten ließ die Kirche Gnade walten: Sie wurden nur stranguliert und *dann* ins Feuer geworfen – statt lebendig verbrannt zu werden!

Die Sünden Spaniens gegen die Juden sind groß. Obwohl die Inquisition der Kirche vom 12. bis zum 19. Jahrhundert in ganz Mitteleuropa stattfand, hat sie in Spanien besonders grausame Ausmaße angenommen.

Es gibt Schätzungen, die besagen, dass vom 15. Jahrhundert bis zum Jahr 1808 durch die Inquisition in Spanien 30.000 Marranos den Tod auf dem Scheiterhaufen erleiden mussten. Zusätzlich wurden im Jahr 1492 alle Juden, die nicht zum christlichen Glauben übertreten wollten, des Landes verwiesen. All ihrer Güter beraubt, ohne auch nur die geringste Möglichkeit sich zu verteidigen, waren diese armen Seelen dem Strafurteil der Massenausweisung ausgeliefert – ein Urteil das praktisch einem Todesurteil gleichkam. Denjenigen, die zum christlichen Glauben „übertraten", ging es nicht viel besser: Sie wurden von den anderen Katholiken als Bürger zweiter Klasse angesehen – eine kleine falsche Handlung konnte sie schon zum Tod auf dem Scheiterhaufen bringen.

Getaufte Juden, die „ins Wanken" geraten waren und sich wieder mit der Kirche versöhnen wollten, mussten sich einem Bußakt unterziehen, der „Verguenza" (= Schande) genannt wurde. Sie wurden

„mit kahlrasiertem Kopf, barfuß und mit entblößtem Oberkörper öffentlich durch die Straßen geführt – Frauen gleichermaßen wie Männer."

Diese Prozession wurde von Mönchen angeführt, Ihnen folgte

„die Gruppe der Bestraften: Zu ihrer seelischen Qual fügte man grausame, körperliche Unannehmlichkeiten hinzu. Halbnackt mussten sie auch bei kältestem Wetter durch die Straßen gehen. Da viele nicht lange barfuß gehen konnten, befand man es als zweckmäßig, ihnen Sandalen zu geben.

Sie mussten Kerzen in ihren Händen tragen, die nichtangezündet waren (dies sollte symbolisieren, dass sie noch in geistlicher Dunkelheit lebten), sie wurden durch die Stadt geführt bis sie zur Kathedrale kamen. Viele von ihnen waren bekannte Bürger und geachtete Leiter ihrer Städte bevor dieser verrückte Judenhass losging. An der Kathedrale machte ein Kaplan vor den Stirnen dieser Juden das Zeichen des Kreuzes und zitierte die Worte: ‚Empfangt das Zeichen des Kreuzes welches ihr verleugnet und verloren hattet – ihr Getäuschten.'" [2]

Danach wurde eine Predigt gehalten und ihr Strafurteil öffentlich verkündet:

„Sie sind an sechs aufeinanderfolgenden Freitagen in einer Prozession durch die Straßen zu peitschen. Sie müssen mit entblößtem Oberkörper, mit kahl geschorenem Haupt und barfuß gehen. An diesen Tagen haben sie zu fasten, sie dürfen für den Rest ihres Lebens keine öffentliche oder ehrenwerte Stellung einnehmen, noch einen ehrbaren Erwerb betreiben oder Umgang mit Gold, Silber und Edelsteinen oder mit kostbaren Stoffen haben." [3]

Wenn ihre sechswöchige Strafe um war, mussten sie Almosen „in Höhe von 1/5 ihres persönlichen Besitzes" geben.

So also ist „die Kirche" mit denjenigen umgegangen, die „zur Herde" zurückgekehrt sind! [4]

Einige Juden weigerten sich jedoch zum christlichen Glauben überzutreten, selbst in der Gefangenschaft und unter der Folter. Inmitten dieser unbeschreiblichen Qualen wurde dem Juden angeboten,

> seine Qualen zu beenden, indem er von ganzem Herzen das Christentum annimmt. Eine passende Antwort auf diese Versuchung wurde im 15. Jahrhundert niedergeschrieben:

> „Der Augenblick für seinen Entschluss, durch Martyrien den Namen zu heiligen, ist da, wenn sie ihn martern und ihn befragen wollen ... und ihm sagen, wenn er seine Ehre austausche, würden sie ihn in Ruhe lassen ... In Wahrheit sollte, wie einer der Frommen schrieb, seine Antwort lauten: ‚Was verlangt ihr von mir? Ich bin in der Tat ein Jude. Als Jude lebe ich und als Jude sterbe ich, als Jude, Jude, Jude!'" [5]

Viele von ihnen starben auf diese Art und Weise. Auf welcher Seite war wohl Gott? Ist es möglich, dass Er die in jenen Tagen üblichen Methoden und Dogmen der abtrünnigen Kirche billigte? Wohl kaum! Es war nicht Sein Geist, der die Folterknechte jener Tage antrieb. Erst recht war es kein Sieg, wenn Juden sich bekehrten. Sie wurden lediglich Mitglieder der katholischen Kirche – ohne eine echte Beziehung zu Jesus Christus kennen gelernt zu haben; nicht zuletzt kannten die meisten Geistlichen dieser Kirche eine solche Beziehung auch nicht!

Die Juden Spaniens (wie viele andere Juden in vielen anderen Ländern zu anderen Zeiten auch) wurden brutal gezwungen – bildlich gesprochen – zwischen „Stock und Peitsche" zu wählen. Gott wollte, dass sie das Evangelium hören und errettet werden. Die Kirche hat aber nicht das Evangelium gepredigt! Gott wollte, dass sie Juden sind, die Jesus Christus nachfolgen. Die Kirche sagte aber: „Entweder Jesus oder jüdisch!" Gott wollte, dass sie als Juden, die den Messias kennengelernt haben, lebten und starben. Dies aber hatte die Kirche ihnen unmöglich gemacht. Wenn ein Jude als Jude leben und sterben wollte, so musste er den Messias verleugnen; Wenn er den Messias kennenlernen wollte (oder besser gesagt den Messias, den die Kirche präsentierte), so konnte er nicht länger Jude sein.

Das Judentum jener Tage kannte Jesus, den Messias, nicht. Die Kirche jener Tage versagte darin, IHN zu offenbaren. Was also blieb den Juden übrig? Ihre Zukunft sah recht düster aus. Ihnen bot sich nur Zwangsausweisung, Folter, Demütigungen, Knechtschaft oder Übertritt zu einer leblosen Religion. Die Kirche, zumindest das, was sich Kirche nannte, befand sich in Dunkelheit. Deren Wolke umhüllte auch die Juden.

Von der Geschichtsschreibung her wissen wir, dass die Inquisitionen vor mehr als einhundert Jahren endeten. Dieser Geist der Inquisition lebt jedoch fort. Auch heute noch spürt man einen leidenschaftlichen Wunsch, die Kirche – und dort besonders die jüdischen Gläubigen – von jeglichem jüdischen Einschlag zu befreien – obwohl ihr Messias ein Jude war! (Es gibt Gläubige, die froh wären, wenn sie *Jeshua* selbst „entjudaisieren" könnten. Theologen unter Hitler haben genau dies versucht. Sie argumentierten in ihren Büchern mit der Behauptung, dass Jesus in Wirklichkeit gar kein Jude war, sondern arisch. Sogar ein so bekannter Gelehrter des Neuen Testaments wie Walter Grundmann – er veröffentlichte auch nach der Hitler Diktatur jahrelang einflussreiche Studien – schrieb 1940 ein Buch, in dem „er darzulegen versuchte, dass die Art und Weise wie Jesus mental und psychologisch agierte, absolut unjüdisch sei und folgerte daraus, dass er dann auch biologisch und physisch kein Jude sein könnte." [6] Viele Menschen fühlen sich wohler mit einem blonden, blauäugigen, „europäischen" Jesus, als mit *Jeshua*, einem Juden aus dem Nahen Osten!)

Mir ist völlig klar, dass im HERRN alle Gläubigen, Juden und Nichtjuden, frei vom *Zwang* des Gesetzes sind. Jesus ist unsere Rechtfertigung, unsere Gerechtigkeit und der Vollender unseres Glaubens. Wir müssen im Geist beginnen und im Geist bleiben. Dem können wir nichts zufügen. Was dies mit einem biblischen jüdischen Leben zu tun hat? Die Frage ist doch, wo die Heilige Schrift zu bekehrten Juden sagt: „Wenn ihr dem Herrn Jesus nachfolgen wollt, müsst ihr euer Volk und euer Gesetz hinter euch lassen?" Ist das wirklich eine biblische Position?

Lesen wir in den Evangelien nach: Jesus ist nicht gekommen, das jüdische Gesetz und die Propheten aufzulösen, sondern zu erfüllen (Matthäus 5, 17–20). Er hat die hebräischen Schriften nicht beiseite getan, Er hat sie erfüllt. Die Bilder im Gesetz waren der Schatten; Jesus ist die Substanz; der Schatten hat aber dennoch das gleiche Aussehen wie die Substanz! [7]

Was würden wir von einem Kanzler-Kandidaten halten, der seinen Wählern versichert, den Erfordernissen gerecht zu werden und die Ziele der Verfassung zu *erfüllen* und niemals die Gewohnheiten und Gesetze des Landes *aufzuheben*; der nach zwei Jahren im Amt das Land jedoch in totale Anarchie fallen lassen würde? Wäre das *eine Erfüllung* der Verfassung oder *eine Auflösung* der Verfassung? Genauso ist es mit dem Gesetz Gottes. Wenn Jesus versprochen hätte, es zu erfüllen, es in Wirklichkeit aber aufgelöst hätte – wäre er da nicht ein Lügner und nicht der Sohn Gottes?

Wissen Sie, dass dies einer der Hauptgründe für die Ablehnung des Evangeliums für religiöse Juden ist? Wenn Jesus wirklich der Messias war, warum hat Er dann das alttestamentliche Gesetz beiseite geschoben? Der jüdische Historiker Jules Isaac schreibt diesbezüglich:

„Die Ablehnung des Christus von Seiten der Juden wurde durch die Ablehnung der Christen hinsichtlich des alttestamentlichen Gesetzes ausgelöst ... Solch eine Ablehnung des Gesetzes reichte schon völlig aus, das jüdische Volk zu bitten, diese Gesetzesablehnung zu akzeptieren. Dies käme der Forderung gleich, sie mögen sich ihr Herz ausreißen. Von einem derartigen Massenselbstmord ist in der Geschichte nichts bekannt." [8]

Viele Christen sind der Ansicht, dass Jesus das jüdische Gesetz aufgehoben und den Neuen Bund an seine Stelle gesetzt hätte. Solches lehrt aber die Heilige Schrift nicht. Auch nach der Aussage des Neuen Bundes sagt Gott:

> „Ich will mein Gesetz in ihr Innerstes legen und werde es auf ihr Herz schreiben." (Jeremia 31,33)

Statt dass das Gesetz von Israel genommen wird, verheißt Gott, dass er es in ihre Herzen legen wird. Der Neue Bund löst das Gesetz Gottes nicht auf. Der Neue Bund macht es in einer neuen Art und Weise lebendig. Genau dies sollte für andere Juden *anziehend* sein! [9]

Natürlich macht uns das Halten des alttestamentlichen Gesetzes nicht gerechter, mehr geliebt oder geistlicher. Durch das Kreuz sind unsere Sünden vergeben, und der Geist leitet uns auf unseren Wegen im Leben. Aber wo steht denn geschrieben, dass es – insbesondere für die jüdischen Gläubigen in Christus – *verboten* sei, dem alttestamentlichen Gesetz gehorsam zu sein? Sind wir freigemacht das Gesetz *zu brechen* und nicht freigemacht um es *zu halten*? Wo steht denn geschrieben, dass der Geist uns immer vom Gesetz *weg*führt oder wir sogar jetzt *gegen* das Gesetz stehen?

Ich möchte es noch deutlicher machen: Wo sagt die Heilige Schrift ausdrücklich aus, dass aus dem Sabbat der Sonntag werden sollte? [10] (Ignorieren wir zunächst was die Kirchentradition hierzu sagt. Was sagt die Bibel hierzu aus?) Warum gelten dann die jüdisch-messianischen Gläubigen, die am Samstag ihre Arbeit niederlegen um ihn als Sabbat-Feiertag zu heiligen, als solche, die Spaltungen hervorrufen?

Hat *Gott* jemals gesagt, dass die alttestamentlichen Feste wegfallen sollen? Warum werden dann die messianischen Juden, die diese Feste halten – statt der später von Menschen eingesetzten Feiertage – beschuldigt, zurück unter das Gesetz zu gehen? [11]

Wo lehrt das *Wort*, dass Juden zu Nichtjuden werden müssen, um errettet zu werden? Haben wir tatsächlich unsere Wurzeln vergessen?

Lesen wir in der Apostelgeschichte nach: Die frühe Gemeinde bestand ausschließlich aus Juden. Es dauerte zehn Jahre, bevor auch eine Anzahl von Nichtjuden mit dem Evangelium erreicht wurde. Dies löste große Unruhen in der Jerusalemer Gemeinde aus. Einige fingen sogleich an, diese neuen Gläubigen folgendermaßen zu belehren:

„Wenn ihr nicht beschnitten worden seid nach der Weise Moses, so könnt ihr nicht errettet sein."

Diese Lehrer argumentierten,

„dass man sie beschneiden und ihnen gebieten müsse, das Gesetz des Mose zu halten." (Apostelgeschichte 15, 1+5)

Natürlich war ihre Position vollkommen falsch. Aber etwas Wichtiges ist hier anzumerken. Es ging nicht um die Frage, ob es den an Jesus-Gläubigen Juden *erlaubt* war, auch weiterhin das alttestamentliche Gesetz zu halten. Solch eine Frage stellte sich überhaupt nicht. Jesus Christus selbst hielt das Gesetz und Seine Jünger strebten auch danach, es zu halten. Es ging hier um die Frage: Ist es auch für die Nichtjuden, die Jesus nachfolgen, *zwingend*, das Gesetz zu halten? [12]

Verstehen wir, wie sehr sich unser Denken verändert hat? Damals in der Apostelgeschichte fragten sich die Juden, ob Nichtjuden jüdisch werden mussten, um errettet werden zu können. Die heutige Kirche fragt sich, ob Juden errettet werden können, ohne vorher Heiden zu werden! Wir sagen, dass im Leib Christi weder Jude noch Nichtjude ist. Das ist wahr: Wir haben nämlich *alle* zu Nichtjuden gemacht! Wir sind schnell dabei, dem leisesten Anschein von solchen „jüdischen Tendenzen" entgegenzuwirken – und das ist gut so. Gesetzlichkeit ist eine gefährliche Tendenz, die man vermeiden sollte. Aber halten wir auch Ausschau nach solchen Tendenzen, die das „Jüdische" ausmerzen und alle zu Nichtjuden machen wollen?

Ist es Ihnen bekannt, dass vielen messianischen Juden auf Gemeindefesten Schinkenbrote angeboten wurden, um sicher zu sein, dass sie jetzt auch wirklich „frei" seinen? Gott sei Dank werden wir heutzutage nicht mehr auf dem Scheiterhaufen verbrannt. Aber es wäre schön für uns, wenn uns mehr Verständnis entgegengebracht würde.

Jeder von uns stimmt den Worten des Petrus aus Apostelgeschichte zu:

> „Vielmehr glauben wir (Juden) durch die Gnade des Herrn Jesus in derselben Weise errettet zu werden, wie auch jene Nichtjuden." (Apostelgeschichte 15,11)

Gesetzeswerke können uns nicht erretten – niemals. Aber das Gesetz völlig abzuschaffen rettet ebenso wenig. Wo steht geschrieben, dass ein Geist der gegen das Gesetz wirkt, gut oder tugendhaft sei? Wo steht geschrieben, dass es verdienstvoll sei, die Speisegebote zu brechen? Wo steht geschrieben, dass das Sich-Abwenden von den Geboten uns Gott näher bringt? Und doch scheint dies die Meinung einiger Christen zu sein.

Wie beschreibt Paulus Hananias, den Jünger, der ihm diente, nachdem ihm der Herr auf der Straße nach Damaskus begegnet war?

> „Ein gewisser Hananias aber, ein frommer Mann nach dem Gesetz, der ein gutes Zeugnis hatte von allen dort wohnenden Juden, kam zu mir ..." (Apostelgeschichte 22,12)

Was für ein großartiges Kompliment! Dies hat Paulus am Ende seines Lebens ausgesprochen. Selbstverständlich hatte *Paulus* den Grundsatz der Gnade verstanden!

Jakobus, der leibliche Bruder des Herrn Jesus, teilt Paulus begeistert mit, dass es ... viele Tausende der Juden gibt, die gläubig geworden sind, und *alle sind Eiferer für das Gesetz.* (Apostelgeschichte 21, 20)

Paulus selbst demonstrierte öffentlich, dass er *nicht* allen Juden, die unter den Nationen leben, Abfall von Mose lehrt und sagt, sie sollen weder die Kinder beschneiden noch nach den Gebräuchen wandeln.

Nein. Solches tat Paulus nicht. Es war vielmehr so, dass er selbst zum Gesetz steht und es befolgt. (Apostelgeschichte 21, 21–25) [13]

Auch in seinen Briefen lehrt Paulus dies ganz klar. Im Römerbrief stellt er diese wichtige Frage: „Heben wir denn das Gesetz auf durch den Glauben?" Seine entschiedene Antwort lautet: „Nein, das sei ferne! Sondern wir bestätigen das Gesetz." (Römer 3, 31) [14]

Zitieren wir Paulus, der folgendes sagt:

„So ist also das Gesetz heilig, und das Gebot ist heilig, gerecht und gut. Denn wir wissen, dass das Gesetz heilig ist ..." (Römer 7,12+14)

Im 1. Korintherbrief lesen wir unmissverständlich:

„Beschnitten sein ist nichts, und unbeschnitten sein ist nichts, sondern: Gottes Gebote halten." (1. Korinther 7, 19)

Dasselbe schreibt Paulus auch an die Galater:

„Denn in Christus Jesus gilt weder Beschneidung noch Unbeschnittensein etwas, sondern eine neue Kreatur. Denn in Christus Jesus gilt weder Beschneidung noch Unbeschnittensein etwas, sondern der Glaube, der durch die Liebe tätig ist." (Galater 6, 15 und 5,6)

Die Beschneidung hat für die Erlösung und die daraus folgende Beziehung zu Gott keinerlei Bedeutung. Aber Paulus hatte etwas anderes die Beschneidung betreffendes zu sagen:

„Ist jemand als Beschnittener berufen, der bleibe bei der Beschneidung. Ist jemand als Unbeschnittener berufen, der lasse sich nicht beschneiden. Jeder bleibe in der Berufung, in der er berufen wurde." (1. Korinther 7, 18+20)

Auch diese Aussagen sind eindeutig! *Bekehrt sich jemand als Jude, so soll er weiterhin als Jude leben*, ganz genauso wie ein Mann als Mann nach seiner Bekehrung weiterlebt und eine Frau auch nach ihrer Bekehrung als Frau lebt. Der Jude jedoch, der die Wiedergeburt von oben her erfährt, sollte alle todbringenden Traditionen ablegen. Er sollte sich von jeglichen Gedanken der Überlegenheit trennen. Er darf sein Vertrauen nicht in seine ethnische Herkunft legen. Er muss in das neue, vom Geist gewirkte Leben eintreten. Er darf sich jetzt nur noch Jesu und des Kreuzes rühmen. Aber er sollte als Jude weiterleben – soweit es *nicht* der Heiligen Schrift entgegensteht oder das Wirken des Heiligen Geistes beeinträchtigt. Diesen Aspekt hat Paulus ganz klar niedergeschrieben. [15]

Und was ist mit wiedergeborenen Juden, die speziell zum Dienst an ihrem eigenen Volk gerufen sind? Hören wir wiederum Paulus:

„Denn obwohl ich frei bin von jedermann, habe ich doch mich selbst jedermann zum Knecht gemacht, damit ich möglichst viele gewinne. Den Juden bin ich wie ein Jude geworden, damit ich die Juden gewinne. Denen, die unter dem Gesetz sind, bin ich wie einer unter dem Gesetz geworden – obwohl ich selbst nicht unter dem Gesetz bin –, damit ich die, die unter dem Gesetz sind, gewinne." (1. Korinther 9, 19–20)

Paulus behält jüdische Bräuche bei, *obwohl er sie nicht halten bräuchte.* Er unterwirft sich menschlichen Traditionen, *sofern sie ihn nicht geistlich einengen*, um Menschen, die in ihnen leben für Christus zu gewinnen. [16] Messianische Juden können diesem Beispiel folgen, solange auch seine Botschaft bleibt: das unverfälschte, kompromisslose Evangelium mit Zeichen, Wundern und der Kraft des Herrn.

Die nichtjüdischen Gläubigen in Korinth ermahnt Paulus folgendermaßen:

> „... das ist Christus, der geopfert ist. *Darum lasst uns das Fest feiern* nicht im alten Sauerteig, auch nicht im Sauerteig der Bosheit und Schlechtigkeit, sondern im ungesäuerten Teig der Lauterkeit und Wahrheit." (1. Korinther 5, 7b+8)

Jeder Gläubige kann also die Feste Israels halten! Jesus hat für sie diese Tür geöffnet.

> „So seid ihr nun nicht mehr Gäste und Fremdlinge, sondern Mitbürger der Heiligen [= die Heiligen sind die Juden, die Mitbürger die nichtjüdischen Gläubigen] und Gottes Hausgenossen, erbaut auf den Grund der Apostel und Propheten, da Jesus Christus der Eckstein ist ..." (Epheser 2, 19–20)

Die wilden Ölzweige (= die Nichtjuden) sind in den natürlichen Ölbaum (= Israel) eingepfropft worden, so rühme dich nicht gegenüber den [natürlichen] Zweigen. Rühmst du dich aber, so sollst du wissen, dass nicht du die Wurzel trägst, sondern die Wurzel dich. (Römer 11, 18)

Die Kirche muss Gott für die Wurzel Dank entgegenbringen!

Trennen wir uns mit ganzem Bewusstsein von den Banden der Inquisition und den sündigen Vorurteilen gegenüber den Juden. Die Inquisition ist eine schändlicher Makel in der Vergangenheit.

Die Inquisition hätte auch Petrus und Paulus
auf den Scheiterhaufen gebracht.

Kapitel 9

Sind Sie ein „Kreuzfahrer" für Christus?

Im Römerbrief Kapitel 11, Vers 11 steht: „den Nationen ist das Heil geworden, um Israel zur Eifersucht zu reizen." Wenn das jüdische Volk sieht, dass die *Heiden* den Messias der Juden haben, *Heiden,* die offenkundige Gegenwart Gottes erleben, *Heiden,* die in der Freude des Herrn wandeln, dann wird Israel eifersüchtig werden. Aber hat die Kirche Israel wirklich eifersüchtig gemacht?

Ich möchte Ihnen die Worte eines israelischen Schreibers übersetzen, der den Herzschlag von vielen aus seinem Volk ausdrückt:

„Anstatt Erlösung zu den Juden zu bringen, hat der falsche christliche Messias uns gemeine Verleumdungen, Zwangsausweisungen, einengende Freiheitsberaubung, Verwüstung, und Zerstörung gebracht, auch wurden unsere Heiligen Bücher verbrannt. Das Christentum, das sich selbst dazu bekennt, einer kranken Welt Liebe und Mitgefühl zu bringen, hat sich auf einen dieser hochmütigen Rhetorik völlig entgegengesetzten Kurs begeben. Das vergossene Blut von Millionen unserer Brüder schreit zu uns herauf: ‚Nein! Das Christentum ist keine Religion der Liebe, sondern eine Religion des unermesslichen Hasses! Die ganze Weltgeschichte hindurch, von ihren Anfängen im Altertum bis zu unseren Tagen hin, beweist den fortwährenden Bankrott dieser Religion in allen ihren Bereichen.'" [1]

Rabbi Ephraim Oshry, einer der wenigen Rabbiner aus Litauen, die den Holocaust überlebten, schrieb:

„Ein weiteres schockierendes Erlebnis für uns war die Haltung der litauischen Bevölkerungsmehrheit – unsere ‚lieben' christlichen Nachbarn. Es gab buchstäblich keinen einzigen Nichtjuden unter den Christen in Slobodka, der öffentlich Juden in Schutz genommen hätte als das schrecklichste und unvorstellbarste aller Pogrome gegen Zehntausende Juden in Slobodka anlief. Und das, obwohl sie doch bisher ein Leben lang neben und miteinander gewohnt hatten." [2]

Am Abend des 25. Juni 1941 begannen die litauischen Faschisten damit,

„von Haus zu Haus und von Wohnung zu Wohnung zu gehen und ermordeten alle Menschen auf die schrecklichste Art und Weise – Männer, Frauen und Kinder – Alte und Junge. Sie schlugen ihnen die Köpfe ab, zersägten sie wie Bauholz und verlängerten die Todesqualen ihrer Opfer so lang wie möglich." [3]

Als sie in das Haus des Rabbiners von Slobodka eindrangen, fanden sie ihn den Talmud lesend vor. In dieser Sitzhaltung „banden sie ihn an seinem Stuhl fest, den Kopf auf den aufgeschlagenen Talmud gelegt, und sägten seinen Kopf ab" – dann schlachteten sie den Rest der Familie hin.

Während diese verrücktgewordenen Litauer ihre Waffen gegen die Juden erhoben, rührten ihre „christlichen" Landsleute kaum einen Finger um die Juden zu verteidigen.

Professor Eugene Borowitz erklärt:

„Wir wären eher geneigt, dem christlichen Anspruch mehr Glauben zu schenken, wenn wir durch die Jahrhunderte hindurch hätten sehen können, dass sich die Christen vorbildhaft, wie eine erlöste Menschheit, verhalten hätte. Blicken wir durch das Fenster der Geschichte müssen wir feststellen, dass sie genauso erlösungsbedürftig sind wie der Rest der Menschheit auch. Besonders ihr soziales Versagen macht ihre Doktrinen, die sie für sich beanspruchen, unglaubwürdig. Sie behaupten, frei von menschlicher Sündhaftigkeit zu sein, ihr Glaube inspiriere sie dazu, der Welt ein Reich der Liebe und des Friedens zu bringen. Juden wissen, dass der Messias solange noch nicht gekommen ist, solange noch Sündhaftigkeit vorhanden und allgemeines Wohlergehen noch nicht angebrochen ist." [4]

Die Tatsache, dass ein führender jüdischer Denker wie Eliezer Berkovits von „dem moralischen Bankrott der christlichen Zivilisation und dem geistlichen Bankrott der christlichen Religion" spricht, sollte uns einen Stich ins Herz versetzen. [5]

Berkovits fährt fort:

„Die Ausrottung von 6 Millionen Juden – darunter 1,5 Millionen Kinder – die kaltblütig im Herzen des christlichen Europas ausgeführt wurde, bestärkt durch das strafbare Schweigen praktisch der ganzen Christenheit, einschließlich des Schweigens eines unfehlbaren Heiligen Vaters in Rom war nach neunzehn Jahrhunderten Christenheit der naturgemäße Höhepunkt dieses Bankrotts. Eine roter Faden zieht sich vom ersten Akt der Unterdrückung von Juden im Vierten Jahrhundert an bis zum Holocaust des 20. Jahrhunderts." [6]

Hunderte von Jahren hindurch war das Wort „Christus" in vielen jüdischen Familien praktisch zum Fluchwort geworden. Weitestgehend sind „Christen" hierfür verantwortlich. Millionen von Juden haben den Namen Jesus aus diesem Grund gehasst. Angebliche Nachfolger Jesu sind der Hauptgrund dafür. Hätten wir je etwas Schlimmeres anrichten können?

Vor 2000 Jahren brachte das Kreuz den Juden Schande, weil es für sie den ultimativen Skandal bedeutete: Der Messias starb wie ein Krimineller! In den vergangenen 1500 Jahren brachte das Kreuz Schande, weil es für die Juden einen weiteren Skandal repräsentierte: Die christliche Kirche führte oftmals ein kriminelles Dasein! Franz Delitzsch, der brillante Gelehrte des Alten Testaments, notierte hierzu:

> „Die Kirche schuldet den Juden noch immer den eigentlichen Beweis für die christliche Wahrheit. Kann es überraschen, dass die Juden für das Evangelium so unsensibel und ein so fruchtloser Boden sind? Die Kirche war es, die diesen Boden mit Blut tränkte und dann Steine darauf aufhäufte." [7]

Damit meine ich nicht, dass ich das jüdische Volk reinwaschen oder sie von jeglicher Verantwortung wegen ihrer Ablehnung von Jesus freisprechen will. Es ist aber eine traurige Wahrheit, dass den meisten Juden dieser Jesus nie direkt und richtig gezeigt wurde. Die meisten Juden haben das wahre Evangelium nie gehört. Nicolai Berdyaev drückt es so aus:

> „Christen stellen sich zwischen den Messias und die Juden, und verbergen so das wahre Bild des Erlösers vor den Letztgenannten." [8]

Dies ist *keinesfalls* der Wunsch des himmlischen Vaters gewesen!

Erinnern wir uns an die „Heiligen Kreuzfahrer Christi". Im 11., 12. und 13. Jahrhundert rief die Kirche Militäraktionen ins Leben, um das Heilige Land von den Muslimen zu befreien. Die Christen Europas machten sich Sorgen, als sie hörten, dass Pilger misshandelt und ihnen sogar der Weg zu den „Heiligen Stätten" verwehrt wurde. Als Resultat wurden große – oft fanatische – „christliche" Armeen aufgestellt, manchmal auf Bitten des Papstes, manches mal kam der Antrieb von den Massen selbst. Ein fanatischer Eifer für den Ruhm der Kirche schürte das Feuer – und beide, muslimische und jüdische „Ungläubige", wurden bestraft. [9]

Es wurden drei große Kreuzzüge durchgeführt. Und jedes Mal war es die gleiche Geschichte: Armeen von leidenschaftlichen Kreuzrittern zogen durch Europa und den Mittleren Osten und verübten an den Juden Gräueltaten. Einem Bericht zufolge setzten sie eine Synagoge in Brand und marschierten dann das Lied „Christus wir verehren Dich" singend um sie herum, während drinnen Juden bei lebendigem Leibe verbrannten. [10]

Folgendes hat einen unauslöschlichen Eindruck im Gedächtnis des jüdischen Volkes hinterlassen: *Die Kreuzritter hefteten Kreuze außen an ihre Kleidung.* Für die Juden, die diesen Teil ihrer Geschichte kennen, sind die Worte „Kreuzzüge" und „Kreuz" unanständige Worte.

Einige Beispiele von Horrorszenen, die sich abspielten, obwohl vereinzelt staatliche Ordnungshüter und Schutztruppen einschritten (meistens gegen beträchtliche Geldzahlungen von Seiten der Juden!) wo die Kirche gelegentlich Schutz bot:

„3. Mai 1096, Deutschland. Die Kreuzfahrer umzingelten die Synagoge von Speyer. Da sie dort nicht eindringen konnten, griffen sie jeden Juden auf, den sie außerhalb der Synagoge fanden, so wurden 11 von ihnen umgebracht. Darunter befand sich auch eine Frau, die lieber den Tod als die „Bekehrung" wählte, die einzige Wahl, die ihr von den Kreuzfahrern gelassen wurde. Mit ihr begann die Tradition des freiwillig akzeptierten Martyrium." [11]

„15. Juli 1099, Jerusalem. Die Stadt wurde am 15. Juli von den Kreuzrittern eingenommen ... Die [jüdischen] Einwohner verteidigten sie zusammen mit ihren muslimischen Nachbarn bis zum Schluss. Schließlich suchten sie Zuflucht in ihrer Synagoge, die aber von den Angreifern in Brand gesetzt wurde. Ein schreckliches Massaker folgte, die Überlebenden wurden als Sklaven verkauft ... Die jüdische Gemeinde Jerusalems war praktisch aufgelöst und wurde erst nach vielen Jahren wieder neu gegründet ..." [12]

„16. – 17. März 1190. England. Das abscheulichste Verbrechen fand in York statt. Eine Anzahl Adliger des Ortes, die sich bei den Juden hoch verschuldet hatten, nahmen die für sie günstige Gelegenheit wahr, sich von ihrer Last zu befreien. Die attackierten Juden suchten in einer abgelegenen Burg Zuflucht, die vom Wachmann der Burg für sie geöffnet wurde. Die in der Stadt zurückgebliebenen Juden wurden ermordet. Als die in der Burg befindlichen Juden sich weigerten, Zugang zu gewähren, wurden sie belagert. Am 16. März, am Sabbat vor dem Passah, erkannte der Rabbiner Yom Tov ben Isaac von Joiny, dass es keine Hoffnung mehr für sie gab. Er legte es seinen Brüdern nahe, lieber den Freitod statt der christlichen Zwangstaufe zu wählen. Sie verbrannten zuerst ihre mitgebrachten Güter und fingen dann an, sich einer nach dem anderen zu töten. Mehr als 150 Menschen starben auf diese Art und Weise, die wenigen Überlebenden [diejenigen, die die Zwangstaufe annehmen wollten!] wurden vom gemeinen Volk ermordet, welches auch alle Schuldbriefe, die im Besitz der Juden waren, vernichtete." [13]

Alle Ausschreitungen dieser Art wurden als passende Strafe für die Juden, „die Mörder des Christus", angesehen. Für „die, die Jesus gekreuzigt hatten". Die Kreuzfahrer rächten ganz einfach nur Seinen Tod an ihnen. Hunderte von jüdischen Gemeinden wurden von diesem mit Kreuzen und Schwertern bewaffneten herumschweifenden Mob ausgetilgt.

Natürlich sind einige Juden unter derartigem Druck zum Christentum konvertiert. Als dann der Druck nachließ und die Verfolgungen scheinbar zu Ende waren, meinten sie, wieder zum Judentum zurückgehen zu können. Ein tödlicher Fehler, wie sich bald herausstellte. *Nach den Kreuzzügen kamen die Inquisitionen.*

Das Wort „Taufe" ist leider auch zu einem schändlichen Wort für die Juden geworden und nicht nur deshalb, weil es den Glauben an Jesus symbolisiert. Es bedeutet weit mehr als dies. Es bedeutet für die Juden totale Abkehr vom Judentum und den kompletten Betrug des jüdischen Volkes. In den Augen der jüdischen Gemeinschaft waren in der Regel all diejenigen, die Christen geworden sind, Verräter der allerschlimmsten Kategorie. Sogar in der Zeit der Nazi-Herrschaft erlaubten die Rabbiner den Juden nicht, sich Taufzertifikate zu beschaffen, um damit ihre jüdische Identität zu verbergen und ihr Leben retten zu können.

Der Rabbiner Oshry führt aus:

„Eine Taufbescheinigung kann nur zu einer einzigen Assoziation führen: Dass der Besitzer dieser Bescheinigung – G-tt bewahre! – seinem Schöpfer abgesagt und sein Volk verleugnet hat, das Volk, welches G-tt als sein Schmuckstück erwählt hat." [14]

Im Lichte solcher Aussagen betonen viele von uns, die wir messianische Juden sind, ganz stark die Tatsache, dass wir *immer noch* Juden sind. Wir haben unser Volk nicht verlassen; wir haben auch unsere Geschichte nicht vergessen!

Wir Juden, die wir an Jesus glauben, nennen uns oft *„Messianische Juden"* statt *„Hebräische Christen"* (die Worte „Messianisch" und „Christen" drücken dasselbe aus). Wir tun dies, weil wir nicht wollen, dass unsere Landsleute sich an für sie negativen Begriffen stoßen oder bestimmte Ausdrücke missverstehen. Wenn sie sich an etwas stoßen, dann lass sie sich allein an Jesus Christus stoßen! Wir wollen, dass unser Volk mit der *Person Jesus* konfrontiert wird und nicht mit Verfolgungen seitens der Kirche. Wir wollen, dass sie sich mit der *Botschaft* vom Kreuz auseinandersetzen und nicht mit dessen Missbrauch. Wir mögen nicht einmal das Wort „Bekehrung" gebrauchen. Im jüdischen Denken bedeutet es nämlich einer fremden Religion beitreten und *nicht* wiedergeborene, bußfertige Nachfolger des Messias werden. [15]

Hören wir einigen Auszüge von charakteristischen Glaubensbekenntnissen, die ein jüdischer Taufkandidat aufsagen musste. Wenn

Sie diese Passagen gelesen haben, werden sie verstehen, was ich ausdrücken will. Unsere Vorfahren, die zum katholischen Glauben übertraten, mussten Folgendes sprechen:

„Ich sage mich hier und jetzt von jedem Ritus und jeder Beachtung der jüdischen Religion los. Ich verabscheue all ihre meist feierlichen Zeremonien und Grundsätze, die ich früher eingehalten hatte. Von jetzt an werde ich keine dieser Zeremonien mehr praktizieren, keine Bräuche aus meiner Vergangenheit, in der ich irrte, halten oder mich danach ausstrecken ... Ich verspreche, dass ich nie wieder zu dem Erbrochenen jüdischen Aberglaubens zurückkehren werde. Nie wieder werde ich auch nur ein Gebot der jüdischen Zeremonien einhalten, von denen ich früher abhängig war, noch danach streben sie neu zu suchen. Ich will jeglichen Verkehr mit anderen Juden meiden, und will meine Freunde nur noch unter Christen suchen. [16]

Wir werden keinen Kontakt mehr mit den verfluchten Juden haben, die sich nicht taufen lassen wollen ... Wir werden die Beschneidung (am Fleisch) nicht mehr praktizieren, das Passah nicht mehr feiern, den Sabbat oder andere Feiertage einhalten, die mit der jüdischen Religion in Verbindung stehen ... In Bezug auf das Schweinefleisch geloben wir, dass wir folgende Regel einhalten werden: Obwohl wir wegen unseres Brauches es nun schwer haben werden, es zu essen, werden wir dennoch nicht wählerisch sein und nicht die Speisen meiden, wo es verwendet wurde ... Wenn wir in irgendeinem dieser oben genannten Dinge versagen, so mag wer auch immer uns dabei beobachtet, uns umbringen, sei es durchs Verbrennen oder durch Steinigen, wenn unser Leben aber verschont werden soll, so wollen wir unverzüglich unsere Freiheit einbüßen, ihr mögt unseren Besitz verkaufen und uns selbst in lebenslängliche Sklaverei geben ... [17]

Ich sage mich heute los vom ganzen Kult der Hebräer, der Beschneidung, all den Gesetzen, ungesäuerten Broten, Passahfesten, Opferlämmern, Wochenfesten, Jubeljahren, Festen des Posaunenblasens, Versöhnungstag, Laubhüttenfesten und allen anderen jüdischen Festen, ihren Opferzeremonien, Gebeten, Heiligungshandlungen, Strafvorschriften, dem Fasten und Halten des Sabbats, den Neumonden, Ess- und Trinkvorschriften. Ich sage mich voll und ganz von jedem Brauch und von den jüdischen Gerichtsinstitutionen los ... Mit einem Wort, ich sage mich von allem Jüdischen los ... [18]

Meine jüdischen Vorfahren sind mir ein Gräuel, genauso wie die Oberrabbiner und die neuen üblen Ärzte der Juden ... Ich glaube und bekenne, dass die gesegnete Jungfrau Maria in Wahrheit die Mutter Gottes ist. Sie hat Ihn dem Fleische nach zur Welt gebracht, und blieb doch eine Jungfrau. Ich verehre und ehre sie als die Mutter von Gottes Fleischwerdung und als Herrin der ganzen Schöpfung. [19]

Komme ich in irgendeiner Art und Weise vom geraden Weg ab und beflecke den heiligen Glauben, und versuche irgendein Ritus der jüdischen Sekte zu halten oder wenn ich euch bei diesem Schwur täuschen will ... dann mag der gesamte Fluch des Gesetzes mich treffen ... Mögen dann auf mich, mein Haus und alle meine Kinder, all die Plagen fallen, mit denen Ägypten geschlagen wurde. Als ein abschreckendes Beispiel für andere möge ich dann das Schicksal Dathans und Abirams erleiden, so dass die Erde mich lebend verschlingen möge ... und dann, von diesem Leben getrennt, möge ich dem ewigen Feuer übergeben werden, dort in der Gemeinschaft mit dem Teufel und seinen Engeln, mit den Übeltätern aus Sodom und mit Judas zusammen die Strafe des ewigen Feuers erleiden. Und wenn ich einst vor dem mächtigen und herrlichen Richter, unserem Herrn Jesus Christus stehen werde, werde ich eingereiht in die Menge, zu denen der wunderbare und schreckliche Richter mit drohender Miene sagen wird: ‚Geht weg von mir, die ihr Böses tut, in das ewige Feuer, das dem Teufel und seinen Engeln bereitet ist!'" [20]

Lasst uns die Häupter in Scham beugen.
Die „Kirche" hat Blut an ihren Händen!

Kapitel 10

„Mehr Tränen"

Vor etwas mehr als einhundert Jahren wurde ein Pastor, der den Juden mit dem Evangelium diente, gefragt, was er sich seitens der Freunde Israels wünschte. – Er antwortete: „Mehr Tränen!" [1]

„Mehr Tränen" – das ist es auch, was das jüdische Volk und der Staat Israel so dringend von uns heute benötigt. „Mehr Tränen" müssen von den Augen der Kirche fließen, bevor Tränen der Buße und dann Tränen der Freude von Israels Augen fließen werden. Gebe Gott uns mehr Tränen!

Wir müssen wegen der Sünden unserer „christlichen" Vorfahren gegen das jüdische Volk weinen und wehklagen. Aber wir müssen auch für das Volk der Juden selbst weinen, weil sie wie Schafe ohne Hirten sind.

> „Von nahezu jedem Land, in dem sich Juden niedergelassen haben, wurden sie ausgewiesen. ... In nahezu jedem Land in dem Juden lebten, waren sie zumindest zeitweilig Schlägen, Folterungen und Mord ausgeliefert, nur wegen der simplen Tatsache weil sie Juden waren." [2]

Und heute wird Israel, das einzige Heimatland der Juden, von feindlichen Armeen umgeben und von einer negativen Weltmeinung belagert.

Wir benötigen auch mehr Tränen für das jüdische Volk, weil der überwiegende Teil der Juden *säkular* eingestellt ist. (Das gilt insbesondere für die *israelischen* Juden!) Sie dienen dem Gott des Materialismus und leben nur für die diesseitige Welt. Sie haben den ewigen Bund mit Abraham vergessen. Die Stimme Gottes am Berg Sinai klingt in ihren Ohren nicht mehr. Es gibt viele erfolgreiche jüdische Ärzte, Rechtsanwälte, Musiker, Filmemacher und Geschäftsleute – erfolgreich über alle Maßen – erfolgreich aber nur im Diesseitigen und nicht im Geistlichen. Dafür sind sie nicht geschaffen worden! Gott wollte, dass Israel ein Volk nach Seinem Herzen ist.

Wir benötigen mehr Tränen für das jüdische Volk, weil Juden zwar in hohem Maß die Welt geformt und umgebildet haben – jedoch kaum in der Art und Weise, wie es dem Plan ihres himmlischen Vaters entsprach. Karl Marx, Sigmund Freud und Albert Einstein – sie alle waren Juden – *von der Abstammung her.* Es gibt keine anderen drei Menschen, die einen weitreichenderen Einfluss auf die moderne Gesellschaft hatten, wie diese Männer. Gottes Bestimmung für Israel war, dass es *ein Licht* für diese Welt sein sollte, dass es den Nationen Gottes Gerechtigkeit demonstrieren sollte. Die Wirkung, die Marx, Freud, Einstein und eine ganze Anzahl anderer einflussreicher Juden auf die gesamte Welt hatten diente bestimmt nicht dazu, Gottes Ehre aufzurichten! Die große Mehrheit der heute lebenden Juden haben ihre Sicht für ihre Bestimmung und ihren Auftrag verloren.

Wir benötigen mehr Tränen für das jüdische Volk, weil es dem Teufel gelungen ist, sie geistlich zu betrügen. Zehntausende von jungen jüdischen Männern und Frauen sind in Sekten gelockt worden. [3] Was für eine Tragödie! Die Kinder des Bundes mit Gott, die, auf denen Verheißungen und potentielle Kräfte liegen, die haben sich von Hare Krishna und der Moon-Sekte („Kinder Gottes") anwerben lassen! Auch eine unproportional hohe Anzahl Juden ist dem Okkulten verfallen. Gott weiß es, wir benötigen mehr Tränen!

Als Jesus in Jerusalem einzog, „fing die ganze Menge der Jünger an, mit Freuden Gott zu loben mit lauter Stimme über alle Taten, die sie gesehen hatten ..." (Lukas 19, 37)

Jesu Gedanken aber waren auf etwas anderes gerichtet:

„Und als er nahe hinzukam, sah er die Stadt und weinte über sie
und sprach: ‚Wenn doch auch du erkenntest zu dieser Zeit, was
zum Frieden dient! Aber nun ist es vor deinen Augen verbor-
gen. Denn es wird eine Zeit über dich kommen, da werden deine
Feinde um dich einen Wall aufwerfen, dich belagern und von
allen Seiten bedrängen und werden dich dem Erdboden gleich-
machen samt deinen Kindern in dir und keinen Stein auf dem
anderen lassen in dir, weil du die Zeit nicht erkannt hast, in der
du heimgesucht worden bist.'" (Lukas 19, 41–44)

Auf dem Weg zur Hinrichtungsstätte machte Jesus noch eine andere
Aussage:

„Es folgte ihm aber eine große Volksmenge und Frauen, die
klagten und beweinten ihn. Jesus aber wandte sich um zu ihnen
und sprach: Ihr Töchter von Jerusalem, weint nicht über mich,
sondern weint über euch selbst und eure Kinder. Denn, siehe,
es wird die Zeit kommen, in der man sagen wird: Selig sind die
Unfruchtbaren und die Leiber, die nicht geboren haben, und die
Brüste, die nicht genährt haben!" (Lukas 23, 28–29) [4]

Auch uns gebietet Jesus zu weinen. Es wird in der Zukunft noch
mehr Blutvergießen und Zerstörung für das jüdische Volk geben.
Kummer und Schmerz kommen noch auf Jerusalem zu. Ob das jüdische Volk nun sündigt oder nicht – ob es die auf sie zukommenden
Leiden nun als Strafe Gottes empfängt oder nicht – Gott gebietet uns
für sie zu weinen – und mit ihnen – egal wie.

Der Wunsch der Kirche, Tränen für Israel zu vergießen, hat nicht
allein das jüdische Volk verletzt, er richtet auch unter Christen seinen Schaden an. Ein ungeprüft durch unsere Reihen wuchernder
Krebs ist die Krankheit, die man auch direkt als „Mangel an Mitgefühl" bezeichnen kann. Nur eine tiefe, bußfertige Liebe kann uns
von dieser Krankheit heilen.

Der Prophet Amos sprach zu den selbstgefälligen und wohlgenähr-
ten Führern in Israel und kündete ihnen an, dass sie „unter den ersten
sein werden, die ins Exil weggeführt werden", und dass „das Schlem-
men der Übermütigen" aufhören wird (Amos 6, 7). Und das, weil sie
sich nicht „um den Schaden Josefs bekümmerten," sie empfanden den
Schmerz ihres Volkes nicht mit (Amos 6,7). Sie waren zu genießerisch,
zu gesättigt, zu „gesegnet" um die Not, das Leid und den Mangel ihrer
Brüder wahrzunehmen. Deshalb endete die Party für sie sehr plötzlich.
Sie wurden gefangengenommen und nie wieder in die Freiheit entlassen.

Dies beschreibt die Kirche so treffend! Es war nicht die bedrohte
Kirche, die die Juden verfolgte, sondern eine Kirche des Wohlstan-
des, die Jagd auf die Juden machte. Es war nicht die gebrochene,
demütige Kirche, die die Juden ihrer göttlichen Verheißungen beraubte, sondern es war eine arrogante, selbstzufriedene Kirche, die
sie gestohlen hatte. Die Kirche in ihrer Erhabenheit, die Kirche auf
dem Höhepunkt ihrer Macht, die sich „nicht um den Schaden Josefs
bekümmerte". Sie fühlte nicht die Herzensqualen Israels. Stattdessen spottete sie noch über das Leiden des jüdischen Volkes. Sie hat
wahrhaft *einen großen Beitrag* an dem nicht enden wollenden Alptraum des jüdischen Volkes geleistet.

*Die Kirche wird nur dann gesund werden, wenn sie für das jüdi-
sche Volk trauert.* Die Juden haben wegen ihrer Sünden gegen Gott
Leid erfahren. Aber auch wegen der Verfehlungen von Menschen
an ihnen hat das jüdische Volk gelitten. Für all dies Leid muss die
Kirche trauern.

Haben die Juden zu Lebzeiten Jesu gesündigt? Das hielt den
Sohn Gottes nicht davon ab zu weinen. Hat das jüdische Volk zu
Zeiten des Propheten Jeremias gesündigt? Das hielt den Propheten
nicht ab zu weinen!

„Ach, dass ich Wasser genug hätte in meinem Haupte und meine
Augen Tränenquellen wären, dass ich Tag und Nacht beweinen
könnte die Erschlagenen meines Volkes!" (Jeremia 8, 23)

Selbst als das Volk sich weigerte Buße zu tun trauerte der Prophet –
im Verborgenen:

> „Wollt ihr das aber nicht hören, so muss ich heimlich weinen
> über solchen Hochmut; meine Augen müssen von Tränen über-
> fließen, weil des HERRN Herde gefangen weggeführt wird."
> (Jeremia 13, 17)

Jesaja weinte über Moab und Babylon, die Feinde Israels, weil er
über sie prophezeien musste, dass sie zerstört würden. Er weinte
aber auch über sein eigenes Volk:

> „Darum sage ich: Schaut weg von mir, lasst mich bitterlich wei-
> nen! Müht euch nicht, mich zu trösten über die Zerstörung der
> Tochter meines Volks!" (Jesaja 22,4)

Jerusalem stand kurz davor, besiegt zu werden.

Im Brief an die Hebräer lesen wir:

> „Und er hat in den Tagen seines irdischen Lebens Bitten und
> Flehen mit lautem Schreien und mit Tränen ... dargebracht ..."
> (Hebräer 5, 7)

Jetzt, im Himmel, lebt er in ständiger Fürbitte (Hebräer 7, 25: „...
und bittet für sie"). Ob seine Tränen auch heute noch fließen?
Jesus weint immer noch über Jerusalem. Man kann es kaum
verstehen, wie Kinder Gottes behaupten, Seine Stimme sehr gut zu
kennen, ihn aber scheinbar nie weinen hören.

Weil Israel sich nicht an Bestimmungen des Bundes gehalten hatte, musste *Gott selbst* Gericht über Sein Volk bringen. Aber Er fühlte
immer mit dem Leiden Seines Volkes mit. Nachdem die Babylonier
Jerusalem zerstört hatten, sprach der Herr: „... *denn es hat mich ge-
reizt das Unheil, das ich euch angetan habe"* (Jeremia 42, 10). Es tut

dem Herrn selbst weh, wenn er Seinem Volk wehtun muss! „Darum ward er ihr Heiland in all ihrer Not. Er erlöste sie, weil er sie liebte und Erbarmen mit ihnen hatte" (Jesaja 63, 8b+9). „Da jammerte es ihn, dass Israel so geplagt wurde" (Richter 10, 16). Auch heute noch kann er es nur schwerlich ertragen.

Was fühlte Gott während der Kreuzzüge, den Inquisitionen und dem Holocaust? Es kann keinen Zweifel geben – Er „litt" mit Seinem Volk! Sollten wir da nicht auch mit ihm mit leiden? Sogar dann, wenn Israel für seine Sünden gerichtet wurde, verurteilte der Herr diejenigen, die Misshandlungen über Israel brachten:

> „So spricht der Herr Zebaoth: Ich eifere für Jerusalem und Zion mit großem Eifer und bin sehr zornig über die stolzen Völker; denn ich war nur ein wenig zornig, sie aber halfen zum Verderben." (Sacharja 1, 14+15)

Die „Völker", die nichtjüdischen Nationen, hatten das Gericht an Israel überzogen, deshalb traf sie das Gericht Gottes.

Paulus war ganz sicher ein Mann, der das Herz Gottes sehr gut kannte, er trank beständig aus den tiefen Quellen der Freude am Herrn. Und obwohl er von sich sagt, „allezeit fröhlich" zu sein (2. Korintherbrief 6, 10), trägt er aber auch „große Traurigkeit". Dies ist sein persönliches Zeugnis:

> „Ich sage die Wahrheit in Christus und lüge nicht, wie mir mein Gewissen bezeugt im Heiligen Geist, dass ich *große Traurigkeit und Schmerzen* ohne Unterlass in meinem Herzen habe. Ich selber wünschte, verflucht und von Christus getrennt zu sein für meine Brüder, die meine Stammverwandten sind nach dem Fleisch, die Israeliten sind ..." (Römer 9, 1-4)

Wahre Liebe allein bewegt das Herz. Wahre Liebe allein kann so etwas vollbringen. [5]

Jesus weinte, als er die Dunkelheit Seines Volkes in der Zukunft voraussah. Er war gekommen, um ihm Licht zu bringen! Aber seit fast 2000 Jahren litt es fast an jedem einzelnen Tag. Simon Wiesenthal, der ein Überlebender eines Konzentrationslagers ist und viele Nazi-Verbrecher aufspürte, hat eine Chronik des jüdischen Martyriums aufgestellt, ein Jahreskalender, der für jeden Tag Ereignisse von Verbrechen an Juden aufzählen kann. Nehmen wir nur einen *typischen Tag* aus der Chronik Wiesenthals heraus – zufällig ausgewählt – und wir sehen den Schmerz und das Leid, das das jüdische Volk ertragen musste. [6] Alle Taten ereigneten sich am 23. Juni – dies ist nur ein Tag von vielen in der traurigen „Saga" meines Volkes:

Im Jahr 1270: Weißenburg, Deutschland: Sieben Juden werden ohne Anlass gefangengenommen. Sie werden gefoltert und schließlich hingerichtet.

Im Jahr 1298: Eine Beschuldigung der Hostienschändung in Röttingen löste eine Welle der Verfolgung unter Führung des Judenhassers Rindfleisch aus. 146 Jüdische Gemeinden in Süd- und Mittel-Deutschland wurden vernichtet. In Windsheim, Franken, wurden 55 Juden auf dem Scheiterhaufen verbrannt; aus der großen jüdischen Gemeinde in Würzburg wurden 900 Juden ermordet, darunter 100, die aus Furcht vor Attacken dorthin geflüchtet waren, und meinten, hier sicher zu sein. In Neustadt an der Aisch wurden 71 Juden lebendig verbrannt.

Im Jahr 1475: In Trient, Italien, wurde ein zweijähriger christlicher Knabe namens Simon tot aufgefunden. Samuel, ein reicher Jude, und andere seiner Brüder wurden fälschlicher Weise beschuldigt und der Folter übergeben. Der Junge wird zum Märtyrer ernannt und die Juden werden von März bis April gefangen gehalten und gefoltert. Am 23. Juni wird Samuel auf dem Scheiterhaufen verbrannt. Die anderen werden verbrannt oder gerädert. Simon von Trient wurde als Märtyrer verehrt, bis der Vatikan 1965 eingriff und zugab, dass die Trienter Juden einem Justizirrtum zum Opfer gefallen waren.

Im Jahr 1919: Während eines Pogroms werden 45 Juden bestialisch umgebracht, viele andere schwer verwundet; 35 jüdische Frauen werden von den Aufständigen vergewaltigt … in Skvira, Kiev.

Im Jahr 1941: Nachdem die deutschen Truppen Sokal, Polen eingenommen haben (in der heutigen Ukraine gelegen), werden von den 6000 dort lebenden Juden acht erschossen …

Im Jahr 1942: In Wielopole, im Bezirk Krakau, Polen, werden von der SS 850 Juden umgebracht. Die erste Selektion für die Gaskammern in Auschwitz in Polen findet auf dem Bahnsteig der Züge statt. Sie kommen aus Paris, Frankreich.

Im Jahr 1943: Ein Zug mit Deportierten verlässt Paris mit dem Ziel Auschwitz. In diesem Zug befinden sich über 1000 Juden, darunter 100 Kinder unter 16 Jahren und 13 Babys, die bei der Ankunft getötet werden. Alle Bewohner eines jüdischen Altenheimes in Moravska Ostrava, Tschechoslowakei, werden nach Auschwitz deportiert … Ein Deportationszug mit 1018 Juden verlässt ein Zwischenlager in Drancy (im von Deutschen besetzten Teil Frankreichs gelegen) mit dem Ziel Auschwitz. Bei ihrer Ankunft werden 518 von ihnen sofort vergast – 72 Männer und 37 Frauen werden Auschwitz überleben.

Die jüdische Geschichte wird weiter geschrieben.
Nur „noch mehr Tränen" können das Skript ändern.

Kapitel 11

So nah und doch so fern

In Psalm 16, Vers 8 lesen wir: „Ich habe den HERRN allezeit vor Augen ...". Dies ist ein Kardinalprinzip der Thora. Auf dieses Prinzip haben auch die Menschen, die mit dem Herrn wandeln, ihr Leben gegründet. Vor einem König stehend, wählt ein Mensch ja auch andere Worte, als wenn er zu Hause bei seiner Familie ist. Wie viel mehr wird der Mensch seine Worte und Taten abwägen, wenn er sich bewusst ist, dass der König der Könige, dessen Herrlichkeit die ganze Erde erfüllt (Jesaja 6, 3), über ihm wacht und seine Taten beobachtet. So steht es auch geschrieben (Jeremia 23, 24): „Meinst du, dass sich jemand so heimlich verbergen könne, dass ich ihn nicht sehe? Spricht der Herr". Der Mensch, der sich dessen immer bewusst ist, wird Gott dem Herrn immer Ehrfurcht und Demut entgegenbringen, er wird sich schämen, etwas Schlechtes zu tun, etwas das ein Frommer nicht tut. (Rabbi Moses Isserles) [1]

Diese wunderbaren Worte stehen im Anfangskommentar zum Standardwerk des jüdischen Gesetzes. Für die frommen Juden ist dies Gesetz eine tief *geistliche* Angelegenheit, denn das ganze Leben eines Juden ist dazu bestimmt, es vor dem Angesicht des HERRN zu führen. Jedes Detail ist wichtig. Jede Handlung zählt. Alles muss in Heiligkeit getan werden: Die Art und Weise zu essen, zu sprechen, das ganze Geschäftsleben, ja sogar wie man sich im Badezimmer verhält kann heilig oder unheilig sein!

Bar Kappara [ein Gelehrter des Talmuds] legt Folgendes dar: Wie kann man alle wichtigen Prinzipien des Talmuds mit wenigen Worten zusammenfassen? *Gedenke an IHN in allen deinen Wegen, so wird ER dich recht führen.* (Sprüche 3, 6) [2]

Rabbi Zechariah Fendel, ein Zeitgenosse Bar Kapparas, drückt es so aus:

„Ein Jude muss sich immer vergegenwärtigen, dass die Thora nicht nur rituelle Gesetze und zeugnishafte Satzungen, nicht nur Vorschriften über das Gebet, Segnungen, den Sabbat und andere Feiertage enthält, sie ist vielmehr ein allumfassendes Gesetz, das den Juden, der an der Thora festhält in buchstäblich allen seinen Wegen und Handlungen leitet ... Wenn der Einzelne am Morgen die Synagoge verlässt, um seinen Geschäften nachzugehen, sollte er dies nicht in dem Bewusstsein tun, nun aus der geistlichen in eine völlig andere, in die Welt des krassen Materialismus getreten zu sein, in dem es keine geistlichen Werte gibt. Ganz im Gegenteil, er sollte die geistlichen Weite der Synagoge und des *Bais HaMidrasch* [Haus des Studierens] mit sich in die Geschäftswelt hinein tragen." [3]

Sogar das Weltliche muss geheiligt werden.

Am Morgen, wenn er aufsteht, sagt ein frommer Jude Folgendes auf Hebräisch:

„Voller Dankbarkeit danke ich Dir, O lebender und ewiger König, der Du meine Seele mir mit Mitleid wieder zurückgegeben hast. Überfließend ist Deine Treue!" [4]

Wenn er dann seine Hände wäscht – immer in einer bestimmten Reihenfolge – ist er gehalten, folgendes Gebet zu sprechen:

> „Die Furcht des HERRN ist der Weisheit Anfang. Klug sind alle, die danach tun. Sein Lob bleibet ewiglich (Psalm 111, 10). Erhoben sei Sein Name, erhoben sei Sein herrliches Königreich in alle Ewigkeit." [5]

Vor den Mahlzeiten zitiert er einen kurzen Segensspruch, *nach* jeder Mahlzeit einen längeren (diese Nachmittagsgebete sind etwa 5 Seiten lang!). Bevor sie zu Bett gehen, beten einige Juden Folgendes:

> „Herr des Universums! Ich vergebe jedem, der mir heute weh getan hat, keiner von ihnen möge bestraft werden, weil er etwas Falsches an mir getan hat!" [6]

Auf diese Art und Weise trachtet ein orthodoxer Jude danach, sein Leben vor Gott zu führen. Er sieht sich als ein Kind des einzigartigen Bundes, den der Herr mit Israel aufgerichtet hat. Er muss sich absondern und sich weihen. Seine Glaubensvorstellungen werden in seinen Gebeten reflektiert und gefestigt wann immer er betet. Das „Siddur", das jüdische Gebetsbuch voll mit Hunderten von Schriftworten und Dutzenden von rabbinischen Kommentaren, wird hoch verehrt – ja geliebt.

In diesem Zusammenhang erzählt Eliezer Berkovits Folgendes:

> „Zalmann Kleinmann, einer der Zeugen im Eichmann-Prozess, berichtete, dass er als Insasse der Kinderbaracken in Auschwitz diese Begebenheit beobachtete: Der zweite Kommandierende des Lagers kam auf einen seiner Mitgefangenen zu, um ihn mit einem Gummiknüppel zu bestrafen. Dieser musste sich vor ihm kopfüber beugen, eine Gruppe von anderen Kindern um die beiden herum stellen, dann begann der Komm

mit einem Schlagstock aus Gummi auf ihn einzudreschen. Dieser Gummistock wurde erst vor kurzem eingeführt, da der bisherige Rohrstock bei solchen Bestrafungen bisher regelmäßig entzweibrach. Zalmann Kleinmann stand von seiner Koje auf, um sich die Prozedur näher anzusehen, denn – so überlegte er – er wollte wissen wie lange man das Schlagen mit diesem Stock aushält, falls ihn einmal solch eine ‚Bestrafung' trifft. Der Junge nun gab keinen Laut von sich – kein Stöhnen, keine Tränen. Die üblichen fünfundzwanzig Schläge waren erreicht – der Kommandierende schlug weiter auf den Jungen ein: Dreißig, Vierzig Schläge. Immer noch kam kein Laut von dem Jungen. Als fünfzig Schläge voll waren, drehte der Deutsche völlig durch: Er begann, auf den gesamten Körper des Jungen einzuschlagen. Der 14-Jährige ließ sich immer noch nichts anmerken. Als der Offizier schließlich die Baracke verließ, wurde das arme Opfer von den anderen vom Boden aufgehoben. Nachdem er sich einigermaßen von der Tortur erholt hatte, antwortete er auf ihr Nachfragen zu dem Grund für diese ‚Bestrafung': ‚Nun, es war die Sache wert. Ich habe nämlich ein paar Gebetsbücher zu meinen Freunden geschmuggelt.'" [7]

Eines der beliebtesten Gebete der Rabbiner wird *Adon Olam* – „*Herr der Welt" (oder „Herr des Universums")* [8] genannt. Es wurde vor mehr als tausend Jahren von dem großen spanischen jüdischen Poeten Solomon Ibn Gabirol formuliert. Es wird jeden Morgen und jeden Abend – kurz vor dem Schlafengehen – gesungen.

> Der Herr der Welt, er hat regiert,
> eh' ein Gebild geschaffen war,
> Zur Zeit, da durch seinen Willen das All entstand,
> da wurde sein Name König genannt,
> Und nachdem das All aufhören wird,
> wird, er allein, der Ehrfurchtbare, regieren.
> Er war, er ist, und er wird sein in Herrlichkeit.

Er ist einzig, und kein Zweiter ist da,
ihm zu vergleichen, zuzugesellen.
Er ist ohne Anfang, ohne Ende,
ihm ist die Macht und die Herrschaft.

Er ist mein Gott, und mein Erlöser lebt,
der Fels meines Anteils zur Zeit der Not.
Er ist mein Panier und Zuflucht mir,
der den Kelch mir reicht am Tage, da ich rufe.

In seine Hand empfehle ich meinen Geist
zur Zeit, da ich schlafe und erwache,
Und mit meinem Geist auch meinen Leib,
Gott ist mit mir, ich fürchte mich nicht. [9]

Lesen Sie die letzten beiden Strophen bitte noch einmal und bedenken Sie dabei: Diese Verse wurden oft von denen gesungen, *„die als Anwesende einen Sterbenden bis zu seinem Tod begleiteten"* (laut dem Rabbiner J. H. Hertz). Berührt dies nicht Ihr Innerstes?

Im Judentum werden die Toten nicht so schnell vergessen. Zu ihrem Gedenken wird ein Gebet namens *Kaddisch* gesprochen: Man sagt es bis zum 11. Monat nach dem Ableben des geliebten Menschen täglich auf – dann einmal jährlich, an dem Todestag. Es ist kein Gebet *für* die Toten, sondern eine Danksagung an Gott mit der Bitte um seine Erlösung. Das jüdische Volk wird folgendermaßen gelehrt zu beten:

„Möge Sein wunderbarer Name erhoben und geheiligt sein in der Welt, die Er erschafft wie Er es will. Möge Er mit Seinem Königreich in deinen Tagen und in deinem Leben regieren, möge Er bald im Leben der ganzen Familie Israel regieren. Alles antworte mit: Amen. Möge Sein großer Name für immer und ewig verherrlicht sein.

137

Verherrlicht, gepriesen, erhoben, gerühmt, mächtig und erhoben sei der Name des allein HEILIGEN. Verherrlicht sei er – mehr als jeder Segen, als jedes Lied, als jedes Lob und mehr als jeder Trost, der in dieser Welt dargebracht wird. Alles antworte mit: Amen.

Möge der überreichliche Frieden vom Himmel herabkommen und das überfließende Leben auf uns und auf ganz Israel. Alles antworte mit: Amen." [10]

Alle diese Gebete werden von den religiösen Juden weltweit auch noch heute gebetet, genauso wie viele andere Anrufungen Gottes: Bekenntnis- und Bußgebete, Lobpreis und Anbetung, Bitt- und Bußgebete. Obwohl diese Menschen Jesus als ihren Retter nicht kennen, so ist Er dennoch der, der den Vater offenbart hat. Trotz all ihrem Eifer, trotz ihres festen Bekenntnisses erreichen sie doch nicht das Zentrum. Sie suchen mit ganzem Ernst die Nähe des Herrn, trotzdem sind sie noch ein Stück von Ihm entfernt. Sollten wir uns nicht mit ihren Gebeten eins machen, damit Gott auch ihnen in Jesus bekannt wird?

Juden sind, wie Hiob in der Bibel, oftmals brutal ehrlich mit Gott. Sie haben es buchstäblich „satt" mit Ihm. Wenn Er doch nur vom Himmel her zu ihnen sprechen würde, genauso wie Er zu Hiob sprach.

Zvi Kolitz schrieb im Namen und im Geist von Yossel Rakover gegen den flammenden Holocaust das folgende Gebet. Ich habe nur ein paar Zeilen daraus ausgewählt – sie schreien nach einer göttlichen Antwort:

„... Ich glaube an Dich, Gott Israels, obwohl Du alles getan hast, um meinen Glauben an Dich erlöschen zu lassen. Ich glaube an Deine Gesetze, obwohl ich keine Entschuldigung für Dein Handeln habe ...

Ich will es Dir sagen und Dich fragen, jetzt, gerade jetzt, mehr als je zuvor, mehr als je zuvor in der nicht enden wollenden Geschichte unseres Todeskampfes, wir, wir die Gequälten, die Gedemütigten, die lebendig Begrabenen, die lebendig Verbrannten, wir, die Gedemütigten, die Verspotteten, die Einsamen, die von Gott und von Menschen Verlassenen – wir haben ein Recht darauf zu erfahren: *Wo sind die Grenzen Deiner Geduld?*

Ich sollte Dir auch noch etwas sagen: Stelle das Seil nicht unter zu große Spannung, dass es nicht – oh weh – zerreiße. Die Prüfung, die Du uns auferlegst, ist schwer, so untragbar schwer, dass Du den Kindern Deines Volkes vergeben solltest – nein: vergeben musst –, die sich in ihrem Elend von Dir abgewandt haben ...

Alles tatest Du um mich an Dir zweifeln zu lassen. Am Ende mag es so aussehen, als ob Du mich vom rechten Pfad weggetrieben hättest. Aber ich will Dir sagen, Dir, mein Gott und Gott meiner Väter: *Ich werde Dich auch an meinem Ende nicht verlassen!* Du magst mich kranken, mich züchtigen, mir alles nehmen, was mir in dieser Welt lieb und ehrenwert ist, Du magst mich auch in Todesqualen geben – ich werde an Dich glauben, ich werde Dich lieben, egal worin Du mich prüfst!

Dies sind meine letzten Worte an Dich, mein zorniger Gott: Du hast alles getan, damit ich Dich verleugnen soll, damit ich meinen Glauben an Dich verliere. Aber ich sterbe so, wie ich lebte: Als Glaubender!

Ewiglich sei Dir Preis dargebracht, Dir, Du Gott der Toten, Du Gott der Rache, Du Gott der Wahrheit und des Gesetzes, der Du bald schon der Welt Dein Angesicht zuwendest und ihre Grundfesten durch Deine mächtige Stimme erschüttern wirst.

Höre, Israel, der Herr unser Gott ist der einzige Gott. In Deine Hände, Herr, übergebe ich meine Seele." [11]

Kein anderes Volk „ringt mit Gott" so wie die Juden es tun. Sollten auch wir nicht genau so mit Ihm um Sein Volk ringen?

Beugen wir unsere Herzen und unsere Seelen – damit wir wirklich den Schmerz der Juden spüren.

Jeden Tag zitieren fromme Juden diese Worte:

„Ich glaube von ganzem Herzen an das Kommen des Messias. Obwohl sein Kommen sich hinzieht will ich doch jeden Tag auf ihn warten." [12]

Bitten wir doch unseren HERRN, den Herrn des ganzen Universums, unseren himmlischen Vater, dass Er ihnen offenbart, dass der Messias schon gekommen *ist*!

So wie die Juden dreimal täglich beten: [13]

„Führe uns zurück, unser Vater, zu Deiner Lehre, und bringe uns, unser König, Deinem Dienste nahe und lass uns in vollkommener Rückkehr zu Dir zurückkehren. Gelobt seist Du, Ewiger, der Du an der Rückkehr Wohlgefallen hast!" –

so lasst uns *unsere* Stimmen erheben, um Fürbitte für das jüdische Volk zu tun. Möge dies unser aller Gebet sein: „Gib Du, o Herr, Deinem Volk den wahren Geist der Buße! Lass es durch die Kraft des vergossenen Blutes des Messias geschehen!"

So wie die Juden dreimal täglich zum Herrn rufen:

„Vergib uns, unser Vater, wo wir geirrt haben; vergib uns, unser König, wo wir willentlich gesündigt haben; wir bitten um Deine Vergebung. Verherrlicht seiest Du, o Herr, Du Gnadenreicher, der Du überfließend vergibst" –

so lasst uns *unsere* Stimmen in Fürbitte erheben; lasst uns Folgendes beten: „Vergib ihnen alle ihre Schuld, o Herr, lass es durch das Blut des Messias geschehen!"

So wie die Juden ihre Bitten dreimal täglich vor Gott bringen,

„Siehe unsere Bedrängnis, nimm unser Flehen an und erlöse uns bald zur Ehre Deines Namens, denn Du bist ein mächtiger Erret- ter. Verherrlicht seiest Du, Israels Erretter" –

so lasst uns *unsere* Stimmen als Fürbitter erheben und im Gebet sprechen: „Erlöse und befreie Du Dein Volk sehr bald, o Herr. Lass es durch die Kraft des Blutes des Messias geschehen!"

So wie die Juden ihre Wünsche dreimal täglich vor den Herrn bringen,

„Heile uns, o Herr – dann werden wir heil sein; errette uns – dann werden wir errettet sein, denn Du bist unser Lobgesang. Heile Du uns völlig von allen unseren Gebrechen, denn Du bist Gott, der treue König, der mit uns mitfühlt und uns heilt. Verherrlicht seiest Du, o Herr, der Du die Kranken Deines Volkes Israels heilst" –

so lasst uns *unsere* Stimmen erheben, um für dies Volk Fürbitte zu tun; lasst uns beten: „Heile Du, o Herr, die Wunden Deines Volkes, welches so sehr leidet. Stelle Du sie wieder her, mache sie ganz, lass es durch das Blut des Messias geschehen!"

So wie die Juden dreimal täglich zu Gott rufen und Ihn ersuchen, ihre Bitten anzunehmen,

„Höre unsere Stimme, o Herr unser Gott, erbarme Dich un- ser, denke an uns, und nimm Du unsere Gebete – nach Deinem Wohlgefallen – an, denn Du bist der Gott, der Gebete erhört. Lass uns, o Herr, nicht mit leeren Händen von Deinem Angesicht weggehen, denn Du hörst die Gebete Deines Volkes, Du Gott, der Du mit uns fühlst. Verherrlicht seiest Du, o Herr, der Du Gebete erhörst" –

so lasst uns auf unser Angesicht fallen, unsere Stimmen erheben und aus der Tiefe unseres Herzens inständig zu dem Herrn rufen: „Vater erhöre sie und uns! Vater, handle Du! Vater, wir bitten Dich – schaue gnädig auf das Volk Deines Bundes herab! Verstoße sie nicht, o Herr!"

Kein anderes Volk ist Gott so nah – und doch so fern!

Kapitel 12

Hat Gott Sein Volk verworfen?

Es gibt Dinge, die unabänderlich sind: Gottes Bund mit Israel zum Beispiel gehört zu diesen. Hat Gott sich je klarer darüber ausgedrückt?

Er schwor es Abraham und wiederholte diesen Schwur *sechsmal*: Vor Abraham, vor Seinem Sohn Isaak und vor Seinem Enkel Jakob.

> „Denn als Gott dem Abraham die Verheißung gab, schwor er bei sich selbst, da er bei keinem Größeren, schwören konnte ...“ (Hebräer 6, 13)

Warum spricht Gott so bestimmt?

> „Darum hat Gott, als er den Erben der Verheißung noch kräftiger beweisen wollte, dass sein Ratschluss nicht wankt, sich noch mit einem Eid verbürgt.“ (Hebräer 6, 17)

Gott selbst – der ja nicht lügen kann – bindet sich selbst an einen Eid!

Gottes Bund mit Israel wird immer und immer wieder bestätigt: Mose, die Propheten und die Psalmisten zitieren ihn. Selbst Jesus bestätigt ihn (Matthäus 19, 28), Paulus spricht, deutlich davon (Römer, Kapitel 9–11) und die Pforten des Neuen Jerusalems verkünden ihn für ewige Zeiten (Offenbarung 21, 12): Gott hat Israel als das Volk Seines Bundes erwählt.

Was wäre, wenn Israel von sich aus mit diesen Bund bricht? Was würde dann mit diesem Volk passieren? Hören wir die unmissverständlichen Worte:

„... Denn ich will mit allen Völkern ein Ende machen, unter die ich dich zerstreut habe, aber mit dir will ich nicht ein Ende machen. Ich will dich mit Maßen züchtigen, doch ungestraft kann ich dich nicht lassen." (Jeremia 30, 11) [1]

Exakt die selben Worte werden in Jeremia Kapitel 46, Vers 28 wiederholt, Gott wird alle anderen Nationen völlig zerstören, jedoch wird Israel nicht vollständig zerstört werden! Sein Volk behandelt Er anders als die anderen Völker; es wird strenger bestraft, aber nie völlig ausgelöscht werden!

Was auch immer Israel tut, Gott wird es niemals verlassen. In Jeremia Kapitel 31, Verse 31–34 erklärt der Herr, dass Er mit Israel und mit Juda einen neuen Bund schließen will. Und Er fährt fort, so als ob Er sagen wollte: „Meint nicht, dass dieser neue Bund bedeutet, dass Ich Mein Volk verlassen würde! Nein, niemals werde Ich Mein Volk verlassen!"

„So spricht der HERR, der die Sonne gesetzt hat zum Licht für den Tag, die Ordnungen des Mondes und der Sterne zum Licht für die Nacht, der das Meer erregt, dass seine Wogen brausen, HERR der Heerscharen ist sein Name: Wenn diese Ordnungen vor meinem Angesicht weichen, spricht der HERR, dann soll auch die Nachkommenschaft Israels aufhören, eine Nation zu sein vor meinem Angesicht alle Tage. So spricht der HERR: Wenn die Himmel oben gemessen und die Grundfesten der Erde unten erforscht werden können, dann will ich auch die ganze Nachkommenschaft Israels verwerfen wegen all dessen, was sie getan haben, spricht der HERR." (Jeremia 31, 35–37) [Elbf.]

Solange es die Sonne, den Mond, die Sterne, die Erde und das Meer gibt, solange wird es auch das Volk Israel geben – egal, was es auch tut – es bleibt Sein ausgesondertes Volk. So lautet die Verheißung Gottes! Diese Verheißung gilt! [2]

> „Ist Ephraim nicht mein teurer Sohn und mein liebes Kind? Denn sooft ich ihm auch drohe, muss ich doch seiner gedenken; darum bricht mir mein Herz, dass ich mich seiner erbarmen muss, spricht der HERR." (Jeremia 31, 20) [3]

Ist uns bewusst, wie relevant Gottes prophetisches Wort für diese heutige Zeit ist? Jahrhunderte lang beanspruchte die Kirche in einer Haltung des Hochmuts und der Ignoranz, für sich allein, das „wahre Israel" zu sein, das jetzt an Stelle des alten Bundesvolkes getreten sei. Die Kirche lehrte, dass allein die Christen die wahren Juden seien. (Nur während des Holocaust proklamierte die Kirche nicht mehr, das neue Israel bzw. Kinder Abrahams zu sein!) Die Kirche lehrte nachdrücklich, dass das physische Volk Israel (also diejenigen, die ethnisch, von ihrer Abstammung her Juden sind und solche, die aus anderen Völkern zum Judentum übergetreten waren) für immer verworfen sei. [4]

Es handelt sich hier keineswegs um eine alte, ausgediente Lehrmeinung. Sie ist selbst in unseren Tagen wieder häufiger zu hören. [5] Doch der Herr ist hierüber nicht überrascht. Schon vor 2.500 Jahren teilt Er seine Sicht der Dinge mit:

> „Und des HERRN Wort geschah zu Jeremia: Hast du nicht gemerkt, was diese Leute reden: ‚Die beiden Geschlechter, die der HERR auserwählt hatte, hat er verworfen', und sie verachten mein Volk und lassen es nicht mehr ein Volk sein in ihren Augen. So spricht der HERR: Wenn ich jemals meinen Bund nicht hielte mit Tag und Nacht noch die Ordnungen des Himmels und der Erde, so wollte ich auch verwerfen das Geschlecht Jakobs

und Davids, meines Knechts, dass ich nicht mehr aus ihrem Geschlecht Herrscher nehme über die Nachkommen Abrahams, Isaaks und Jakobs. Denn ich will ihr Geschick wenden und mich über sie erbarmen." (Jeremia 33, 23–26)

Auch heute murren die Leute gegen Israel und verachten das Volk und die Nation der Juden. Gottes Antwort aber ist immer noch dieselbe: „Ich werde dies Volk niemals verstoßen!"

Was genau hat denn Gott Abraham und seinen Nachkommen verheißen? Wie lange gelten denn die Verheißungen Gottes? Psalm 105 beantwortet uns diese Fragen:

„Er gedenkt ewiglich an seinen Bund, an das Wort, das er verheißen hat für tausend Geschlechter, an den Bund, den er geschlossen hat mit Abraham, und an den Eid, den er Isaak geschworen hat. Er stellte ihn auf für Jakob als Satzung und für Israel als ewigen Bund ..." (Psalm 105, 8–11)

Hat Gott sich dadurch nicht ganz klar ausgedrückt?

Die Schrift spricht von Gottes *Bund*, von dem *Wort*, das er *befohlen* hat, von dem *Eid* den er zum ewigen *Ratschluss* erklärte, für tausende Generationen, als einen ewigen Bund. Der Herr versucht es so eindeutig wie möglich zu machen!

Nicht genug, dass Er Abraham verheißen hat, ihn zu segnen und ihn zu einer großen Nation zu machen, nicht genug, dass Er ihm verheißen hat, seine Nachkommenschaft zahlreich zu machen, nicht genug, dass Er ihm verheißen hat, ihn zum Vater vieler Völker zu machen, nicht genug, dass Er verheißen hat, die zu segnen, die Abraham segnen und die zu verfluchen, die Abraham verfluchen, Er hat Abraham auch das ganze Land Kanaan verheißen, Er hat die Grenzen dieses Landes klar definiert und es den natürlichen Nachkommen Abrahams als ein Erbe für alle Zeiten verheißen – solange diese Erde besteht, gilt diese Aussage Gottes.

Erstaunlicherweise gibt es Bibellehrer, die versuchen diese ewig-gültige Verheißung von Israel wegzunehmen. Sie behaupten, dass im Neuen Testament diese göttliche Verheißung nirgends zitiert wird – weder von den Aposteln, noch von Jesus selbst. [6] Ich frage mich jedoch: Warum sollten sie diese Verheißung zitieren? Zu der Zeit, zu der die Schriften des Neuen Testaments fast vollständig zusammen-getragen waren lebten ungefähr eine Millionen Juden in dem Land Israel, Jerusalem war die geistliche und nationale Hauptstadt und der Tempel stand noch. Jesus machte es ganz deutlich, dass trotz der bald bevorstehenden Zerstörung Jerusalems – eine Zerstörung, die so lange andauern wird, bis „die Zeiten der Heiden erfüllt sind" – Er zu einem *jüdischen Jerusalem zurückkehren wird* (Lukas 21, 24 und Matthäus 23, 37–39). [7] Es ist offensichtlich, dass bei der Wieder-kunft Jesu nach Jerusalem dort Juden leben werden!

Es gibt einen weiteren Grund, weshalb Jesus und die Apostel nicht *ausdrücklich* die Verheißung des gelobten Landes wiederhol-ten: Die Aussagen Gottes über Seinen Bund mit den Erzvätern wa-ren in den Schriften so klar und deutlich niedergeschrieben, dass es unnötig oder sogar verschwendete Worte gewesen wären, sie in den jetzt entstehenden Schriften (des Neuen Testaments) zu wiederho-len. David Brown, ein anerkannter Bibelkommentator des neun-zehnten Jahrhunderts, hat folgende Aussage sicherlich zu Recht getroffen:

> „Die im Alten Testament von Gott gegebenen, immerwährenden Aussagen werden auch im Neuen Testament als GÜLTIG ange-sehen." [8]

All jene Christen, die Israels Recht auf ihr Land anzweifeln, will ich auch dies wissen lassen: Das *Neue Testament* erwähnt auch nicht die Austreibung der Juden *aus* ihrem Land! *Beide* alttestamentlichen Wahrheiten – Israels Zerstreuung und die erneute Sammlung Israels – werden im Neuen Testament als gültig vorausgesetzt. [9]

Den Bund, den Gott mit dem Volk Israel schloss, ist ganz wie der, den Er mit David schloss. Der Herr erklärte David, dass Er eine ewige Herrschaft seines Königtums aufrichten wolle:

> „Wenn nun deine Zeit um ist und du dich zu deinen Vätern schlafen legst, will ich dir einen Nachkommen erwecken, der von deinem Leibe kommen wird; dem will ich sein Königtum bestätigen. Der soll meinem Namen ein Haus bauen, und ich will seinen Königsthron bestätigen ewiglich. Ich will sein Vater sein, und er soll mein Sohn sein. Wenn er sündigt, will ich ihn mit Menschenruten und mit menschlichen Schlägen strafen; aber meine Gnade soll nicht von ihm weichen, wie ich sie habe weichen lassen von Saul, den ich vor dir weggenommen habe. Aber dein Haus und dein Königtum sollen beständig sein in Ewigkeit vor mir, und dein Thron soll ewiglich bestehen." (2. Samuel 7, 12–16)

Welch herrliche Verheißung! Trotz Davids schrecklicher Sünde, trotz Salomos tragischem Fehler, trotz solch gegen Gott handelnde Könige wie Ahas und Manasse, die von David abstammten, würde die Königsherrschaft nie von den Nachkommen Davids weggenommen.

Als das Königreich geteilt wurde, und Gott dem Jerobeam die Herrschaft über die 10 nördlichen Stämme gab, tat Gott dies, um Davids Nachkommen zu „demütigen, doch nicht für alle Zeit" (1. Könige 11, 39). Gott beließ den Nachkommen Davids einen Stamm als Regierungsbereich:

> „... und seinem Sohn einen Stamm geben, damit mein Knecht David vor mir eine Leuchte habe allezeit in der Stadt Jerusalem, die ich mir erwählt habe, um meinen Namen dort wohnen zu lassen." (1. Könige 7, 36)

Gott bot Jerobeam und seinen Nachkommen eine ewige Herrschaft, ein „beständiges Haus" unter der Bedingung an, dass er die Gesetze des Herrn einhält, so wie sein Vater sie gehalten hat (1. Könige 7, 38). Sollte Jerobeam hierin jedoch versagen, würde seine Herrschaft vollkommen ausgelöscht werden, die Königsherrschaft Davids aber würde weiter bestehen. Sie lebt auch noch heute fort: Der König der Könige und der Herr der Herren – Jesus Christus – ist ein aus der direkten Linie Davids stammender Nachkomme! Gott hat Sein Wort gehalten!

Genauso treu hält er auch die Zusagen an das Volk Israel ein. *Sein Bund mit Abraham ist genauso bedingungslos und ewig, wie es Sein Bund mit David ist.* Lesen Sie hierzu bitte das 15. Kapitel aus dem 1. Buch Mose. So wurden im Altertum Verträge vollzogen: Opfertiere wurde zerteilt, die beiden Hälften wurden in zwei Reihen einander gegenüber gelegt. *Beide Parteien dieses „Bundes"* gingen zwischen den Tierkadavern hindurch. Dadurch brachten sie in etwa Folgendes zum Ausdruck: „Wenn ich diesen Bund von meiner Seite her breche, die Vereinbarungen nicht einhalte, dann soll mich das gleiche Schicksal ergreifen, wie dies Tier es hat erdulden müssen." Im 15. Kapitel von 1. Mose gibt es jedoch einen Unterschied: Nur Gott ging mitten durch die beiden Hälften hindurch! Es war somit nur ein einseitiger Vertrag. [10]

„Als nun die Sonne untergegangen und es finster geworden war, siehe, da war ein rauchender Ofen, und eine Feuerflamme fuhr zwischen den Stücken hin. An dem Tag schloss der HERR einen Bund mit Abram und sprach: Deinen Nachkommen will ich dies Land geben, von dem Strom Ägyptens an bis an den großen Strom Euphrat: die Keniter, die Kenasiter, die Kadmoniter, die Hetiter, die Perisiter, die Refaiter, die Amoriter, die Kanaaniter, die Girgaschiter, die Jebusiter." (1. Mose 15, 17–21)

Dies Land gehörte zu diesem Zeitpunkt anderen Völkern. Aber zur richtigen Zeit würde es den Nachkommen Abrahams gegeben werden.

Wenn die Juden aber diesen Bund brachen – so hat es besonders Mose dargelegt – dann würden sie bestraft und zeitweilig aus diesem Land vertrieben werden. Aber Gottes Wort steht fest: Seine Verheißung an Abraham und Sein Wort zu David gelten auf ewig — *unabhängig davon, was das Volk Israel tut.* So hat es Gott auch durch Mose verkündigen lassen.

„Aber wenn sie auch in der Feinde Land sind, verwerfe ich sie dennoch nicht, und es ekelt mich nicht vor ihnen, so dass es mit ihnen aus sein sollte; denn ich bin der HERR, ihr Gott. Und ich will ihnen zugute an meinen Bund mit den Vorfahren gedenken, die ich aus Ägyptenland führte vor den Augen der Völker, auf dass ich ihr Gott wäre, ich der HERR." (3. Mose 26, 44+45)

„Und der HERR wird euch zerstreuen unter die Völker, und es wird von euch nur eine geringe Zahl übrig bleiben unter den Heiden, zu denen euch der HERR wegführen wird. Wenn du geängstigt sein wirst und dich das alles treffen wird in zukünftigen Zeiten, so wirst du dich bekehren zu dem HERRN, deinem Gott, und seine Stimme gehorchen. Denn der HERR, dein Gott, ist ein barmherziger Gott; er wird dich nicht verlassen noch verderben, wird auch den Bund nicht vergessen, den er deinen Vätern geschworen hat." (5. Mose 4, 27, 30+31)

Auch heute noch gilt:

„Im Blick auf das Evangelium sind sie [die Juden] zwar Feinde um euretwillen; aber im Blick auf die Erwählung sind sie Geliebte um der Väter willen. Denn Gottes Gaben und Berufung können ihn nicht gereuen." (Römer 11, 28+29) [11]

Kann man es noch klarer ausdrücken?

Es ist richtig, dass die überwiegende Mehrheit des jüdischen Volkes unsere „Feinde" „soweit es das Evangelium betrifft" sind. Sie lehnen unsere Botschaft, die Botschaft des Evangeliums, ab (ganz stark tun dies die orthodoxen Juden), einige bekämpfen sie sogar. [12] Als einzelne verlieren sie die Segnungen des Bundes, wenn sie Jesus den Messias ablehnen. Aber als Volk, als Ganzes, sind sie immer noch auserwählt und geliebt „um der Väter willen". Anderenfalls hätten Gottes Verheißungen und die Tatsache, dass Er dies Volk erwählt hat, keine Bedeutung mehr. „Abraham, ich schwöre bei mir selbst, ich setze meinen Ruf hierfür ein: Ich werde deine Nachkommen auf alle Zeiten segnen – egal was sie tun. (Es könnte jedoch passieren, dass ich deine Nachkommen eines Tages durch jemand anders ersetze!)" Das ist nicht der Gott, dem wir dienen!

Gottes Bund mit Abraham ist genauso bedingungslos und gilt genauso für alle Zeiten, wie es Sein Bund mit der Kirche ist. Der Herr „rettete uns – nicht um der Werke der Gerechtigkeit willen, die wir getan hätten, sondern nach seiner Barmherzigkeit" (Titus 3, 5). Gott sei Dank, dass wir aus Gnade errettet wurden! Wir sind aber nicht die einzigen, die Gottes unverdiente Gunst empfangen. Zum Volk Israel sprach Mose:

> „Nicht hat euch der HERR angenommen und euch erwählt, weil ihr größer wäret als alle Völker – denn du bist das kleinste unter allen Völkern –, sondern weil er euch geliebt hat und damit er seinen Eid hielte, den er euren Vätern geschworen hat. Darum hat er euch herausgeführt mit mächtiger Hand und hat dich erlöst von der Knechtschaft aus der Hand des Pharao, des Königs von Ägypten." (5. Mose 7, 7+8)

Das hört sich doch sehr ähnlich an, nicht wahr? Gottes Bund mit Israel und mit der Gemeinde basieren auf Seiner Verheißung, und nicht auf unserer Leistung.

Das Volk Israel des Alten Testaments und die Gemeinde des Neuen Testaments – beide bestanden und bestehen noch heute durch Gnade. [13] Beide empfingen Gottes ewige Verheißungen. Wir beide zusammen stellen die Familie Gottes dar: Die Treuen in Israel und die Erwählten in Christus aus allen Nationen – aus beiden wird ein Leib, ein Volk werden.

„Denn durch ihn [Jesus!] haben wir alle beide in einem Geist den Zugang zum Vater." (Epheser 2, 18)

Wie ist Gottes Weisheit so groß!

Das glauben die Muslime nicht. Es ist ein fundamentaler Grundsatz im Koran, dass das Volk Israel und die Christen versagt haben. Mose war ein Prophet. Jesus Christus war ein Prophet. Mohammed jedoch war das Siegel der Propheten, der Botschafter der endgültig wahren Offenbarung. Die Juden sind nicht das Volk Gottes – sie versagten! Auch die Christen sind nicht das Volk Gottes – sie versagten! Nur die Muslime sind das Volk Gottes. [14]

Klar, das ist grotesk! Aber falls Sie sich immer noch nicht sicher sind, ob Israel tatsächlich von Gott berufen ist, bedenken Sie bitte nur diese eine einfache Wahrheit: Wenn Gott das Volk Israel trotz seiner bedingungslosen und ewig gültigen Zusage *verlassen* haben könnte, dann könnte Er auch die Gemeinde Jesu aufgegeben haben! Wenn Gott – trotz Seiner ewiggültigen Verheißungen – Israel durch jemand anders *ersetzt* haben sollte, dann kann Er auch die Gemeinde Jesu durch etwas anderes ersetzen! Wenn Sie also an einer Theologie festhalten, die besagt, dass „Gott das natürliche Volk Israel verworfen hat", oder, dass „die Gemeinde Jesu die Stellung Israels eingenommen hat", sollten Sie besser sehr vorsichtig sein.

Vielleicht hat der Koran doch recht!

Kapitel 13

Natürliche Kinder und Gottes Kinder

Der Brief an die Römer ist das theologische Meisterwerk des Apostel Paulus. In den ersten elf Kapiteln dieses Briefes legt er die absolut wichtigen Grundbegriffe unseres Glaubens aus. In den letzten fünf Kapiteln sagt er uns, wie wir leben sollen. Wenn wir den Römerbrief verstehen, verstehen wir das Evangelium.

Im Römerbrief stellt Paulus ausführlich dar, dass alle gesündigt haben: Juden und Heiden gleichermaßen. Hier finden wir auch seine ausgezeichnete Offenbarung der Gerechtigkeit aus Glauben. (Man stelle sich vor, wie man das ohne Römerbrief versuchen soll zu verstehen!) In diesem Brief spricht er über unseren Kampf gegen Sünde, unseren Sieg über Sünde und das Leben im Geist Gottes. Und dann bringt er alles zum Höhepunkt mit einer tiefgründigen Lehre über *Israel*. [1]

Mit Römer 9 beginnend, spricht Paulus über die spezielle Rolle des Volkes Israel, seiner Brüder, die seiner eigenen Rasse angehören:

„... die Israeliten sind, deren die Sohnschaft ist und die Herrlichkeit und die Bündnisse und die Gesetzgebung und der Dienst und die Verheißungen; deren die Väter sind und aus denen dem Fleisch nach der Christus ist, der über allem ist, Gott, gepriesen in Ewigkeit. Amen." (Römer 9, 4–5)

Was für ein Ehrfurcht gebietender Ruf!

Trotzdem bleibt eine Frage offen: ist Gottes Wort fehlgeschlagen? Wenn das Volk Israel der besondere Empfänger von Gottes Verheißungen war, warum haben die meisten von ihnen dann den Messias abgelehnt? Warum leben sie außerhalb des *Neuen* Bundes, wenn sie das erwählte Volk sind? Paulus hat eine einfache Antwort:

„Nicht aber als ob das Wort Gottes hinfällig geworden wäre, denn nicht alle, die aus Israel sind, die sind Israel, auch nicht, weil sie Abrahams Nachkommen sind, sind alle Kinder, sondern in Isaak wird dir eine Nachkommenschaft genannt werden. Das heißt: nicht die Kinder des Fleisches sind Kinder Gottes, sondern die Kinder der Verheißung werden als Nachkommenschaft gerechnet." (Römer 9, 6–8 – Elberfelder)

Nun, dies sollte die Frage beantwortet haben. Es gibt *natürliche Kinder* und es gibt *Gottes Kinder*. „Natürliche Kinder" bezieht sich auf das Volk Israel als Ganzes; „Gottes Kinder" bezieht sich auf den gläubigen Überrest innerhalb des Volkes Israel. Es gibt also Israel (die natürlichen Kinder) und es gibt Israel (die geistlichen Kinder). Da ist ein Israel *innerhalb* des Volkes Israel. [2] Es ist also gar nicht so kompliziert!

Wir können eine Parallele zur „Gemeinde Jesu" aufstellen. (Bitte nehmen Sie dies nur als skizzenhaften Vergleich.) Es gibt natürliche Kinder (diejenigen, die in eine christliche Familie hineingeboren werden) und es gibt Kinder Gottes (diejenigen, die von oben herab in Seine geistliche Familie hineingeboren werden). Es gibt die Kirche (alle, die sich selbst Christen nennen) und die Kirche (alle die Gott Christen nennt). Um die Worte des Paulus auf diesen Sachverhalt zu übertragen: „Nicht alle, die in der Kirche sind, sind die Kirche. Es gibt die Kirche *innerhalb* der Kirche."

Aber – und dies hat wesentliche Bedeutung – fromme Buddhisten oder Muslime sind natürlich nicht die wahre Kirche! Selbstverständlich nicht! Die wahre Gemeinde Jesu besteht aus den Gläubigen *in-*

nerhalb der Kirche und nicht aus religiösen Menschen *außerhalb* der Kirche. Nur die innerhalb der Kirche (gemeint sind die, die den christlichen Glauben bekennen) können möglicherweise auch die wahre Kirche sein. Genauso hat Paulus nie behauptet, dass gläubige Heiden das „wahre" oder das „geistliche" Israel seien. Der gläubige Überrest *innerhalb* Israels bildet das „wahre" oder das „geistliche" Israel. (Da die Bezeichnungen „wahres" bzw. „geistliches" Israel so nicht in der Bibel auftauchen, könnte es hilfreich sein, wenn man sie komplett vermeidet.)

Viele Menschen haben über das, was die Bibel lehrt, ihre eigenen Gefühle und Vorstellungen. Aber Fakten sind Fakten: Auch wenn im Neuen Testament Israel und die Gemeinde oft mit gleichen Terminologien bezeichnet werden – für beide gilt, das Bild der „Kinder Gottes", der „Braut Gottes", des „auserwählten Volkes" usw. – benennt das Neue Testament die Gemeinde an keiner einzigen Stelle mit „Israel".[3] In der Tat ist es so, dass im griechischen Neuen Testament die Worte „Israel" und „Israelit" siebenundsiebzig mal auftauchen, nur an zwei Stellen könnte sich „Israel" *vielleicht* auf die gesamte Gemeinde beziehen: In Galater 6, 16 spricht Paulus vom „Israel Gottes", und in Offenbarung 7, 4 spricht Johannes von den „144.000, die versiegelt waren aus allen Stämmen Israels". Dies sagt etwas! Fünfundsiebzig „definitivs" und nur zwei „vielleichts". Ich möchte mich nicht auf die „vielleichts" festlegen müssen!

Wenden wir uns der Stelle im Galaterbrief (Kapitel 6, Vers 16) zu: Viele verschiedene amerikanische Bibelübersetzungen lassen – genauso wie die deutschen Übersetzungen* – nur den einen Schluss zu: „Israel Gottes" bezieht sich nicht auf die gesamte, große Gemeinde Jesu, sondern auf die Juden, die an Jesus glauben.[4] Dasselbe kann man auch von den in Offenbarung 7, 4 erwähnten 144.000 Versiegelten sagen: Höchstwahrscheinlich wird damit die letzte weltweite Seelenernte unter den Juden beschrieben. Wo an anderen Stellen in der Offenbarung „Israel" steht, ist damit auch „Israel" gemeint (z.

B.: Kapitel 2, Vers 14), wo „die 12 Stämme Israels" stehen, sind diese auch gemeint, diese werden sogar noch von den „12 Aposteln" unterschieden. (Kapitel 21, Verse 12–14) [5]

Selbst wenn jemand darauf bestehen bleibt, dass Galater 6, 16 und Offenbarung 7, 4 anders gesehen werden sollte, so sollen diese wissen, dass kein Bibelausleger jemals eine Lehrmeinung aus nur einer oder aus sehr wenigen Bibelstellen herleitet, schon gar nicht, wenn ihre Bedeutung strittig ist! [6] Und kein ernsthafter Ausleger maßt sich an, ausgerechnet aus dem Buch der Offenbarung, welches *voll ist von symbolischen Visionen und Bildern* einen Vers herauszunehmen und auf diesem eine Lehre aufzubauen! Ich möchte in aller Liebe diejenigen herausfordern, die immer noch daran festhalten, dass die ganze Kirche „Israel" ist, mir *irgendwo* in der Bibel zwei Verse zu zeigen, die diesen Fakt *eindeutig* belegen. Solche Stellen gibt es einfach nicht! Wenn Gott „Israel" sagt, meint Er die natürlichen Kinder, sei es als ganzes Volk oder Teile davon.

Was aber sagt Römer Kapitel 2, die Verse 28 und 29 aus? Will Paulus hier nicht zum Ausdruck bringen, dass die gläubigen Heiden die wahren Juden sind? Sehen wir uns diese Verse der New International Version (eine englische Bibelübersetzung*) an (die kursiven Hervorhebungen habe ich selbst vorgenommen):

„Ein Mensch ist nicht deshalb Jude, weil er es *nur* äußerlich ist, noch ist das eine Beschneidung, die *lediglich* äußerlich, am Körper, geschieht. Nein, ein Mensch ist dann Jude, wenn er es innerlich ist; die Beschneidung ist nur dann Beschneidung, wenn sie am Herzen geschieht, durch den Geist, nicht wegen eines niedergeschriebenen Gesetzes. Das Lob eines solchen Menschen kommt nicht von Menschen, sondern von Gott."

Mit anderen Worten: *Wenn von zwei Juden* der eine nur am Körper beschnitten ist, der andere jedoch zusätzlich die Beschneidung am Herzen erlebt hat, welcher ist dann der echte Jude, der Jude in diesem besonderen Sinn? Die Antwort ist offensichtlich: Es ist der, der auch geistlich beschnitten ist.

Will Paulus etwa zum Ausdruck bringen, dass gläubige Heiden „Juden" in diesem besonderen Sinn sind? Sicherlich nicht! Er richtet bereits in Römer 2, 27–29 seine argumentativen Ausführungen nämlich an Juden und zwar in erster Linie an unerlöste Juden. Innerhalb dieses Zusammenhangs legt er auf der geistlichen Ebene dar, wer der wirkliche Jude ist. Im griechischen Neuen Testament taucht das Wort „Jude" mehr als 190 mal auf, jedes Mal bezieht es sich auf die ethnischen Juden. Also haben wir über 190 „definitive", und nur zwei „vielleichts". [7] Wer will jetzt noch für die „vielleicht-Position" eintreten?

Selbst wenn jemand Römer 2, 28+29 so versteht, dass die gläubigen Nichtjuden geistliche „Juden" sind (es ist diesem Text leicht zu entnehmen, warum viele Christen das über sich selbst glauben [8]), so würde es immer noch nicht die wichtige Tatsache ändern: Paulus hat niemals behauptet, dass die natürlichen Juden jetzt keine Juden mehr seien. Er hat lediglich ausgeführt, dass natürliche Juden keine Juden in diesem *besonderen vollen* Sinne sind. [9] Lesen wir den Römerbrief weiter. Nachdem Paulus hier in Römer 2, 28+29 seinen Punkt herausgearbeitet hatte (noch einmal: Dies ist eine der wenigen Stellen, in denen das Neue Testament das Wort Jude in solcher Weise gebraucht), spricht er zu *allen* „Juden" in der normalen Art und Weise.

Hat jemand immer noch Zweifel? Die folgende Bibelstelle hilft uns weiter:

„Was haben denn die *Juden* für einen Vorzug oder was nützt die Beschneidung? Viel in jeder Weise! ..." (Römer 3, 1+2)

Mit anderen Worten: Äußerlich und dem Fleische nach ein Jude zu sein ist keine Garantie dafür, eine richtige Beziehung zu Gott zu haben. Was ist der Vorteil, *Jude von der Abstammung her* zu sein? Viel, in jeder Weise, weil Gott Sein Wort Seinem physischen, natürlichen Volk – den Juden anvertraut hat! Es ist wirklich nicht kompliziert.

Wenn Paulus tatsächlich gelehrt hätte, dass die natürlichen Juden keine Juden mehr und gläubige Heiden die wahren Juden sind, was in aller Welt meint er dann mit Römer 3, 9?

„… wir haben soeben bewiesen, dass alle, Juden und Heiden gleichermaßen unter der Sünde sind."

Wenn Juden nicht Juden und Heiden keine Heiden mehr sind, was wollte Paulus uns dann in Römer 3, 29 sagen?

„Oder ist Gott allein der Gott der Juden? Ist er nicht auch der Gott der Heiden? Ja, gewiss, auch der Heiden."

Und was ist dann die Bedeutung von Römer 15, 27, wenn die wiedergeborenen Gläubigen jetzt Juden sind?

„… Denn wenn die Heiden an ihren geistlichen Gütern Anteil bekommen haben, so ist es recht und billig, dass sie ihnen auch mit leiblichen Gütern Dienst erweisen."

Es bleibt alles ganz klar: Heide bedeutet Heide und Jude bedeutet Jude.

Es ist eine Sache, aus *ein oder zwei Bibelstellen* heraus, in denen Paulus das Wort „Israel" und „Jude" *in einem besonderen Zusammenhang* erwähnt, den Schluss zu ziehen, dass mit „Israel Gottes" die neutestamentliche Gemeinde und mit „Juden" alle wiedergeborenen Gläubigen gemeint sind. (Obwohl ich persönlich nicht dieser Auffassung bin, würde ich diese Meinung nicht für gefährlich halten.) Eine andere Sache ist es jedoch, sich ganz und gar von den übrigen mehr als 250 Bibelstellen wegzuwenden, die sich eindeutig auf „Israel" und auf „Juden" beziehen und zu behaupten, Israel ist

nicht Israel und Juden sind nicht länger Juden. *Das* halte ich für
weitaus gefährlicher.

Es ist eine Sache, zu behaupten, dass Paulus das Wort „Beschneidung" in einem besonderen Sinn gebraucht (Philipper 3,4) um es
auf alle wiedergeborenen Gläubigen zu beziehen. Eine andere Sache ist es jedoch zu behaupten, dass alle, die am 8. Tag beschnitten
wurden, nun nicht mehr als Juden zählen. Sogar im 5. Buch Mose
wird zwischen der körperlichen Beschneidung und der des Herzens
unterschieden [Kapitel 10, Vers 16]. Keine von beiden hebt jedoch
die jeweils andere auf! Der international anerkannte Ausleger des
Römerbriefes, C. E. B. Cranfield, drückt es so aus: Aus der von Paulus in Römer 2, 28+29 gemachten Aussage „sollte man nicht den
Schluss ziehen, dass diejenigen, die von der Abstammung her Juden
sind, von den Verheißungen ausgeschlossen seien!" [10] Keineswegs!

Jeden Bund, den Gott mit Israel machte, hat Er mit *dem ganzen*
Volk geschlossen. Niemand kann dies in Zweifel ziehen. Am Berg
Sinai sprach Er zu der gesamten Nation! Aber nur Gottes Kinder ge-
nossen den Segen aus diesem Bund, die Treuen *innerhalb des Volkes*
Israel. Und was sagt Gott zum Rest Seines Volkes? Sagt er etwa zu
ihnen: „Ihr seid nicht mehr meine natürlichen Kinder!"? Nein! Stattdessen spricht Er zu ihnen: „Kehrt zurück, ihr abtrünnigen Kinder,
so will ich euch heilen von eurem Ungehorsam." (Jeremia 3, 22) [11]
Die Verheißung des Bundes bleibt bestehen.

So grundlegend wie dies nur sein kann – spätere Kirchenväter
sind über die Bedeutung dieses Wortes hinausgegangen. Zuerst sagten sie: „Seht – nicht alle, die von Israel abstammen sind Israel. Nur
die Gläubigen sind Israel, und wir sind die wahren Gläubigen! Wir
sind Israel. Es sind nicht nur gläubige *Juden*, die Israel sind. *Jeder*,
der glaubt, ist auch Teil von Israel!" [12]

Was ist denn so Schreckliches daran, dies zu behaupten? Vielleicht noch nichts bisher. Aber der nächste Schritt ist schlicht und
einfach katastrophal: Wenn die Gemeinde das geistliche Israel, das
neue Israel ist, dann hat das *natürliche Volk* Israel, das *alte* Israel

keine Bedeutung mehr. „Lasst uns alles daran setzen, sie auszurotten. Sie haben ihren Segen für immer verloren. Sie haben den Messias gekreuzigt. Sie haben ihre Gelegenheit verspielt. Sie glauben ja noch nicht einmal ihren eigenen Schriften. Sie sind also nicht mehr das Volk des Bundes. Wir sind es jetzt!" [13]

Die in den bisherigen Kapiteln beschriebenen Horror-Szenarien sind zu einem großen Teil das Nebenprodukt eben dieser Theologie.

Es wäre kein Problem entstanden, wenn die nichtjüdischen Christen einfach gesagt hätten: „Gott hat die Grenzen Israels *erweitert*! Nun sind wir in das Volk des Bundes mit hinein genommen worden, jetzt, da wir auch zum geistlichen Samen Abrahams gehören. Wir freuen uns jetzt schon auf den Tag, wo der Herr den natürlichen Samen Abrahams wiederherstellt! Die ‚Gemeinde' des Alten Testaments bestand nur aus dem Volk Israel, die ‚Gemeinde' des Neuen Testaments besteht aus dem Volk Israel und aus uns. Gemeinsam sind wir das Neue Israel!" Viele hingegebene Christen haben an diesem Glaubensaspekt festgehalten – der in der Tat viel Wahrheit enthält – ohne auch nur einen Augenblick daran zu zweifeln, dass Gottes Verheißungen für Seine natürlichen Kinder aufgehoben seien. [14]

Für viele Christen ist die Aussage, dass die Gemeinde das „neue Israel" sei, gleichbedeutend damit, dass Gott Seine Kinder (dem Fleische nach) auf ewig verworfen habe. „Weg mit dem Alten! Das Neue ist gekommen! Ihr Juden seid für alle Zeit verflucht!" Reinhold Mayer, der deutsche Kenner des Neuen Testament drückt es so aus:

„Der Weg der nicht-jüdischen Christenheit bewegte sich weg vom Judentum und hin zum heidnischen Antisemitismus, der nach der [Zerstörung von Jerusalem im Jahre 70 n. Chr.] noch zunahm. Die Drohungen der Propheten des Alten Testaments gegen Israel wurden als antijüdisch missverstanden und in einer nicht zu verantwortenden Art und Weise neu wiedergegeben.

Selbst wenn man sie wortwörtlich zitierte, entstellte man die Bedeutung ihrer Worte und kehrte sie ins Gegenteil um, dies führte dazu, das der Hass der Heiden auf die Juden zunahm." [15]

Paulus wusste wie wichtig es war, dass die nichtjüdischen Gläubigen die Stellung Israels verstanden. Daher widmete er Israel und seiner göttlichen Berufung so viel Raum: In seinem tiefgründigsten Brief behandeln drei Kapitel dies Thema. Viele Gläubige sagen: „Ja, das ist wohl war. Paulus spricht in den Kapiteln 9–11 des Römerbriefes viel über Israel. Aber er meint das *geistliche* Israel. Sagt er nicht (in Römer 9, 6): ‚Denn nicht alle die aus Israel stammen sind Israel'. Und wenn Paulus dann in Römer 11, 26 sagt, dass ganz Israel gerettet werden wird, so meint er in Wirklichkeit gar nicht das ganze Israel."

Warum lassen wir Paulus nicht für sich selber sprechen? Erlauben wir einmal Paulus, dass er Paulus interpretiert: Wenn er in den Kapiteln 9–11 des Römerbriefes von „Israel" spricht, meint er die natürlichen Kinder oder die gläubigen Kinder?

Römer 9, 1–5 – Paulus hat „große Traurigkeit und Schmerzen ohne Unterlass" in seinem Herzen für *Israel*. Welches „Israel" meint er hier? Die natürlichen Kinder! Nun mag jemand dagegenhalten: „Das ist, *bevor* er sagte, dass ‚nicht alle, die von Israel stammen, auch Israel sind'. Was ist mit den danach folgenden Versen? Hat er nicht die Bedeutung von ‚Israel' geändert?" Lesen wir alle noch verbleibenden Stellen, in denen „Israel" (und „Israeliten") vorkommt (aus den Kapiteln 9–11)! Die Wahrheit wird uns freimachen!

Römer 9, 27 – „Jesaja aber ruft aus über *Israel*: ‚Wenn die Zahl der *Israeliten* wäre wie der Sand am Meer, so wird doch nur ein Rest gerettet werden …'" Welches „Israel", welche „Israeliten" meint Paulus? Die natürlichen Kinder!

Römer 9, 31 – „*Israel* aber hat nach dem Gesetz der Gerechtigkeit getrachtet und hat es doch nicht erreicht." Welches „Israel" ist gemeint? Die natürlichen Kinder!

Römer 10, 1 – „Liebe Brüder, meines Herzens Wunsch ist es, und ich flehe auch zu Gott für sie, dass *sie* [= die Israeliten] [16] gerettet werden." Welche Israeliten sind gemeint? Die natürlichen Kinder!

Römer 10, 16 – „Aber nicht *alle* [aus Israel] sind dem Evangelium gehorsam." Welche Israeliten meint Paulus? Die natürlichen Kinder!

Römer 10, 19–21 – „Ich frage aber: Hat es *Israel* nicht verstanden? ... Zu *Israel* spricht er: ‚Den ganzen Tag habe ich meine Hände ausgestreckt nach einem Volk, das sich nichts sagen lässt und widerspricht.'" Welches Israel meint Paulus? Die natürlichen Kinder!

Römer 11, 1–2 – „So frage ich nun: hat denn Gott sein Volk verstoßen? Das sei ferne! Denn auch ich bin ein *Israelit*, vom Geschlecht Abrahams, aus dem Stamm Benjamin. Gott hat sein Volk nicht verstoßen, das er zuvor erwählt hat ..." Welche „Israeliten" meint Paulus? Die natürlichen Kinder! Paulus selbst ist *einer von ihnen*. Das war seine Hauptaussage. Er führt seinen Gedanken im Rest des Verses fort.

Römer 11, 2 – „... Oder wisst ihr nicht, was die Schrift sagt von Elia, wie er vor Gott tritt gegen *Israel* ..." Welches „Israel" meint Paulus? Die natürlichen Kinder! Innerhalb der Kinder Israels hat Gott einen Überrest erhalten. (Römer 11, 3–5)

Römer 11, 7 – „Wie nun? Was *Israel* sucht, das hat es nicht erlangt, die Auserwählten aber haben es erlangt. Die anderen sind verstockt ...“ Welches „Israel“ meint Paulus? Die natürlichen Kinder! Nur die Auserwählten, Gottes Kinder, diejenigen, die Er vorherbestimmt hat, erlangen die Gerechtigkeit; die anderen, der Rest der natürlichen Kinder, sind verstockt.

Römer 11, 11 – „So frage ich nun: Sind sie gestrauchelt, damit sie fallen? Das sei ferne! [Die Kirche sollte diese Worte einmal laut wiederholen: Israel ist als Volk nicht so sehr gestrauchelt, dass es nicht heilbar sei.] Sondern durch ihren Fall [der Fall der natürlichen Kinder] ist den Heiden das Heil widerfahren, damit Israel ihnen nacheifern sollte.“ Welches „Israel“ meint Paulus? Die natürlichen Kinder! Betrachten wir auch den Vers 13: „Euch Heiden aber sage ich ...“ Paulus spricht zu den nichtjüdischen Gläubigen *über* Israel. Er sagt den Nichtjuden nicht, dass sie das neue Israel sind! Jetzt kommen wir aber zum Herzstück von allem:

Römer 11, 25 – „Ich will euch, liebe Brüder, dieses Geheimnis nicht verhehlen, damit ihr euch nicht selbst für klug haltet: Verstockung ist einem Teil *Israels* widerfahren, solange, bis die Fülle der Heiden zum Heil gelangt ist.“ Welches „Israel“ meint Paulus? Die natürlichen Kinder! Sie sind es, die zum Teil verstockt wurden. Und was passiert mit eben diesem Volk, wenn „die Fülle der Heiden zum Heil gelangt ist“?

Römer 11, 26-27 – „und so wird ganz *Israel* gerettet werden ...“ Welches „Israel“ meint Paulus? Die natürlichen Kinder! Ruhm und Preis sei Gott! *„Und so WIRD GANZ ISRAEL GERETTET WERDEN, wie geschrieben steht: ‚Es wird kommen aus Zion der Erlöser der abwenden wird alle Gottlosigkeit von Ja-*

kob. Und dies ist mein Bund mit ihnen, [Israel, den natürlichen Kindern] *wenn ich ihre Sünden wegnehmen werde.'"*

Das „Israel", das zum Teil verstockt wurde, ist auch das „Israel", welches errettet wird. Das „Israel", das die Gerechtigkeit nicht erreicht hat, ist auch das „Israel", das gerecht gemacht wird! „Denn wie ihr [= die Heiden] zuvor Gott ungehorsam gewesen seid, nun aber Barmherzigkeit erlangt habt wegen *ihres* [= Israels] Ungehorsams, ..." (Römer 11, 30), so führt Gottes Gnade dazu, „damit auch sie jetzt Barmherzigkeit erlangen" (Römer 11, 31). Beide werden Barmherzigkeit erlangen: „Denn Gott hat alle eingeschlossen in den Ungehorsam, damit er sich *aller* erbarme" (Römer 11, 32).

Ja, Israel ist gefallen. Aber Israel wird sich von diesem Fall wieder erholen! Ja, Israel war ungehorsam und starrsinnig. Aber Israel *wird* ein neues Herz erhalten! Der Erlöser *wird* „alle Gottlosigkeit von Jakob hinwegnehmen." Er wird „ihre Sünden wegnehmen". Dies Volk, das mehr als jedes andere seine Leiden ertragen musste, wird am Ende reich gesegnet werden! Es ist an der Zeit, dass dieser Segen kommt! Wie groß ist Gottes Weisheit.

Aber es gibt auch eine Warnung:

„Wenn aber nun einige von den Zweigen [das natürliche Israel] ausgebrochen wurden und du [Heide, Nichtjude], der du ein wilder Ölzweig warst, in den Ölbaum eingepfropft worden bist und Teil an der Wurzel [= Israel] hast und an dem Saft des Ölbaums, so rühme dich nicht gegenüber den Zweigen [die gläubigen Juden]. Rühmst du dich aber, so sollst du wissen, dass nicht du die Wurzel trägst, sondern die Wurzel trägt dich." (Römer 11, 17+18)

Wie unsensibel und überheblich ist es für den „eingepfropften" Zweig, wenn er sich gegen die natürlichen Zweige rühmt.

Möge es unmissverständlich klar sein und niemals vergesen werden: Die nichtjüdischen Gläubigen sind in den Baum Israel eingepfropft, sie werden nun durch die alten jüdischen Wurzeln ernährt. (In diesem Zusammenhang ist nicht Jesus Christus die Wurzel, obwohl in anderen Bibelstellen Jesus die Wurzel ist [Offenbarung 22, 16: „Ich bin die Wurzel und das Geschlecht Davids ..." + Jesaja 11, 10], oder ER der Weinstock ist von dem wir genährt werden [Johannes 15, 1-9]. Aber als Paulus in Römer 11, 18 von der „Wurzel" spricht, bezieht er sich allem Anschein nach auf die Patriarchen des Volkes Israel). [17] Es ist wahr, dass die natürlichen Zweige „um ihres Unglaubens willen" ausgebrochen wurden, „du [= der nichtjüdische Gläubige] aber stehe fest durch den Glauben." Dies darf jedoch kein Anlass sein, stolz zu werden. Im Gegenteil: Sei nicht stolz, sondern fürchte dich! Hat Gott die natürlichen Zweige nicht verschont, wird er dich auch nicht verschonen" (Römer 11, 20+21).

Hier hat die Kirche, die seit dem zweiten Jahrhundert vorwiegend aus Heiden bestand, einen großen Fehler gemacht: Sie hat sich schuldig gemacht, indem sie sich über die natürlichen Zweige erhoben hat, Sie hat ihre Wurzeln verleugnet und Israels Verstockung fehlinterpretiert.

Weil sie sich über die gefallenen israelischen Zweige gerühmt hat, hat sie das jüdische Volk streng und rücksichtslos behandelt, und hat sich sogar über das Leid und den Schmerz Israels gefreut. „Schließlich sind *sie* doch ausgebrochen, jetzt muss ich mir Raum schaffen!" Weil sie ihre jüdischen Wurzeln verleugnet hat, hat sie dem Glauben alle möglichen fremdartigen Bräuche beigemischt, oftmals wurde die Heilige Schrift menschlichen Traditionen untergeordnet. „Nach alledem wollen wir uns des alttestamentlichen Zeugs entledigen! Es ist Knechtschaft!" Weil sie Israels Verstockung fehlinterpretiert hat, die ja nur zeitlich begrenzt und zum Teil stattfand, entwickelte sie in einer Haltung des Stolzes die Vorstellung, dass Gott Sein „altes" Volk Israel durch ein „neues" Volk, die Kirche, ersetzt habe. Alle alttestamentlichen Segensverheißungen gelten jetzt nur für uns ... für alle Zeiten! Und ihr Juden, zur Hölle mit eurer verfluchten Rasse! [18]

Die Kirche hat nicht die Juden verflucht. Sie hat sich selbst verdammt! Die geistliche Gleichung ist ganz einfach: *In dem Maß, in dem die Kirche ihre jüdischen Wurzeln und die richtige Stellung Israels erkennt, in dem Maß wird die Kirche geistlich Licht haben.* Die dunkelsten Zeiten der Kirche waren in den Tagen ihrer größten theologischen Ignoranz gegenüber Israel, wie die Zeilen ihrer gewalttätigsten Feindschaft gegenüber den Juden.

Die Ermahnung, die Paulus ausspricht, muss erneut gehört werden:

„Sei nicht *hochmütig*, sondern fürchte dich! ... Denn ich will nicht, Brüder, dass ihr dieses Geheimnis *ignoriert*, damit ihr nicht euch selbst für *klug* haltet ...“ (Römer 11, 20+25)

Welch starke Worte benutzt Paulus hier: Hochmütig, ignorant, sich selbst für klug haltend! Um so wichtiger für die Kirche, dass sie es versteht! Ignoranz gegenüber den Absichten Gottes führt zu Überheblichkeit. Eine Kirche, die überheblich ist, ist eine Kirche, die vom Herrn verworfen wird, denn „Gott widersteht den Hochmütigen, aber den Demütigen gibt er Gnade“. (Jakobus 4, 6)

Bedauerlicherweise gibt es noch heute viele innerhalb des Leibes Christi, die immer noch behaupten, dass allein die Gemeinde das wahre Israel sei. Ein bekannter Autor hat mit großer Leidenschaft eine längere Ausführung geschrieben, in der er Folgendes sagt: „Wache auf, Kirche! Du allein bist das wahre Israel!“ Obwohl er in seinem Buch offen zugibt, dass die Bibelstelle Römer 11, 26 „schon irgendwie ein Problem darstellt“, fährt er jedoch fort und sagt: „... aber ich denke, dass der Herr mir gezeigt hat, wie diese Stelle passen kann.“ Und wie sah die Lösung wohl aus, die ihm der Herr vermeintlicherweise gezeigt hat? „Israel“ in Römer 11, 25 ist ein anderes „Israel“ als in Römer 11, 26! [19] Das würde dann auch bedeuten, dass das „Israel“ aus Römer 11, 26 ein anderes „Israel“ als in den Bibelstellen Römer 9, 3, 27+31 sowie in 10, 1, 16, 19+21 und in 11,

1–2, 7 und in 11, 11 ist, ganz zu schweigen von den übrigen Stellen des gesamten Neuen Testaments! Obwohl dieser Bruder sonst aufrichtig sein mag – Gott hat ihm dies bestimmt nicht gezeigt!

Ein anderer Pastor geht noch weiter: Er schreibt zu Römer 11, 28: „Im Blick auf das Evangelium sind sie zwar Feinde um euretwillen; aber im Blick auf die Erwählung sind sie Geliebte um der Väter willen"), das das Wort „sie" in der ersten Hälfte dieses Verses sich auf jemand anderes als das „sie" in der zweiten Hälfte dieses Verses bezieht! [20] Dieser geschätzte Bruder will die Juden als Feinde des Evangeliums, jedoch nicht als die Auserwählten Gottes betrachten, selbst wenn dies bedeutet, das Wort Gottes in Stücke zu zerteilen und sich in einen hoffnungslosen Balanceakt zu begeben.

An dieser Stelle möchte ich einen Vorschlag machen: Warum nehmen wir nicht ganz einfach die offensichtliche Bedeutung des Textes und geben unsere akrobatischen Auslegungsbemühungen auf?

Gott sucht Gläubige, nicht Akrobaten.

Kapitel 14

„Du sollst nicht stehlen"

Mehr als 1.500 Jahre lang litt ein Großteil der Kirche an einer Identitätskrise. Die jüdischen wiedergeborenen Gläubigen *wurden vom „nicht-jüdischen" Teil des Leibes Christi immerhin als Juden angesehen.* Für sie kam der Druck aus einer anderen Richtung: Andere Juden sagten ihnen, sie seien jetzt keine Juden. Ihre ungläubigen Familien hielten ihretwegen Beerdigungsgottesdienste ab und bezeichneten diese als „meshummadim" „Abgefallene" (wörtlich sogar: „die Zerstörten"). Sie wurden von ihren Müttern, Vätern, Brüdern und Schwestern als Abtrünnige und gemeine Häretiker (Ketzer) angesehen. [1]

Im Herrn jedoch waren sie geborgen. Nicht nur das Neue Testament war jetzt „ihr Buch", nein die ganze Bibel in besonderer Weise. Das „Gesetz" war ihr Gesetz und das Land war ihr Land. Sie waren die geistlichen und die natürlichen Kinder Abrahams. Mose, Elia, David, Petrus, Jakobus und Johannes – sie waren ein Fleisch mit ihnen. Die Patriarchen und Propheten waren ihre Landsleute.

Für die nichtjüdischen Gläubigen in Christus standen die Dinge anders. Sie hatten kaum mit einer von außen in Frage gestellten Identität zu kämpfen, eher mit einer inneren Identitätskrise. Sie waren die Neuen, die Nachkömmlinge, „die geistlichen Emigranten". Neben den Judenchristen fühlten sie sich oft unsicher. (Diese Unsicherheit, gegründet auf Unwissenheit, verleitete viele zur Überheblichkeit.) Im Herrn sind wir natürlich alle gleich – aber auch nur gleich.

„Es ist hier kein Unterschied zwischen Juden und Griechen; es ist über alle derselbe Herr, reich für alle, die ihn anrufen." (Römer 10, 12)

Nicht jeder hat dies angenommen. Jüdische Gläubige fühlten sich als etwas Besseres – obwohl das Wort etwas anderes sagt. (Ich rede hier als jüdischer Gläubiger zu meinen jüdischen geistlichen Brüdern.) Wir haben uns mit dem uns eigenen Stolz schuldig gemacht. Möge der Herr Erbarmen mit uns haben, damit unser fleischliches Vertrauen uns nicht völlig zerstört. Wir brauchen dringend unsere nichtjüdischen Geschwister. Genauso wenig, wie wir der vierte Zweig des Judentums sind, genauso wenig sind wir der „jüdische" Teil des Leibes Christi. Nur gemeinsam mit dem übrigen Teil Seines Leibes sind wir vollkommen.

Was die nichtjüdischen Gläubigen betrifft, so gab es einige unter ihnen, die sich wie Kinder *zweiter Klasse* fühlten, obwohl das Wort so etwas nicht kennt. Für diese unsicheren Gläubigen war es nicht genug, geistlich in Israels Baum gepflanzt zu sein und „an der Wurzel und dem Saft des Ölbaums" (Römer 11, 17) teilzuhaben. Es war nicht genug, Gottes Verheißungen an Israel auf ihr eigenes Leben zu übertragen. Nein! *Sie stahlen Israels Verheißungen.* Als Folge beraubte Satan sie ihrer Verheißungen.

Paulus sah vom Alten Testament her – seiner einzigen Bibel – dass Gott einen Platz für die nichtjüdischen Gläubigen direkt neben dem Volk Israel hat. Paulus hat nicht wahllos die herrlichen Verheißungen für Israels Wiederherstellung in der Zukunft auf die Gemeinde Jesu übertragen. Er sah vielmehr die Kirche Jesu – des Messias Leib, die Versammlung Gottes – zusammengesetzt aus allen Gläubigen: Aus Israel und den Nichtjuden.

Die meisten religiösen Juden waren und sind der Ansicht, dass, solange diese Erde besteht Juden und Nichtjuden niemals zu einer geistlichen Familie zusammengeführt werden können. Paulus empfing eine Offenbarung: Seit das Messianische Zeitalter begann – als

Jesus am Kreuz starb, vom Grab auferstand und zum Himmel fuhr – begann auch die universale geistliche Familie. [2]

> „Denn ich sage: Christus ist ein Diener der Juden geworden um der Wahrhaftigkeit Gottes willen, um die Verheißungen zu bestätigen, die den Vätern gegeben sind; die Heiden aber sollen Gott loben um der Barmherzigkeit willen, wie geschrieben steht: ‚Darum will ich Dich loben unter den Heiden und deinem Namen singen' [Psalm 18, 50]. Und wiederum heißt es: ‚Freut euch ihr Heiden mit seinem Volk!' [5. Mose 32, 43]. Und wiederum: ‚Lobet den HERRN, alle Heiden, und preist ihn, alle Völker!' [Psalm 117, 1]." (Römer 15, 8–11) [3]

Das ist so wichtig! Paulus fand das verborgene „Geheimnis der Gemeinde" in Versen des Alten Testamentes, die von *Israel und den Nichtjuden* sprachen, nicht von Israel allein. Er nahm nicht einfach Israels kostbare Verheißungen und Prophetien und sagte: „Und jetzt gilt alles nur der Kirche!" Nein! Er zitiert 5. Mose 32, 43: „Freut euch ihr Heiden *mit seinem Volk*!" Und doch scheint die weitgehend nichtjüdische Gemeinde diese bis jetzt so zu lesen: „Freut euch ihr Heiden, die ihr den Platz Seines Volkes eingenommen habt."

Es ist wahr, das geistliche Volk Gottes besteht aus den nichtjüdischen Gläubigen in Christus und den jüdischen Gläubigen. Aber *alle* Juden sind das natürliche Volk Gottes. Und die Kirche hat die Juden ihrer göttlichen Verheißungen beraubt.

Wie rechtfertigt aber die Kirche diese Tat mit dem Wort Gottes? Ihr Hauptargument leitet sie ab aus Jesaja 54, 17:

> „Keiner Waffe, die gegen dich bereitet wird, soll es gelingen, und jede Zunge, die sich gegen dich erhebt, sollst du im Gericht schuldig sprechen. Das ist das Erbteil der Knechte des HERRN, und ihre Gerechtigkeit kommt von mir, spricht der HERR."

Alle Gläubigen – das Versende macht es besonders deutlich – haben das Recht, diesen Vers für sich in Anspruch zu nehmen. Auch die Kirche als Ganzes kann es „ergreifen". Aber kein Gläubiger hat das Recht, diesen Vers denjenigen wegzunehmen, dem er von Gott rechtmäßig zugesprochen wurde: Jerusalem!

„Jerusalem?" – Ja! Jerusalem! Die Verheißung beginnt bereits in Vers 11: „O, geplagte Stadt, von Stürmen erschlagen und nicht getröstet, ich werde dich mit Türkissteinen wieder aufbauen und deine Fundamente mit Saphiren." Gott spricht also *zu einer Stadt*.

„Siehe, wenn man kämpft, dann kommt es nicht von mir; wer gegen dich streitet, wird im Kampf gegen dich fallen." (Jesaja 54, 15)

Obwohl das Wort „Stadt" im Hebräischen von Kapitel 54, 11 nicht vorkommt, so ist der Empfänger jener tröstenden Worte (grammatikalisch) weiblich, und zwar durchgehend im ganzen Text. Das Wort „Stadt" ist im Hebräischen weiblich! [4]

Hier ein weiterer Vers, den die Kirche gestohlen hat:

„Vergisst etwa eine Frau ihren Säugling, dass sie sich nicht erbarmt über den Sohn ihres Leibes? Sollten selbst diese vergessen, ich werde dich niemals vergessen." (Jesaja 49, 15) [Elberfelder]

Preis sei Gott für Seine Treue! Er wird uns nie vergessen! Genauso wenig vergisst Er den ursprünglichen Empfänger dieser Verheißung: *Zion*!

„Zion sagt: Verlassen hat mich der HERR, der Herr hat mich vergessen." (Jesaja 49, 14)

„Gott aber spricht: Keineswegs! – Denn: „Siehe, in meine beiden Handflächen habe ich dich eingezeichnet. Deine Mauern sind beständig vor mir." (Jesaja 49, 16) [Elberfelder]

Wieder spricht Er zu der Stadt! (Im Hebräischen wird wieder feminin benutzt.)

Natürlich bezieht sich „Zion" nicht nur auf die buchstäbliche Stadt Davids. Zion repräsentiert die ganze jüdische Nation. Mit der „Mutter Jerusalem" verschwand auch die ganze Nation. So weit hat man es richtig verstanden. Erst in *zweiter Linie* kann Zion auch auf *das gesamte* Volk Gottes bezogen werden. [5] Aber lasst uns als Volk Gottes auch göttlich denken und handeln. „Du sollst nicht stehlen," sagt Er. Es ist genug, wenn sich die Kirche Jesu Christi in diese herrlichen Verheißungen mit einschließt und ihrer nahrhaften Lebenskraft teilhaftig wird. Warum versucht sie diese völlig zu stehlen? Welchen Nutzen hat die Kirche davon? Können Gläubige nicht sicher genug sein, um den Segen des Herrn mit anderen zu teilen?

In Jesaja 60, 1+2 spricht der Prophet:

> „Mache dich auf, werde licht; denn dein Licht kommt und die Herrlichkeit des HERRN geht auf über dir! Denn Finsternis bedeckt das Erdreich und Dunkel die Völker; aber über dir geht auf der HERR und seine Herrlichkeit erscheint über dir."

Was für ein kostbares Wort! Aber an wen ist es gerichtet? Richtig, wieder an Zion! [6] (Und – Sie haben richtig vermutet: Im Hebräischen steht wieder feminin.)

> „Fremde werden deine Mauern bauen ... Deine Tore sollen stets offen stehen ... Es werden gebückt zu dir kommen, die dich unterdrückt haben, und alle, die dich gelästert haben, werden niederfallen zu deinen Füßen und dich nennen *Stadt des Herrn, Zion des Heiligen Israels*." (Jesaja 60, 10, 11+14)

Wie sehr braucht Jerusalem solche Worte!

Ein anderes klassisches Kapitel ist Jesaja 62. Hier bringt der Prophet unaufhörlich Fürbitte vor. Er will in seinem Gebet nicht nachlassen. Für wen betet der Prophet?

> „Um Zions willen will ich nicht schweigen, und um Jerusalems willen will ich nicht innehalten, bis seine Gerechtigkeit aufgehe wie ein Glanz und sein Heil brenne wie eine Fackel." (Jesaja 62, 1)

Lesen wir weiter und beziehen die Aussage auf die Kirche und den irdischen Berg Zion. Beraube einfach nicht ihren irdischen Partner!

> „O, Jerusalem, ich habe Wächter über deine Mauern bestellt, die den ganzen Tag und die ganze Nacht nicht mehr schweigen sollen. Die ihr den HERRN erinnern sollt, ohne euch Ruhe zu gönnen, lasst ihm keine Ruhe, bis er Jerusalem wieder aufrichte und es setze zum Lobpreis auf Erden!" (Verse 6+7)

Hierfür zu beten ist etwas sehr Wertvolles! [7]

Hier eine Verheißung für das Land Zion:

> „Man soll dich nicht mehr nennen ‚Verlassene' und dein Land nicht mehr ‚Einsame', sondern du sollst heißen ‚hefzibach' [‚Mein Gefallen an/in ihr'] und zu deinem Land ‚be'ulah' [‚Vermählte'] ..." (Jesaja 62, 4)

Hier eine Verheißung für das Land Zion:

> „Man wird sie nennen ‚Heiliges Volk', ‚Erlöste des HERRN' ..." (Jesaja 62, 12a)

Und hier ist eine Verheißung für Zion selbst:

„... und dich wird man nennen ‚Gesuchte' und ‚Nicht mehr verlassene Stadt'." (Vers 12b)

Wenn mit „Zion" *in erster Linie* die Kirche gemeint wäre, wo ist dann das Land Zions, wer oder was wären ihre Mauern, und wer ist ihr Volk? Wir können alle Arten von geistlicher Anwendung machen. Alle Gläubigen haben ein Recht, Verheißungen geistlich auf sich zu beziehen. Aber wir müssen uns immer vor Augen halten: *Diese Verheißungen gelten buchstäblich für Zion!* Die Wiederherstellung Jerusalems wird einmal sehr herrlich sein!

Jesaja 41, 10 ist eine weitere wertvolle Schriftstelle:

„Fürchte dich nicht, ich bin mit dir; weiche nicht, denn ich bin dein Gott. Ich stärke dich, ich helfe dir auch, ich halte dich durch die rechte Hand meiner Gerechtigkeit."

Hier erscheint im Hebräischen die (grammatikalische) männliche Form! Der Herr spricht hier *nicht* zur Stadt. Er spricht hier zu dem Volk!

„Du aber, Israel, mein Knecht, Jakob, den ich erwählt habe, du Spross Abrahams, meines Geliebten, den ich fest ergriffen habe von den Enden der Erde her und berufen von ihren Grenzen, zu dem ich sprach: Du sollst mein Knecht sein; ich erwähle dich und verwerfe dich nicht." (Jesaja 41, 8–10)

Das ist der einzige Grund, warum es überhaupt noch Juden gibt!

Lassen Sie mich nun als jüdischer wiedergeborener Gläubiger zu meinen nichtjüdischen, geistlichen Geschwistern sprechen: Wir sind bereit, diese Verheißungen mit Ihnen zu teilen. Aber bitte, lassen Sie sie auch unseren natürlichen Geschwistern. Sie brauchen sie auch! Bald werden auch sie wieder mit „eingepfropft" werden.

Die Kirche hat somit gegen das achte Gebot verstoßen. Auch der Teufel hat dies Gebot gebrochen. Aber damit nicht genug, dass er viele Gläubige dazu gebracht hat, dass sie die Israel gegebenen Verheißungen nicht länger für dies Volk gelten lassen wollten, nein, er hat diese Gläubigen auch blind gemacht: Sie sehen die Erfüllung der größten Prophetie, die je innerhalb von 2000 Jahren gegeben wurde, nicht. Es ist die Wiederherstellung der Nation Israel! Wer hätte – bevor sie Wirklichkeit wurde – je damit gerechnet?

Allein die Tatsache, dass die Juden einen solch langen Zeitraum überlebten, ist schon ein außergewöhnliches Wunder. Kein anderes Volk ist jemals vollständig aus seinem eigenen Land vertrieben worden und hat dann Jahrhunderte lang in der Fremde überlebt ohne völlig von den anderen Völkern aufgesaugt zu werden. Trotz zahlloser Voraussetzungen, als eigenes Volk in anderen Völkern aufzugehen, haben die Juden es dennoch fertiggebracht, ihre *Eigenständigkeit* zu bewahren. (Oder richtiger ausgedrückt: Gott hat es für die Juden fertiggebracht.) Aber es gibt ein noch größeres Wunder: Nicht nur, dass die Juden als Volk überlebt haben. Nach Jahrhunderten in der Fremde sind sie in das angestammte Land ihrer Väter zurückgekehrt und haben ihren eigenen Staat gegründet. *Die Bibel sagte voraus, dass dies einmal geschehen wird.* Was die Propheten einst vorhersagten, hat sich buchstäblich erfüllt! Und wer hätte je geglaubt, dass die Sprache dieses wiederauferstandenen Volkes wieder Hebräisch sein wird? Unser Gott ist ein mächtiger Gott!

Als Jesaja, Jeremia und Hesekiel prophezeiten, dass ihr Volk aus Babylon und aus den restlichen Teilen der Welt, wohin sie zerstreut wurden, herausgeführt werden soll, so bezogen diese Propheten es auf das jüdische Exil zu ihrer Zeit. Ihre Worte erfüllten sich jedoch nie. Nur einige der Verbannten kehrten zurück, und ihre Rückkehr war alles andere als glorreich. Die Mehrheit der Juden blieb zerstreut in alle Teile der Welt, ihre Ausbreitung nahm sogar in jeder neuen Generation zu. Nun aber, d. h. in den letzten 100 Jahren,

– und dies ist eine interessante Parallele zur Wiederherstellung der Kirche – sagte Gott: „Es ist an der Zeit!" [8]

Allein von 1948 bis 1964 kehrten Juden in ihr ursprüngliches Land zurück aus: Schweden, Belgien, Großbritannien, Holland, Deutschland, Polen, Frankreich, Schweiz, Spanien, Tschechoslowakei, Österreich, Ungarn, Rumänien, Bulgarien, Griechenland, Jugoslawien, Italien, Türkei, Syrien, Irak, Iran, Afghanistan, Jemen, Aden, Ägypten, Libyen, Tunesien, Algerien, Marokko und Russland – um nur die Staaten zu nennen, die Israel am nächsten liegen! Dies ist die Hand Gottes! [9]

In dieser heutigen Zeit wird das Evangelium überall in der Welt verkündigt. Jesaja spricht aus, dass sich Israel aus den Nationen heraus wieder versammeln wird, „die Wurzel Isais" wird als Zeichen für die Völker dastehen:

„Und der Herr wird zu der Zeit zum zweiten Mal seine Hand ausstrecken, dass er den Rest seines Volkes loskaufe, der übriggeblieben ist in Assur, Ägypten, Patros [= Oberägypten], Kusch [= Äthiopien; die äthiopischen Juden und ihre Sammlung ist ziemlich bekannt], Elam, Schinar [= Babylonien], Hamat und auf den Inseln des Meeres [= die Inseln und Küstengebiete des Mittelländischen Meeres]. Und er wird ein Zeichen aufrichten unter den Völkern und zusammenbringen die Verjagten Israels und die Zerstreuten Judas sammeln von den vier Enden der Erde." (Jesaja 11, 11–12)

Diese Verse erinnern sehr an Römer 11, 25+26! So wie Gott die Ernte unter den Nichtjuden (= „Nationen" in der hebräischen Sprache) einbringt, genauso sammelt Er die Verstreuten Israels aus allen Teilen der Welt. [10] Wir leben in *dieser Zeit*.

Es gibt einige Christen, die dem widersprechen und argumentieren: „Aber die Juden sind im Unglauben in das Land zurückgekehrt. Das Gesetz, spricht aber davon, dass sie zuerst Umkehren müssen.

Also kann der heutige moderne Staat Israel nicht die Erfüllung der Prophetien sein." [11]

Das ist aber nur ein Bruchteil dessen, was die Schrift sagt. Dem Wort entsprechend, würde der Herr sie wieder in ihr Land zurückbringen, wenn die Juden, die verstreut in aller Welt leben, Buße tun und sich wieder Gott zuwenden würden (5. Mose Kapitel 30). Weil sie nun als gesamte Nation nicht Buße taten, hatten sie auch für mehr als 1900 Jahre kein Heimatland mehr. Aber es kommt eine Zeit, wo Gott selbst sagt: „Genug! Bis hierher!" Eine Zeit kommt, in der ER handeln muss – um der Ehre seines eigenen Namens willen; ER konnte nicht noch länger zögern:

„... So spricht Gott der HERR: Ich tue es nicht um euretwillen, ihr vom Hause Israel, sondern um meines heiligen Namens willen, den ihr entheiligt habt unter den Heiden, wohin ihr auch gekommen seid. ... Denn ich will euch aus den Heiden herausholen und euch aus allen Ländern sammeln und wieder in euer Land bringen, und ich will reines Wasser über euch sprengen, dass ihr rein werdet ... Und ich will euch ein neues Herz und einen neuen Geist in euch geben und will das steinerne Herz aus eurem Fleisch wegnehmen und euch ein fleischernes Herz geben. Nicht um euretwillen tue ich das, spricht Gott der HERR, das sollt ihr wissen, sondern ihr werdet euch schämen müssen und schamrot werden, ihr vom Hause Israel, über euren Wandel." (Hesekiel 36, 22–32)

Die Wiederherstellung Israels als physische Nation kommt zuerst – und zwar nicht wegen seiner guten Taten. Wenn sie wieder im Land sind, folgt die geistliche Wiederherstellung.

„Aber das Geistliche ist nicht zuerst, sondern das Natürliche, danach das Geistliche." (1. Korinther 15, 46 [Elberfelder])

Das „Natürliche" ist schon geschehen; das „Geistliche" wird gewisslich folgen.

Bemerken wir die Strategie des Teufels? Vielen Christen hat er das tiefere Verständnis für die natürlichen Dinge geraubt, darum glauben sie auch nicht, wenn Gott geistlich etwas tut: Als der Herr das größte Wunder in unserer modernen Zeit tat, nämlich die Nation Israel wiederauferstehen zu lassen – selbstverständlich mit menschlicher Beteiligung, so handelte Gott ja schon so oft – da trat Satan auf den Plan und sagte: „Das ist doch kein Wunder! Das ist ganz einfach eine menschliche politische Entwicklung!" Satan *hasst* immer das, was Gott tut, so auch hier! Ich bin mir sicher, dass er genau dieselbe Lüge in die Ohren der Juden flüsterte, die zur Zeit des Perserkönigs Cyros in Babylon im Exil lebten. Cyros erließ im Jahr 538 ein Dekret, das den Juden erlaubte, „nach Jerusalem zurückzukehren und den Tempel des Herrn, des Gottes Israels, wieder aufzubauen."

Seine Lüge lautete: „Dies Dekret ist eine Sache der Politik. Gebt bloß nicht Gott dafür die Ehre! Und was ist überhaupt falsch mit Babylon?"

In unseren Tagen findet ein übernatürlicher Auszug der Juden aus den Staaten der ehemaligen Sowjetunion statt. Russische Juden *fluten* förmlich in das Land Israel. [12]

Hier findet die Prophetie Jeremias ihre Erfüllung, der davon spricht, dass ein noch größerer Exodus stattfinden wird, als der Auszug des Volkes Israels aus Ägypten (Jeremia 16, 14+15 / 23, 7+8). Der Teufel schreit förmlich: „Das hat nichts mit der Bibel zu tun!"

Warum ist er so verzweifelt? Ganz einfach: Der Teufel versucht immer, unseren Glauben auszulöschen. Ständig versucht er, die Werke des Herrn zu leugnen und uns davon zu überzeugen, dass sie nicht real seien. Er macht es so bei jedem genialen Wunder unseres Gottes: Er hat immer eine natürliche Erklärung dafür! Wenn es aber um Israel geht, dann fängt er wirklich an, wild mit den Füßen zu scharren. Seine Pfeile sind dann unendlich viel größer.

Vor dem Jahr 1948 war es für ihn viel einfacher, Gottes Verheißungen für Israel zu leugnen. Und davor war es auch nicht so schwer für ihn, die weltweite Kirche Jesu mit dem Gedanken irrezuführen, dass sie von sich meinte, sie hätte die Stelle Israels eingenommen. Aber als dann der Staat Israel Wirklichkeit wurde, war es schon schwerer für ihn geworden. Satan weiß aber auch, was noch kommen wird. Ein gewaltiger Glaubenskampf steht unmittelbar bevor: *Der Kampf um die Errettung des jüdischen Volkes.* Ernste und treue Gebete der Gläubigen sind wichtig und unbedingt nötig.

Also lassen Sie uns einen Moment lang innehalten: Wir haben allen Grund, *er*mutigt zu sein; also versucht der Teufel, uns zu *ent*mutigen. Gott hat verheißen, dass Israel als Nation neu entstehen wird. Es ist so passiert, wie Er es vorhergesagt hat: Der Staat Israel wurde gegründet. Er sprach davon, dass seine verstreuten Kinder sich wieder neu in ihrem eigenen Land sammeln werden. Auch dies ist so geschehen, wie Er es verheißen hat. Und Er hat auch verheißen, dass Seine Kinder, sobald Er sie wieder zurück in ihr Land gebracht hat, eine geistliche Neugeburt erleben werden. Dies wird geschehen, genauso, wie Er es verheißen hat. Genauso sicher, wie die Nation Israel existiert, genauso wird sie auch errettet werden.

Der Herr erhebt Seine Stimme und ruft: „Meine Kinder, glaubt meinem Wort!" Auch Satan erhebt seine Stimme und kreischt hysterisch: „Glaubt es nicht. Es ist nicht das Wort Gottes!" Und warum versucht der Teufel so verzweifelt, uns den Glauben an die Errettung des jüdischen Volkes zu rauben? *Er selbst kennt den Grund genau.*

Kennen wir ihn auch?

Kapitel 15

Ein teuflischer Plan

Mit jeder Faser seines verdorbenen und finsteren Wesens verachtet der Teufel die Juden. Er hasst sie mit einem vollkommenen Hass. Sein Ziel ist ihre totale Zerstörung. *Er* ist der Urheber des Geistes des Antisemitismus. Es gibt keine andere Erklärung für die bösartige Feindschaft, die von so vielen verschiedenen Menschen in so vielen verschiedenen Ländern durch so viele Jahre hindurch auf die Juden geschleudert wurde. [1]

Warum die Juden? Diese Frage wurde wohl schon unzählige Male gestellt, und unzählige Antworten wurden schon gegeben. Einige meinen, dass die christliche Kirche selbst der Hauptgrund für den Antisemitismus ist, hat sie doch die Juden beschuldigt, Gott getötet zu haben, und so für alle Zeiten aus der Gnade Gottes gefallen zu sein. [2] Diese Theorie erklärt aber nicht den real existierenden Antisemitismus in den nicht-christlichen Staaten, wie z. B. Japan oder Iran, auch trägt sie der Tatsache nicht Rechnung, dass es ihn schon *vor der Entstehung des Christentums* gab. [3] Jerusalem und das jüdische Volk standen schon lange bevor Jesus in diese Welt kam auf der Hitliste Satans! (Beispiele hierfür sind Esra 4, 12–16 und das Buch Esther.)

Einige Gelehrte haben behauptet, dass die Juden deshalb so leiden mussten, weil die Menschen in jeder Generation einen „Sündenbock" brauchen. Wenn Dinge sich verkehrt entwickeln, beschuldigt der Mensch gern andere, statt die Ursachen bei sich selbst zu suchen. [4] Dies Argument weicht aber der ursprünglichen Frage eher aus, als sie zu beantworten. Warum sind denn nun immer die Juden überall auf der Welt die „Sündenböcke"? Warum wurden sie verantwortlich gemacht für die Ausbreitung des „Schwarzen Todes" (= der Pest) und von AIDS, warum sind sie angeblich Schuld an den wirtschaftlichen Problemen im kommunistischen Russland und im kapitalistischen Amerika, warum sind sie es, die vermeintlich sowohl in der katholischen Kirche als auch in der protestantischen Welt Probleme bereiten? Warum immer die Juden? [5]

Sollten sie etwa selbst die Schuld für die Entstehung des Antisemitismus tragen? Sind die Juden verächtlicher oder widerlicher als jedes andere menschliche Geschöpf? Wohl kaum! Es mag zwar sein, dass wir Juden in dem Ruf stehen, stur, unverträglich, geldgierig und stolz zu sein, aber derartige „Qualitäten" sind auch bei zahlreichen Nichtjuden anzutreffen! [6] Und es gibt genügend freundliche und sanftmütige Juden auf der ganzen Welt. Selbst wenn wir Juden manchmal halsstarrig sind, so rechtfertigt dies nicht die negativsten Gefühle, die uns entgegengebracht werden. Dies erklärt auch nicht annähernd den mit rationalen Gründen nicht nachvollziehbaren mörderischen Hass, der uns entgegenschlug, wo auch immer wir uns all die Jahrhunderte hindurch niederließen. [7]

Andere argumentieren, der Grund für die weltweite Verfolgung der Juden sei die *Einzigartigkeit des Judentums*. [8] Religiöse Juden nehmen für sich in Anspruch, das einzig auserwählte Volk zu sein, und dies beleidigt die übrigen Völker dieser Welt. Jüdische Gesetze und Traditionen machen sie zu einem abgesonderten Volk. Das brüskiert ihre nichtjüdischen Nachbarn. Juden glauben, dass es nur einen einzigen wahren Gott gibt, einen heiligen Gott, der hohe ethische Standards setzt und entsprechende Gesetze gegeben hat. Das klagt die übrigen Völker konsequenterweise des Götzendienstes und der ständigen Übertretungen dieses Gesetzes an. Niemand wird gern angeklagt. Weil jüdische Bräuche nun einmal so besonders sind und weil Juden außergewöhnlich gern und viel Studien betreiben, tendieren sie dazu, auch in den anderen Bereichen ihres Lebens genau zu sein, was manches mal auch zu wirtschaftlichem Erfolg geführt hat. Dies macht andere natürlich eifersüchtig.

Selbst diese Theorie mit all ihren offensichtlichen Wahrheitsansätzen hat Löcher. [9] Warum werden auch *die säkularen* Juden gehasst? Warum werden auch *gewöhnliche* Juden, durchschnittliche Mitbürger, die nichts Herausragendes haben, „normale" Mitglieder ihrer Gesellschaft, genauso verfolgt? Und warum werden Juden vermeintlich wegen ihres Monotheismus mit seinen hohen ethischen Forderungen ausgerechnet von muslimischen Gläubigen verfolgt? Auch Moslems glauben an nur einen einzigen Gott, der hohe ethische Maßstäbe und entsprechende Gesetze hat. Auch ihre Traditionen führen dazu, sich von anderen abzugrenzen. Und trotzdem werden die Moslems nicht weltweit verfolgt!

Nein, es ist gewiss nicht nur die Einzigartigkeit des Judentums, die zum weltweiten Antisemitismus geführt hat. Tatsache ist, dass, wenn das traditionelle Judentum korrekt von den Juden gehalten worden wäre, dies zu weltweiter Achtung und Anerkennung des jüdischen Volkes geführt hätte, vergleichbar mit der Stellung und dem Ruf des jüdischen Volkes in den Tagen Davids und Salomos. Die Tora sagt ganz eindeutig aus, dass der Gehorsam dem Gesetz Gottes gegenüber zum Segen Israels *in dieser Welt* führen würde. Wenn wir jedoch die schmerzvolle Geschichte des jüdischen Volkes betrachten, sehen wir Jahrhundert über Jahrhundert den Fluch des Bundes, nicht den Segen. Vergleichen wir einmal den im 28. Kapitel des fünften Buches Mose beschriebenen Fluch mit der Geschichte Israels. Wir können nur diese eine nicht zu leugnende Schlussfolgerung ziehen: Die Geschichte des jüdischen Volkes ist nicht annähernd mit den Segnungen vergleichbar, die ihm im Bund Gottes verheißen wurden. [10]

Natürlich werden jüdische Gelehrte und Leiter wütend, wenn sie solche Aussagen hören, ich persönlich kann das auch ganz gut nachvollziehen! [11] Genau dies war ja für 15 schreckliche Jahrhunderte die „christliche" Position. Nach jüdischem Empfinden bringt uns jeder

Bezug auf „unter Gottes Fluch zu sein"' wieder in die dunkelsten Jahre der christlichen Kirche zurück, anstatt nach vorn in ein beiderseitiges Annehmen und Verstehen. Der fatale Irrtum der Kirche Jesu war nicht, dass sie glaubten die Juden seien wegen ihrer Ablehnung des Messias *zeitweilig* bei Gott in Missgunst geraten. Nein! Dies hätte ein starkes Mitgefühl und eine große Barmherzigkeit für das jüdische Volk hervorgerufen. Die Kirche hat den verhängnisvollen Fehler begangen, zu glauben, dass Gottes Ungnade gegenüber Israel permanent sei! *Selbst als auserwähltes Volk hat Israel wegen seines nationalen Ungehorsams schweres Leid ertragen müssen.*

Kann man beim aufrichtigen Lesen des Alten Testaments zu einer anderen Schlussfolgerung kommen? Ist der mosaische Bund nicht eindeutig? Man kann zwar einerseits auf Beispiele einzelner im Volk Israel hinweisen, die scheinbar *unverschuldet* Leid trugen. Eine andere Sache ist es jedoch zu behaupten, dass das nationale, gehorsame Israel unerklärliches Leid trägt. Der Bund Gottes mit seinem Volk war absolut: Nationaler Gehorsam führt zu nationalem Segen. [12] Und doch waren manchmal die Zeiten des größten jüdischen Leides gerade Zeiten des besonderen nationalen Festhaltens am Judentum. [13]

Wenn die Leiter des traditionellen Judentums mit ihrer Ablehnung des Anspruchs Jesu, der Messias zu sein, *richtig* gehandelt hätten und wenn sie Ihm zu Recht ihren entschiedenen Widerstand entgegengebracht hätten, so wären sie von Gott dafür *belohnt* worden. Vom mosaischen Bund her wären sie dafür gesegnet worden! Stattdessen begann das Leid für das jüdische Volk erst, *nachdem* sie den Messias Jesus ablehnten. [14]

Ist also ganz einfach der Ungehorsam der Juden der Grund für den gesamten Antisemitismus? Dies wäre eine grobe und ungerechte Vereinfachung. [15] Der Hass gegen die Juden war zu intensiv, zu grausam, zu weltumspannend, zu zerstörerisch, um ihn nur mit Begriffen wie göttliches Strafgericht erklären zu können. Yossel Rakovers Gebet während des Holocaust drückt die Tiefe dieser Frage so schmerzlich treffend aus:

„Du sagst es, und ich weiß es, dass wir gesündigt haben, O Herr. Und es ist auch gewisslich wahr! Und deshalb werden wir bestraft? Ich kann es auch verstehen! Aber ich wollte dies gern von Dir erfahren, o Gott: *Wo in der Welt gibt es eine Sünde, die solch eine Strafe verdient, wie wir sie erhalten haben?*" [16]

Der Antisemitismus hat die Grenzen göttlichen Strafgerichts und göttlicher Züchtigung deutlich überschritten. Die Ursprünge des Judenhasses *sind* übernatürlich – aber nicht von oben.

Nein, es ist nicht einfach das Christentum, oder das Bedürfnis einen „Sündenbock" zu finden, oder die unschönen Seiten der jüdischen Persönlichkeit, oder die Möglichkeit jüdischen Erfolges, oder die Einzigartigkeit des Judentums, oder göttliche Züchtigung, die allein für den Antisemitismus verantwortlich sind. Keine dieser Theorien erklärt ihn voll und ganz, obwohl jeder dieser Aspekte einen Teil der Wahrheit beinhaltet.

Es gibt real nur eine einzige Antwort, um den Antisemitismus zu erklären: *Der Teufel hasst die Juden. Sein Wahnsinn, seine Natur offenbart sich in der Art und Weise, wie er das jüdische Volk behandelt und behandelt hat.* Wenn auch viele andere Nationen und Rassen seinen wütenden Zorn gespürt haben, niemand hat ihn so oft, so kontinuierlich und so mächtig zu spüren bekommen, wie die Juden.

Nur vom natürlichen Standpunkt aus gesehen ist der Holocaust nicht zu erklären. Es war eine größere Macht am Werk, die die Nationalsozialisten hervorgerufen und angetrieben hat. Die Worte Adolf Eichmanns zum Ende des Zweiten Weltkriegs gesprochen, entziehen sich jeglicher menschlichen Beschreibung:

„Ich werde lachend in mein Grab springen, weil das Gefühl, dass ich den Tod von 5 Millionen Menschen auf dem Gewissen habe, für mich eine Quelle außergewöhnlicher Befriedigung sein wird." [17]

Das Leid der Juden und ihre Qualen hatte für die Nazis lediglich einen *Unterhaltungs*charakter.

Elie Wiesel schreibt hierüber:

„Man stelle sich vor: Der Oberrabbiner der Stadt wird von deutschen Offizieren gezwungen, den Bürgersteig sauberzumachen, er muss ihn mit seinem Bart fegen. Und Drumherum: Stolze Soldaten, Krieger, die sich mit ihren Siegeszügen brüsten, johlend schlagen sie sich auf ihre Schenkel. Man stelle sich weiter vor: Ein hervorragender Offizier, ein Mann aus gutem Hause, befiehlt jüdischen Kindern, wie Hasen zu laufen, dann zieht er seinen Revolver und fängt an, auf die verängstigten lebenden Ziele zu schießen. Er mäht die sich zerstreuenden Kinder förmlich nieder. Man stelle sich weiter vor: Nein, lasst uns nichts Weiteres mehr vorstellen. In jenen Tagen besaßen die Exekutoren mehr Einfallsreichtum als ihre Opfer." [18]

Diejenigen, die ihre Opfer exekutierten, waren auf eine satanische Art und Weise kreativ. Wiesel fährt fort:

„Sie benutzten jede erdenkliche Technik, alles, was die Wissenschaft hergab. Unter ihnen waren Philosophen und Psychologen, Ärzte und Künstler, Experten aus dem Management und Spezialisten im Vergiften des Verstandes." [19]

Alle diese Menschen wurden getrieben, sie alle wurden von einem inneren Zwang geleitet, sie alle gaben sich der Entwürdigung, der Erniedrigung und der Ausrottung der Juden hin. Gestern noch waren sie Nachbarn und Freunde!

Als die Nazis alle Patienten des Krankenhauses im Ghetto von Lodz ermordeten, warfen sie *neugeborene Babys* aus den Fenstern der oberen Stockwerke. Zarte jüdische Kinder wurden auf dem Bürgersteig zerschmettert! Aber für einen noch jugendlichen SS-Mann war selbst dies nicht ausreichend. Er bat um Erlaubnis – die ihm auch gewährt wurde – die herunterfallenden Babys mit seinem *Bajonett* aufzufangen. Kennt die aus der Hölle kommende Verdorbenheit Grenzen? [20]

Die Schrecken der Chmjelnizki-Massaker in Ost-Europa, in dessen Verlauf in den Jahren 1648 bis 1656 über 100.000 Juden ihr Leben verloren, können nicht anders als dämonisch inspiriert sein. Was sonst sollte bäuerlichen Pöbel motivieren, Schwangeren die Bäuche aufzuschlitzen, ihre Hände abzuhacken, um sie hilflos zu machen, um dann lebende Katzen in den Bauch mit einzunähen – nur, weil sie Jüdinnen waren. [21]

Wenn der Teufel selbst, *der Vater der Lüge*, letztendlich nicht für den Antisemitismus verantwortlich ist, warum haben dann so viele Menschen derart *lächerliche* antijüdische Lügen geglaubt, Lügen über die man in einem anderen Zusammenhang lachen würde? Es sind nicht nur unwissende oder ungebildete Menschen, die übertölpelt wurden, sondern auch politische Führer, gesellschaftliche Leiter, geistliche und intellektuelle Größen – alle wurden getäuscht. [22]

Warum war ein so brillanter (und anti-christlicher) Philosoph wie Voltaire so rücksichtslos anti-semitisch eingestellt? Seiner Meinung nach bestand das Verbrechen der Juden „allein darin, dass sie geboren wurden."

Er schrieb:

„Mit den frechen Fabeln, die es über euch gibt, mit eurem schlechten Verhalten und mit eurer Barbarei habt ihr alle anderen Nationen übertroffen. Ihr verdient es, bestraft zu werden, dies ist eure Bestimmung." [23]

Warum sprach ein so frommer Mönch wie Bernhard von Clairvaux mit einer derartigen Feindseligkeit zu den Menschen, die er eigentlich beschützen sollte? [24] Warum glaubte ein so begabter *Komponist* wie Richard Wagner, dass die jüdische Rasse „der geborene Feind des reinen Humanismus und allem was edel im Menschen ist"? [25] (Übrigens haben gerade die Juden sich in der Musik und in anderen Künsten hervorgetan.) Warum hatte der anerkannte Geschichts-Professor Arnold Toynbee einen nicht zu leugnenden „blinden Fleck", wenn er auf die Juden zu sprechen kam? Er behauptete, dass die jüdische Geschichte seit der Geburt des Christentums und des Islams das „klassische Beispiel von Perversion" sei, und dass die jüdischen Zionisten „Anhänger der Nationalsozialisten" gewesen seien. [26]

Ein Philosoph wie Voltaire, der an die Existenz eines höheren Wesens glaubte, Bernhard von Clairvaux, der katholische Heilige, Wagner, der Opernkomponist und Toynbee, der Welthistoriker (um nur eine symbolische Auswahl zu nennen) [27], sie alle sind durch die vom Teufel stammende Galle vergiftet worden. Diese Galle hat ihr ganzes Denk- und Lehrsystem beeinflusst!

Wenn es letztendlich nicht das personifizierte Böse ist, welches für den Antisemitismus verantwortlich ist, wie kommt es dann, dass jüdische *Friedhöfe* in Kanada, London, Frankreich, Italien, Tschechoslowakei und in Israel geschändet wurden – alle im Jahr 1990! [28] Was sonst inspirierte junge französische Rowdys, die Leiche eines erst vor kurzem begrabenen achtzig jährigen jüdischen Mannes auszugraben um ihn mit einem Sonnenschirm zu verletzen? *Taten wie diese sind in der Hölle geboren.*

Auch wenn Menschen anderer Rassen zeitweise und zu bestimmten Gelegenheiten Qualen und Brutalität ausgesetzt gewesen sind, so ist es für die Juden zur Gewohnheit geworden. Eigentlich ist es für sie in fast jedem Jahrhundert *die Norm* gewesen. Raymond Barre, der ehemalige Premierminister Frankreichs, gab einmal eine Erklärung ab, die charakteristisch ist für die Meinung der gesamten Welt über die Juden. Er „beschrieb den Bombenanschlag auf eine Pariser Synagoge als ein Ereignis, welches ‚zwar Juden treffen sollte, die auf dem Weg zur Synagoge waren, aber unschuldige Franzosen getroffen hat.'" [29] Mit anderen Worten: die Juden hätten es verdient gehabt! *Der Antisemitismus ist außer Kontrolle geraten.*

Schließen Sie bitte für einen Moment Ihre Augen und hören auf den pulsierenden Rhythmus des „Hasst-die-Ju-den"-Gesangs, der die Nationen der Welt gefangen nimmt. Die Muslime tanzen zu seinem Takt. Dem kommunistischen China ist seine Melodie wohl vertraut. Europa bewegt sich nach seinem vorgegebenen Tempo. Einige Amerikaner summen mit. Die „Kirche" hat ihm seinen Text geschrieben. Und der Teufel dirigiert sie alle!

Der Hass gegen die Juden ist der Nährboden, auf dem der Islam gedeiht. [30] Die arabischen Nationen erwarten gespannt den „Jihad" (Heiliger Krieg). Es muss doch ein Sündenbock gefunden werden, den man für die aktuelle Krise im Mittleren Osten verantwortlich machen kann. Israel kommt da gerade recht! Warum sollten Asien und Afrika sich mit Israel solidarisch erklären? Warum sollte sich Süd-Amerika mit den Juden vereinen? Was wird die U.S.A. dazu bringen auch weiterhin treu zu Israel zu halten? Warum sollte Russland freundschaftlich mit der Nation umgehen, die der Feind all seiner Freunde des Nahen Ostens ist? Der Teufel versucht, alle Nationen davon zu überzeugen, dass Israel das zentrale Problem ist: „Es ist an der Zeit, die Juden loszuwerden!"

Warum verachtet der Teufel die Juden mit so großer Leidenschaft? Einerseits spiegelt sein Hass gegen die Juden seinen Hass gegen Gott selbst wider. Die Juden sind Gottes auserwähltes Volk! Indem er ihnen wehtut, versucht er auch den Herrn selbst zu verletzen und nimmt so Rache für seine eigene Bestimmung zum Tod. Sein Versuch die Juden zu vernichten ist der Versuch, den Herrn zum Lügner abzustempeln, da unser Gott ja in Seinem Wort geschworen hat, dass dies Volk nie und nimmer zerstört werden soll. Wenn Israel sich nicht mehr darum bemüht, als ausgesondertes Volk Gottes zu leben, so wird – oder kann – Gott nicht mehr Seine Verheißung wahr machen. Das würde bedeuten, Er war entweder nicht mächtig genug oder Er hatte gelogen!

Es gibt aber noch einen weiteren Grund weshalb der Teufel die Juden verachtet: *Die Errettung Israels geht einher mit der Wieder-*

kunft Jesu, mit der Auferstehung der Gerechten, mit der Erweckung der weltweiten Kirche und mit der Neuschaffung der Erde! [31] Die Erfüllung der Bestimmung der Juden würde das Schicksal des Teufels endgültig besiegeln. Ja, es wird kommen: „Der Gott des Friedens aber wird den Satan unter eure Füße treten in Kürze." (Römer 16, 20)! Der Teufel weiß es und windet sich schon! Die Zeit, in der Israel von Gott geehrt werden wird, steht kurz bevor – Satan weiß es und quiekt schon vor Angst!

Der Countdown hat begonnen.

Kapitel 16

Leben aus dem Tod

„Hosianna dem Sohn Davids! Gelobt sei, der da kommt in dem Namen des Herrn! Hosianna in der Höhe!"

Mit diesen Worten der Begeisterung und Erwartung grüßte die Menge Jesus, der auf Seinem Weg nach Jerusalem war (Matthäus 21, 9). [1] „Dies ist der Tag des Heils! Dies ist der Tag der Befreiung! Dies ist der Tag, nach dem wir uns gesehnt haben! Der Messias ist gekommen, um uns frei zu machen. Er ist gekommen, er ist endlich gekommen!" Es dauerte keine Woche, da war der Herr der Herrlichkeit an ein Kreuz genagelt und sogar seine treuesten Jünger ließen ihn im Stich.

Aber schon sehr bald wird Er wiederkommen – nach Jerusalem! Und dieses Mal wird sich die Szene wiederholen. *Aber Er wird solange im Himmel verweilen, bis Jerusalem Ihn willkommen heißt. So wird und so muss es sein!*

König David musste von Jerusalem fliehen als sein Sohn Absalom ihm den Königsthron streitig machte. Erst nachdem Absalom getötet wurde konnte David wieder dorthin zurückkehren.

„Als Israel geflohen war, ein jeder in sein Zelt, stritt sich alles Volk *in allen Stämmen Israels*, und sie sprachen: Der König hat uns errettet aus der Hand unserer Feinde und uns erlöst aus der Hand der Philister und hat jetzt aus dem Land fliehen müssen vor Absalom. Aber Absalom, den wir über uns gesalbt hatten, ist gefallen im Kampf. Warum seid ihr nun so still und holt den König nicht wieder zurück?" (2. Samuel 19, 10+11)

David jedoch wollte etwas mehr und schickte eine Botschaft durch die Priester:

> *„Redet mit den Ältesten in Juda und sprecht:* Warum wollt ihr die Letzten sein, den König zurückzuholen in sein Haus, wo doch das Wort von ganz Israel bereits zum König in sein Haus gekommen ist? *Ihr seid meine Brüder von meinem Gebein und Fleisch; warum wollt ihr denn die Letzten sein, den König zurückzuholen?"* (2. Samuel 19, 12+13)

Diese Worte haben prophetische Bedeutung!

In der ganzen Welt rufen die Gläubigen: „Maranatha! Herr, komme bald!" In jeder Nation gibt es Menschen, die für die Wiederkehr des Messias beten. Aber Er wartet noch auf ein für Ihn wichtiges Geschehen: *Seine Brüder müssen Ihn erwarten.* Erst dann wird Er kommen. Jerusalem – stellvertretend für Israel und das jüdische Volk stehend – muss Ihn willkommen heißen. Unser jüdischer Erretter sendet diese Botschaft durch die Kirche: „Ihr seid meine Brüder. Ihr seid von meinem Fleisch und Blut. Warum wollt ihr die Letzten sein, den König zurückzuholen?" Israel, die Welt wartet auf dich! [2]

Wenn der Herr einst mit den Wolken wiederkommen wird, so sagt es Johannes, „werden Ihn sehen alle Augen ..." (Offenbarung 1, 7). Zu Jerusalem spricht Jesus:

> „Siehe, euer Haus soll euch wüst gelassen werden. Denn ich sage euch: Ihr werdet mich von jetzt an nicht sehen, bis ihr sprecht: Gelobt sei, der da kommt im Namen des Herrn!" (Matthäus 23, 38+39) [3]

Er muss erst *von Seinem eigenen Volk* als Messias empfangen werden, bevor Er nach Jerusalem zurückkehren wird. Nur die Familie Davids kann den Sohn Davids in der Stadt Davids willkommen heißen.

Folgende Schlussfolgerung ist unabdingbar: Wenn *jedes Auge* Ihn sehen wird, wenn Er wiederkommt, Jerusalem ihn aber *nicht sehen wird*, bevor sie Ihn nicht willkommen heißen, solange wird *kein Auge* ihn sehen, bis Jerusalem Ihn angenommen hat!

Alle Augen – weltweit – sind bereits auf Jerusalem gerichtet. Und schon bald werden diese Augen auf den König Jerusalems gerichtet sein!

Petrus brachte nur wenige Tage, nachdem Jesus auferstanden war, den im Tempel versammelten Massen eine ähnliche Botschaft:

„So tut nun Buße und bekehrt euch, dass eure Sünden getilgt werden, damit die Zeit der Erquickung komme von dem Angesicht des Herrn und er den sende, der euch zuvor zum Christus bestimmt ist: Jesus. Ihn muss der Himmel aufnehmen bis zu der Zeit, in der alles wiedergebracht wird, wovon Gott geredet hat durch den Mund seiner heiligen Propheten von Anbeginn." (Apostelgeschichte 3, 19–21)

Petrus sagte also Folgendes: „Jerusalem, ihr jüdischen Leiter, Volk Israel, tut Buße und bekehrt euch zu Gott ... *damit Er den Messias senden kann.*" Die Buße des jüdischen Volkes wird den Messias zurückbringen. [4] Zuerst muss jedoch die Gemeinde Buße tun, bevor Israel dran ist.

Es gibt ein Prinzip, das nicht umgestoßen werden kann: Wenn wir wollen, dass unsere Gegenwart und unsere Zukunft gesegnet werden soll, müssen wir erst die Vergangenheit bereinigen. [5] Im Wort Gottes gibt es ein klares Beispiel hierfür:

„Es war eine Hungersnot zu Davids Zeiten drei Jahre nacheinander. Und David suchte das Angesicht des HERRN, und der

HERR sprach: Auf Saul und auf seinem Hause liegt eine Blutschuld, weil er die Gibeoniter getötet hat." (2. Samuel 21, 1)

David selbst hatte sich aber gar nicht schuldig gemacht! Er war nicht
verwandt mit Saul, und er war bestimmt nicht für Sauls sündiges
Verhalten verantwortlich. David wusste noch nicht einmal was Saul
getan hatte. Und doch litt das ganze Volk Israels wegen dieser Sünde. Das Blut der Gibeoniter musste gesühnt werden, und David war
der Einzige, der diese Sühnung vollziehen konnte. So musste es sein.
Nur der Thronfolger Sauls, der Gesalbte Gottes, konnte es wieder
gut machen. Nachdem David die Wiedergutmachung vollzogen hatte, „wurde Gott dem Land wieder gnädig." (2. Samuel 21, 14)

Auf dieselbe Art und Weise wird auch die Gemeinde Jesu *solange
in geistlicher Hungersnot bleiben, bis sie für das von der christlichen
Kirche vergossene Blut der Juden Buße getan hat.*

„Aber ich habe mich doch nicht an den Juden schuldig gemacht!"
werden Sie sagen. David war es auch nicht! Aber wer anders als der
amtierende König über Israel konnte die vom vorhergehenden König begangenen Fehler in Ordnung bringen? Und wer anders als die
jetzige Kirche kann Buße tun für das, was seitens der Kirche in der
Vergangenheit dem jüdischen Volk angetan wurde?

Sie mögen sagen: „Aber ich habe dazu keinerlei Verbindung! Die
Kirche, die Israel verfolgt hatte, war nicht die wahre Kirche." Ja,
auch David hatte keine direkte Verbindung zu Saul! Aber er war
Gottes gegenwärtiger Repräsentant, nur er konnte in Ordnung bringen, was sein fleischlicher Vorgänger getan hatte.

Genauso verhält es sich auch mit der „Kirche" und dem jüdischen Volk: Wir, die wir geistliche Repräsentanten des Herrn Jesus
sind, müssen das in Ordnung bringen, was unsere fleischlichen Vorgänger in Seinem Namen getan haben. Und, um ganz ehrlich zu sein,
es ist nicht nur die äußerliche, fleischlich gesinnte und heuchlerische
Kirche, die sich so schwer an Israel versündigt hat. Es gab und es
gibt viele wahrhaftige Gläubige, die an diesem Punkt ins Stolpern

geraten und gefallen sind. [6] Nach all diesen Überlegungen stehen möglicherweise auch Sie in einer Beziehung dazu!

„Aber ich habe keine Ahnung," sagen Sie. Nicht mehr, mein Freund. Ihre einzige Reaktion und meine einzige Reaktion, die einzige Reaktion der christlichen Kirche kann nur die sein: betend auf die Knie zu fallen, Buße zu tun, zu fasten und den Herrn um Reinigung zu bitten, uns von jeglichem Ansatz des Antisemitismus' zu reinigen und die Juden bedingungslos zu lieben – jeden Einzelnen! [7] Dann erst können wir ihnen die Wahrheit sagen: Die Wahrheit über unsere schmachvolle Vergangenheit und die Wahrheit über ihre herrliche Zukunft, wenn sie sich zu Jesus, dem König, bekehren. „Danach wird Gott der Gemeinde Jesu wieder gnädig sein" (2. Samuel 21, 14). Eine unbeschreibliche Erquickung wird kommen! *Israel 's „Wieder-Einpfropfung" wird wunderbar sein!*

Lesen wir noch einmal die Worte des Apostel Paulus:

„Ich sage nun: Sind sie etwa gestrauchelt, damit sie fallen sollten? Das sei ferne! Sondern durch ihren Fall ist den Nationen das Heil geworden, um sie zur Eifersucht zu reizen." (Römer 11, 11) [Elberfelder]

Der Tag wird kommen, an dem die nichtjüdischen Gläubigen Israel eifersüchtig machen werden! Das Resultat hieraus wird beinahe unbeschreiblich sein.

„Wenn aber schon ihr Fall Reichtum für die Welt ist und ihr Schade Reichtum für die Heiden, wie viel mehr wird es Reichtum sein, wenn ihre Zahl voll wird." (Römer 11, 12)

Was für ein außergewöhnliches Wort!

Heute gibt es auf der ganzen Welt Frauen und Männer, die Kinder des lebendigen Gottes geworden sind, sie sind der geistliche Same Abrahams, Miterben in Christus, Erben des ewigen Lebens, im Blut gewaschen, geistgefüllt, geweihte Heilige – *all dies wegen Israels „Fall"* (Römer 11, 12). Wie viel mehr Reichtum wird erst Israels Fülle mit sich bringen!

In diesem Augenblick steigt ein nicht endender Strom des Lobpreises aus mehr als 2.500 Sprachen zum Himmel auf und Engel jubeln vor Freude, weil auf der ganzen Welt Sünder Buße tun – dies *alles wegen des „Strauchelns" Israels*. Wie viel mehr Reichtum wird erst Israels Fülle mit sich bringen!

Die Gute Nachricht ist schon auf jedem Kontinent gepredigt worden und buddhistische Priester, animistische Zauberdoktoren, muslimische Geistliche, Anhänger der Hindu-Religion, atheistische Professoren, Massen von Menschen aus allen Lebensbereichen – Terroristen und deren terrorisierte Opfer, Unterdrücker und deren unterdrückte Opfer, Betrüger und deren betrogene Opfer, „eine große Schar, die niemand zählen konnte, aus allen Nationen und Stämmen und Völkern und Sprachen" (Offenbarung 7, 9) – sie alle sind die Ernte, die bisher in das Königreich Gottes hineingekommen sind – dies alles *wegen Israels Ungehorsam gegenüber dem Evangelium*! [8] Wie viel mehr Reichtum wird erst die Fülle Israels mit sich bringen! Darüber hinaus gibt es noch mehr!

> „Denn wenn ihre Verwerfung die Versöhnung der Welt ist, was wird ihre Annahme anders sein als Leben aus den Toten!" (Römer 11, 15)

Am Ende wird Leben aus den Toten kommen!

Paulus lehrt hier nicht nur, dass die Gemeinde erquickt wird, dass alte Feindschaften ein Ende haben werden, dass ein noch nie dagewesenes Ausgießen des Geistes kommen wird, dass Erweckung durch viele Nationen fließen wird, dass alle Unerreichten dann das Evangelium hören werden, nein: Er verheißt noch viel Größeres!

Wenn Israels *Verwerfung* die Versöhnung der Welt bedeutet, dann muss Israels *Annahme* etwas noch viel Mächtigeres bewirken:

Sie wird die *Auferstehung derjenigen* bewirken, *die mit Gott versöhnt* sind, es wird buchstäblich Leben aus dem Tod erstehen! [9] Und Israel *wird von Gott angenommen* werden! Denn: „Ist die Erstlingsgabe vom Teig heilig, so ist auch der ganze Teig heilig; und wenn die Wurzel heilig ist, so sind auch die Zweige heilig" (Römer 11, 16). Gott wird alle „Zweige" erretten!

Das jüdische Volk wird seinen wiederkommenden Messias mit den Worten willkommen heißen: „Gesegnet ist der, der da kommt im Namen des Herrn!" Und wenn Jesus dann in den Wolken herabkommt, so wird das „plötzlich, in einem Augenblick, zur Zeit der letzten Posaune" sein (1. Korinther 15, 52):

„... und die Toten werden auferstehen unverweslich, und wir werden verwandelt werden."

Der Tod wird ganz plötzlich keine Macht mehr haben!

„Denn er selbst, der Herr, wird, wenn der Befehl ertönt, wenn die Stimme des Erzengels und die Posaune Gottes erschallen, herabkommen vom Himmel, und zuerst werden die Toten, die in Christus gestorben sind, auferstehen. Danach werden wir, die wir leben und übrigbleiben, zugleich mit ihnen entrückt werden auf den Wolken in die Luft, dem Herrn entgegen; *und so werden wir bei dem Herrn sein allezeit.*" (1. Thessalonicher 4, 16+17)

Wenn Israel umkehrt!

„Und seine Füße werden stehen zu der Zeit auf dem Ölberg, der vor Jerusalem liegt nach Osten hin. Zu der Zeit wird weder Kälte, noch Frost, noch Eis sein, es wird nicht Tag noch Nacht sein, und auch um den Abend wird es licht sein. Zu der Zeit werden lebendige Wasser aus Jerusalem fließen ... und der Herr wird König sein über alle Lande. Zu der Zeit wird der Herr der einzige sein und sein Name der einzige." (Sacharja 14, 4–9)

Wenn Israel zu „Jeschua" ruft!

An jenem Tag werden sie auf den schauen, den sie durchbohrt haben ...

„... und sie werden um ihn klagen, wie man klagt um ein einziges Kind, und sie werden sich um ihn betrüben, wie man sich betrübt um den Erstgeborenen. Zu der Zeit wird große Klage sein in Jerusalem ..." (Sacharja 12, 10+11)

Wenn Israel seinen gekreuzigten König erkennt! *Vorher jedoch müssen sie Ihn in uns erkennen!*

* * *

Es wird der Tag kommen – gäbe Gott, dass er sehr bald kommt – an dem der HERR ein großes Freudenmahl geben wird:

„Und der HERR Zebaoth wird auf diesem Berge allen Völkern ein fettes Mahl machen, ein Mahl von reinem Wein, darin keine Hefe ist. Und er wird auf diesem Berge [= Jerusalem!] die Hülle wegnehmen, mit der alle Völker verhüllt sind, und die Decke, mit der alle Heiden zugedeckt sind. Er wird den Tod verschlingen auf ewig. Und Gott der HERR wird die Tränen von allen Angesichtern abwischen und wird aufheben die Schmach seines Volks [= die Juden!] in allen Landen ..." (Jesaja 25, 6-8)

Zuerst jedoch muss die „Kirche" Tränen vergießen.

Lasst uns *heute* trauern und weinen, damit Israel *morgen* Buße tun wird. Dann wird unser Herr Jesus wiederkommen, der Tod

wird nicht mehr sein und alles Leid wird ein Ende haben ... für
alle Zeit. Und wenn sich am Ende das angestaute Weinen vor
Kummer mit dem Weinen vor Freude vermischt, dann wird der
Allmächtige Gott Seine Hand ausstrecken und alle Tränen abwischen. Keine Gaskammern mehr, keine Inquisition, keine Kreuzzüge, kein Hass, keine Sünde – für immer!

> „Die Erlösten des HERRN werden wiederkommen
> und nach Zion kommen mit Jauchzen;
> ewige Freude wird über ihrem Haupte sein;
> Freude und Wonne werden sie ergreifen,
> und Schmerz und Seufzen wird entfliehen."
> (Jesaja 35, 10)

– Wenn der HERR uns alle eins macht!

> „O welch eine Tiefe des Reichtums,
> beides, der Weisheit und der Erkenntnis Gottes!
> Wie unbegreiflich sind seine Gerichte
> und unerforschlich seine Wege!
> Denn ‚wer hat des Herrn Sinn erkannt,
> oder wer ist sein Ratgeber gewesen?‘
> Oder ‚wer hat ihm etwas zuvor gegeben,
> dass Gott es ihm vergelten müsste?‘
> Denn von ihm und durch ihn und zu ihm sind alle Dinge.
> Ihm sei Ehre in Ewigkeit! Amen."
> (Römer 11, 33–36)

Und alles Volk Gottes sage: „Amen!"

Anmerkungen

Einleitung

1. * Aus der Rede Bundespräsident Richard von Weizsäckers am 8. Mai 1985 vor dem Deutschen Bundestag anlässlich des 40. Jahrestages der deutschen Kapitulation.

2. 5. Mose 4, 10; 5, 15; 7, 18; 8, 2; 9, 7; 24, 9; 25, 17; 25, 19. Dies sind nur einige der „denkt daran"-Worte aus dem 5. Buch Mose, ganz zu schweigen vom restlichen Alten Testament. Auf Amelek bezogen sprach der HERR zu Mose: „Schreibe dies zum Gedächtnis in ein Buch ..." (2. Mose 17, 14)

3. Edward H. Flannery: „The Anguish of the Jews: Twenty-three Centuries of Anti-Semitism", (New-York/Mahwah: Paulist Press, 1985) S. 1.

4. Meir Simcha Sokolevsky: *Prophecy and Providence* (English translation Jerusalem/New York: Feldheim Publishers, 1991) Seite 71 ff.

5. Ich persönlich bin der Ansicht, dass es zwischen den Schwarzen, d. h. aus Afrika stammenden Amerikanern und den Juden eine besondere Beziehung gibt: Beide sind ehemalige nun aber befreite Sklaven; beide sind Minderheiten, die bedroht oder verfolgt wurden (und werden); beide haben eine besondere „Seele", d. h. eine einzigartige Begabung und Persönlichkeit. Ich glaube, dass wir eines Tages erkennen werden, dass wir uns gegenseitig sehr brauchen! Diese Gemeinsamkeiten geben den kürzlichen Ereignissen in New York City eine besondere Tragik.

6. Im Verlauf des Buches wird dies belegt.

7. Mir ist es sehr wichtig, gleich zu Beginn dieser Studie deutlich zu machen, dass ich *nicht* der Meinung bin, dass die gegenwärtigen christlichen Autoren, mit deren Standpunkten ich nicht übereinstimme, von

einem antisemitischen Geist behaftet sind. Ich glaube vielmehr, dass die meisten von ihnen aufrichtig die Wahrheit suchen, die sie, so hoffe ich, eines Tages auch finden werden, was dazu führen mag, dass sie ihre jetzigen Positionen hinsichtlich des jüdischen Volkes widerrufen werden. Falls einige von ihnen tatsächlich antisemitisch sind, so sprechen ihre Schriften für sich selbst.

Was die jüdische Leserschaft dieses Buches betrifft, so mag es sein, dass einige daran Anstoß nehmen, dass ich darauf bestehe, dass auch das jüdische Volk Jesus braucht. Für einige Juden ist allein diese Forderung schon ein anti-semitischer Ausspruch! Aber für mich, der ich Jude bin und die Gnade des Versöhnungstodes Jesu – Jeschuas, des jüdischen Messias – empfangen habe, ist es nichts weiter als richtig, dass ich mich auch danach sehne, dass auch mein Volk Seine Gnade erfährt. Wer dies Buch mit einem offenen Herzen liest, wird erkennen, dass es möglich ist, eine bedingungslose Liebe für das Volk der Juden zu haben und daran zu glauben, dass auch sie – genau so wie Menschen aus allen anderen Rassen – Jesus als Messias und Herrn annehmen werden, sie brauchen Ihn ebenso.

Kapitel 1 – Die Endlösung

Die Schrecken des Holocausts – Hitlers „Endlösung" – sind für die Juden unbeschreiblich. Die Erzählung in diesem Kapitel beruht auf aktuellen Berichten Überlebender und versucht, einige der zahllosen Leidensgeschichten wiederzugeben, die Millionen Opfer der Nazi-Diktatur – Juden sowie auch Nichtjuden – erlebt haben. Weitere Informationen können Sie dem Anhang „Weiterführende Literatur" entnehmen.

1. Primo Levi: Abschnitt „Oktober 1944" aus „Ist das ein Mensch? – Die Atempause" (ital. Originalwerk: *Se questo e un uomo*); (engl.: *Survival in Auschwitz* = *Überleben in Auschwitz*)

2. Miklos Nyiszli, *Auschwitz. A. Doctor's Eyewitness Account*, New York, Fawcett Crest 1960, S. 49+50

Kapitel 2 – Eine furchtbare, tragische Vergangenheit

1. Dennis Prager und Joseph Telushkin in: *„Why the Jews? The Reason for Antisemitism"* (New York: Simon & Schuster, 1983) S. 104. Der folgende Bericht – so schrecklich und charakteristisch zugleich – beschreibt Ereignisse, die sich in Dzialoszyce, Polen, am 2. September 1942 zugetragen haben. Sie illustrieren die Tiefe „christlichen" Hasses auf die Juden, der mithalf, den Holocaust zu ermöglichen. Den Leser mache ich besonders auf den von mir kursiv gesetzten Abschnitt am Ende des zitierten Textes aufmerksam:

„... Die Alten, die Kranken, schwangere Frauen und kleine Kinder – 2000 unschuldige jüdische Seelen – sie alle wurden erschossen und brutal in frisch ausgehobene Gräber geworfen, eine Schicht Leiber auf die nächste. Viele von ihnen waren noch am Leben! Für die meisten Kinder verschwendeten sie noch nicht einmal eine Patrone. Sie wurden lebend in diese Grube geworfen. Diese, zusammen mit den nur Verwundeten, beendeten ihr Leben unter dem Druck der in Massen über ihnen sich aufstauenden menschlichen Körper."

„Am nächsten Morgen gelang es einigen Verwundeten aus den Gräbern zu kriechen und ein paar Meter zu laufen. Sie starben jedoch kurz danach ..."

„Das größere Massengrab enthielt an die 1000 Körper, die beiden kleineren enthielten je 500. Wir erfuhren von diesem Massaker von der polnischen Polizei selbst. Sie berichteten [unserem Freund] Moshe Hersh davon, und zwar ziemlich ausführlich, sie selbst hatten ja an diesem Abschlachten teilgenommen."

„Am folgenden Sonntag gingen sie mit ihren Familien zur Kirche, so als ob nichts passiert wäre. Sie litten in keiner Weise an irgendwelchen Schuldgefühlen. Sie hatten doch nichts weiter getan als nur Juden zu ermorden, dies mit dem Segen ihrer Priester, die sie auch noch in ihren Sonntagspredigten von der Kanzel herab dazu bestärkt hatten." (Martin Rosenblum, zitiert von Martin Gilbert in: *„The Holocaust: A History of the Jews During the Second World War"* [New York: Henry Holt, 1985, S. 445]) Rosenblum war der einzige Überlebende seiner Familie.

Dies ist der Bericht von den letzten gemeinsamen Minuten mit seiner Familie, bevor es ihm und einigen seiner Schulkollegen gelang, aus der Stadt zu fliehen:

„Es ist unmöglich die Todesangst jener letzten Minuten zu beschreiben, bevor wir auseinander gingen. Ich werde nie die weisen Augen meines Vaters und die Tränen meiner Mutter vergessen, als wir uns das letzte mal umarmten. Nicht in meinen schlimmsten Träumen hatte ich daran gedacht, von meiner ganzen Familie für immer getrennt zu sein, sie nie wieder zu sehen." *(ebenda [ibid]*, S. 444)

2. Prager und Telushkin, *ibid.* S. 108
3. Raul Hillberg in: *„The Destruction of the European Jews"* (die einbändige Ausgabe; New York: Holmes & Meier, 1985), S. 7 ff
4. Eine ausgewogene Einschätzung über frühe (rabbinische) Feindseligkeiten gegen jüdische und nichtjüdische Gläubige (an Jesus), siehe Edward Flannery in: *„The Anguish of the Jews"*, S. 34–46 und Anmerkungen, 303–305.
5. Aus: *„The Roots of Christian Anti-Semitism"* von Malcom Hay (New York: Liberty Press, 1981), S. 27
6. *Ibid*, S. 27-28
7. *Ibid*, S. 32
8. *Ibid*, S. 21
9. Flannery zitiert in einem seiner Werke den Bericht des „Chronisten Guibert von Nogent (1053–1124)", der die Reden der Kreuzfahrer von Rouen wiedergibt: „Wir wollen gegen die Feinde unseres Gottes im Osten in die Schlacht ziehen; und siehe, hier mitten unter uns wohnen Juden, eine Rasse die vor Gott schändlicher ist als alle anderen Rassen. Wohlan, rächen wir uns zuerst an ihnen und rotten sie aus unter den Völkern ..." Und so kam es. dass „große, wild-zusammengestellte Horden von Adligen, Rittern, Mönchen und Bauern – Gottes Willen auf ihren Lippen ausrufend sich aufmachten, um das Heilige Land von den muslimischen Ungläubigen zu befreien – sich plötzlich gegen die Juden kehrten." *(Anguish of the Jews*, S. 90+91)

10. Prager und Telushkin, *Why the Jews?*, S. 200. Siehe auch S. 18: „Während des 19. und 20. Jahrhunderts waren im russischen Imperium Massenverfolgungen und -morde an Juden so weit verbreitet, dass ein Wort, *Pogrom*, geprägt wurde, um derartige Ereignisse zu beschreiben."

11. Hay, *Christian Anti-Semiitism*, S. 54–56. Hays Kommentar über die letzten Worte des Bernhard von Clairvaux, nämlich dass die Juden den Teufel zu ihrem Vater haben, lässt sich eigentlich unmöglich wiederholen: „Dies sind die Worte, die uns im Johannes-Evangelium berichtet werden (VIII: 44), Christus richtete sie individuell an einige wenige Juden während eines Streitgesprächs im Tempel in Jerusalem. Der Heilige Bernhard bezog sie jedoch – der damaligen Gewohnheit christlicher Ausleger folgend – auf das ganze jüdische Volk, nicht nur zur damaligen Zeit, sondern sie gelten, so Bernhard v. Clairvaux, auch für zukünftige Zeiten. Im Jahr 1941 übernahm [einer der Nazi-Führer] Julius Streicher die selbe dialektische List in dem er ‚die Ausrottung des Volkes‘ empfahl, ‚dessen Vater der Teufel ist‘." (*ibid*, S. 56) Mit anderen Worten: Das Neue Testament ist keineswegs anti-semitisch, darin enthaltene Äußerungen wurden aber aufgegriffen und später für eine anti-semitische Polemik verwandt.

Prager und Telushkin stellen die Behauptung auf, dass gemäß dem Neuen Testament alle Juden den Teufel zu ihrem Vater haben: „Ein Jude, der Jesus als Messias und als Gott annimmt, ist nicht länger ein Jude, sondern ein Christ. Die entsprechende Stelle im Neuen Testament [Johannes 8, 44] bezieht sich darauf, dass alle Juden den Teufel zum Vater haben." (*Why the Jews?*, S. 93). Diese Behauptung Prager und Telushkins kann jedoch nicht akzeptiert werden: Schon vom ersten Jahrhundert an, aus der Sicht des Neuen Testamentes wäre es unrichtig zu behaupten, dass „ein Jude, der Jesus als Messias und Gott akzeptiert, nicht länger mehr Jude, sondern jetzt Christ ist". Zu der Zeit, in der das Evangelium des Johannes geschrieben wurde, wurden die jüdischen Nachfolger Jesu als Juden gesehen, sogar von ihren Gegenspielern. Siehe auch Lawrence H. Schiffmann: *Who Was a Jew? Rabbinic and Halakhic Perspectives on the Jewish-Christian Schism* (Hoboken, NJ: Ktav, 1985). Siehe auch Kapitel 5 und 8 dieses Buches.

Wenn Jesus die Worte ausspricht: „Ihr habt den Teufel zum Vater", so müssen wir uns vergegenwärtigen, dass gemäß dem Neuen Testament *jeder*, der die Sohnschaft und Herrschaft Jesu leugnet, *jeder*, der nach dem Hören des Evangeliums fortfährt, in Sünden zu leben, sich außerhalb der Familie der Erlösten im Herrn befindet, und zwar betrifft dies Juden gleichermaßen wie Nichtjuden. Für jeden gilt 1. Johannes 3, 8: „Wer Sünde tut, der ist vom Teufel ..." und 1. Johannes 5, 19: „... und die ganze Welt liegt im argen." Die Mission des Apostel Paulus an den Nichtjuden war die, „dass sie sich bekehren ... von der Gewalt des Satans zu Gott." (Apostelgeschichte 5, 19). Das Neue Testament ist genau so viel oder wenig *gegen die Juden* eingestellt, als es *gegen die Nichtjuden* eingestellt wäre! Man muss sich auch vergegenwärtigen, dass, wenn negative Äußerungen über Israel und das jüdische Volk das Kriterium für Antisemitismus wären, der gesamte Hebräer-Brief (der voll ist von Zitaten aus dem Alten Testament!) „anti-semitischer" als das ganze Neue Testament wäre (siehe auch Textstellen wie Hesekiel 2, 3–8; 3, 7 und Jesaja 30, 9).

12. *Ibid*, S. 56
13. *Ibid*, S. 57
14. Siehe auch Joshua Trachtenberg: *The Devil and the Jews: The Medieval Conception of the Jews and it's Relation to Modern Anti-Semitism*. (New Haven: Yale Univ. Press, 1943)
15. Hay, *ibid*, S. 76 und 81
16. *Ibid*, S. 86
17. *Ibid*, S. 87
18. * Martin Luthers Schrift „Dass Jesus Christus ein geborener Jude sei", Wittenberg 1523. Zitiert aus: „Geschichte des jüdischen Volkes" – C. H. Beck, München, (einbändige) Sonderausgabe 1978, S. 793
19. * Martin Luther: „Von den Juden und ihren Lügen", Wittenberg 1542. *Ibid*, S. 794+795 und WA (Weimarer Ausgabe) Bd. 53; S. 527, Z. 15–17.

20. * Die jüngste Erklärung der Lutheraner ist charakteristisch: „... Die wüsten antijüdischen Schriften des Reformators können wir jedoch weder billigen noch entschuldigen. Die Sünden von Luthers antijüdischen Äußerungen und die Heftigkeit seiner Angriffe auf die Juden müssen mit großem Bedauern zugeben werden. Wir müssen dafür sorgen, dass eine solche Sünde heute und in Zukunft in unseren Kirchen nicht mehr begangen werden kann. Lutheraner unserer Zeit lehnen es ab, alle Äußerungen Luthers über die Juden zu akzeptieren ...“ (verabschiedet vom Lutherischen Weltbund 1984 [zur Feier des 500. Jahrestages der Geburt Martin Luthers] – aus *Lutherische Weltinformation* 32/1983). Eine Analyse der Wirkung und der Bedeutung einer [entsprechenden] Erklärung der katholischen Kirche aus dem Jahr 1965 *Nostra Aetate* (*In unserer Zeit*) liefert das Gemeinschaftswerk *Twenty Years of Jewish-Catholic Relations* von Eugene J. Fischer, A. James Rudin und Marc H. Tannebaum (New York/Mahwah: Paulist Press, 1986).

21. * Gerhard Kittel: „Die Judenfrage“ (Verlag W. Kohlhammer, Stuttgart. 2. Auflage, 1933)

22. Robert P. Ericksen: *„Theologians Under Hitler"* (New Haven: Yale Univ. Press, 1985), S. 74 und 76

23. Zu der Zeit, als die Nationalsozialisten den Juden befahlen einen gelben Stern sichtbar an ihrer Kleidung zu tragen, „entstand eine peinliche Situation für die Kirchen, als nämlich christlich getaufte Juden mit dem sichtbaren Stern in den christlichen Kirchen zu den Gottesdiensten erschienen ... die Repräsentanten von sieben evangelisch-lutherischen Kirchengebieten beriefen sich auf die Lehren Martin Luthers und erklärten, dass ‚Christen jüdischer Rasse‘ kein Recht und keinen Platz mehr in der deutschen evangelischen Kirche hätten.“ (Raul Hillberg, *The Destruction of the European Jews*, S. 58)

24. Ich empfehle für diejenigen, die weitere Beweise für das schmerz- und schmachvolle Erbe des „christlichen“ Antisemitismus suchen, das Buch von Malcom Hay, aus dem ich in diesem Kapitel schon des öfteren zitiert habe.

Kapitel 3 – Ein gesegneter und wunderbarer Strom

1. Zum Thema Puritaner und Israel siehe: Iain H. Murray, *The Puritan Hope. Revival and the Interpretation of Prophecy* (Carlisle, PA: Banner of Truth, 1971); für weiterführende Einblicke in puritanisches Gedankengut und deren Frömmigkeit siehe Martyn Lloyd-Jones, *The Puritans: Their Origins and Successors* (Carlisle, PA: Banner of Truth, 1981); Leland Ryken, *Worldly Saints. The Puritans as They Really Were* (Grand Rapids: Zondervan, 1986); J. I. Packer, *A Quest for Godliness. The Purtian Vision of the Christian Life* (Wheaton: Crossway Books, 1990).

2. Zitat von John Owen aus *A Puritan Golden Treasure*, verfasst von I. D. E. Thomas (Carlisle, PA: Banner of Truth, 1977), S. 155 und 157

3. Zitat von Robert Leighton, *ibid*, S. 156–157

4. Zitat von Charles Spurgeon in: *Letters of Samuel Rutherford*, (hinterer Bucheinband), (Carlisle, PA: Banner of Truth, 1984 – Neuauflage)

5. Richard Baxter, *ibid*

6. *Letters*, S. 596, 599 ff"

7. *Ibid*, S. 122–123

8. Andrew Bonar in *Memoir and Remains of Robert Murray M'Cheyne* (Carlisle, PA: Banner of Truth, 1966, Neuauflage), S. 490–495

9. *Memoir and Remains*, S. 192

10. *Ibid*

11. *Ibid*, S. 496

12. Im Anhang „Weiterführende Literatur" sind Berichte von mutigen Einsätzen von Christen für Juden während des Holocausts zu finden.

13. Basilea Schlink in: „Israel – Mein auserwähltes Volk – Ein deutsches Bekenntnis vor Gott und den Juden"

14. Iain Murray in *The Puritan Hope*, S. 154

15. *Ibid*, S. 155

16. Zitat von H. C. G. Moule aus *The Expositor's Bible* (Band V, S. 590); Steve Schlissel und David Brown in *Hal Lindsay & The Restoration of the Jews* (Edmonton: Still Waters Revival Books, 1990), S. 55 – dieses Buch enthält eine Neuauflage des Werkes von Brown aus dem Jahr 1861 und ein längeres Vorwort von Schlissel.

Kapitel 4 – Die Rabbiner:
Halsstarrig, hartherzig und stolz?

1. Eine gut lesbare Studie über das Leben von Rabbi Akiva ist das Buch *Akiva, Scholar, Saint and Martyr* von Louis Finkelstein (Northvale, N.J: Jason Aronson, 1990 – Neuauflage)

2. Jerusalem Talmud, Berakhot 9:7, 14b – Dies ist vermutlich die älteste Talmud-Version, die das Martyrium des Rabbi Akiva wiedergibt.
   * Deutsche Ausgabe: *Der Jerusalemer Talmud in deutscher Übersetzung – Band I Berakhoth* übersetzt von Charles Horowitz (J. C. B. Mohr – Paul Siebeck –, Tübingen, 1975)

3. Dieser Bericht ist ein Zitat aus Irving J. Rosenbaum *The Holocaust and Halakhah*, S. 166 Nr. 4. Einige der vorgefundenen hebräischen Worte habe ich [d.h. Michael Brown!] ins Englische übersetzt.

4. Rabbi Nosson Schermann lobt das „Chofetz Chaim" im Buch von Rabbi Nisson Wolpin *The Torah Personality. A Treasure of Biographical Sketches* (Brooklyn, NY: Mesorah Publications, 1980), S. 69–86

5. Rabbi Zechariah Fendel in *The Halacha and Beyond* (New Yord: Torah Ehtics Library, 1983), S. 121

6. Zitat von Mendel Weinbach in *Give Us Life. Mesholim [„Parables"] and Masterwords of the Chofetz Chaim* (Jerusalem: Shma Yisroel, 1973), S. 174

7. *Ibid*, S. 182

8. *Ibid*, S. 188

9. Das Werk *Christianity in Talmud and Midrash* von R. Travis Herford beschreibt alle Bezüge, die der Talmud zu Jesus, messianischen Juden und dem Christentum enthält. (Clifton, NJ: Reference Book Publishers, 1966). Im Mittelalter erstellten jüdische Schreiber ein – an sich gotteslästerliches – Werk mit dem Titel *Toledot Yeshu (Die Geschichte des Jesus)*; hierin sind einige Abschnitte aus dem Talmud enthalten, die sich auf Jesus beziehen. Entstanden ist dies Werk aus einer bei den jüdischen Schreibern entstandenen großen Verärgerung über vulgäre anti-semitische Schriften der Kirche. Auf alle Fälle hat *Toledot Yeshu* im Judentum *keinen* offiziellen Status, *keine* geschicht-

liche Bedeutung und wurde von modernen jüdischen Gelehrten widerrufen.

10. Nach Jacob Neusner, einer der führenden Autoritäten in Sachen frühes Judentum, repräsentieren rabbinische Texte der Jahre etwa 70–300 nach Christi Geburt ein „Judentum ohne Christentum", während rabbinische Texte der Jahre 400–600 n. Chr. (grob gerechnet) eher von einem „Judentum trotz Christentum" handeln. Jacob Neusner in *The Mishnah. An Introduction* (Northvale, NJ: Jason Aronson, 1989), S. 221

11. Für eine Auswahl an Einführungs-Studien siehe den Anhang „Weiterführende Literatur".

12. * Mischna Aboth 2:1 – Deutsche Übersetzung: *„Der Babylonische Talmud"* neu übertragen durch Lazarus Goldschmidt – Berlin, Jüdischer Verlag, 1967*

13. * Mischna Aboth 1:3 *ibid*

14. Mischna, Berakhot 4:4; Babylon-Talmud, Berakhot 31a; Berakhot 32b; Ta'anit 2a; Ta'anit 8a. Die letzten vier Zitate sind aus den *Words of the Wise [= „Worte des Weisen"]. An Anthology of Proverbs and Practical Axioms* entnommen, zusammengetragen wurden sie von Reuven Alcalay in Zusammenarbeit mit Mordekhaie Nurock (Israel: Massada, 1970), Spalte 381 f.

15. * Mischna Joma 8:9; Babylonischer Talmud, Bava Mecia 58b; Berakhot 32a; Joma 96a; Shabbat 104a.* Deutsche Übersetzung: *„Der Babylonische Talmud"* neu übertragen durch Lazarus Goldschmidt – (Jüdischer Verlag, Berlin, 1930).

16. Mose Maimonides. Hilchot Teschuva („Laws of Repentence") 10:3. (Ins Englische übersetzt von Louis Jacobs: *Holy Living. Saints and Saintliness in Judaism*, Northvale, NJ: Jason Aronson, S. 76) Das hier erwähnte und das folgende Zitat sind nicht direkt dem Talmud entnommen, tragen aber ganz eindeutig seinen Charakter, bzw. sind in seinem „Geist" geschrieben.

17. Sifre Ya'akov, aus *Words of the Wise*, Spalte 293

Kapitel 5 – Miriam und Jakob: Zwei Namen, die dem Heiland von Jugend an vertraut waren

1. Eine „jüdische" (englische) Übersetzung des Neuen Testaments, in der alle Personen und Orte in ihrer hebräischen oder aramäischen Form wiedergegeben sind, ist das *Jewish New Testamen* von David H. Stern, (Jerusalem: Jewish New Testament Publications, 1989) * Die entsprechende deutsche Version des „jüdischen" Neuen Testaments: *Das Jüdische Neue Testament* von David H. Stern, erschienen im Verlag: „Die Deutsche Bibliothek" *

2. In den meisten Übersetzungen ist dies kein Problem. Zum Beispiel ist im Deutschen der griechische Name *Iakobos* richtig mit „Jakobus" übersetzt, in der koreanischen Sprache mit „Yakov".

3. Der Name Jeshua erscheint 33 mal im Alten Testament [lt. Große Konkordanz zur Elberfelder Bibel *] und zwar je einmal in 1. + 2. Chronik, 11 mal in Esra, 15 mal in Nehemia und 5 mal in Haggai. * „Große Konkordanz zur Elberfelder Bibel" – Brockhaus Verlag Wuppertal und Zürich, 1993 *

4. Siehe Stern's *Jewish New Testament* – * *Das Jüdische Neue Testament* *.

5. Das hebräische Wort ist *tsitsit*, in der Septuaginta ist es mit *kraspedon* wiedergegeben, ebenso im Neuen Testament (z.B. Matthäus 23, 5). Über die Bedeutung und die Verwendung von *kraspedon* siehe Walter Bauer, William F. Arndt, F. Wilbur Gingrich und Fredrick W. Danker in *A Greek English Lexicon of the New Testament and Other Early Christian Literature* (Chicago: Univ. of Chicago Press, 1979), S. 448

6. Über den in diesem Kapitel beschriebenen „jüdischen" Charakter Jesu siehe den Anhang „Weiterführende Literatur". Die Feststellung E. P, Sanders, einer der leitenden Professoren an der Oxford University, stellt den generellen wissenschaftlichen Konsens über diese Frage dar: „Der Jesus, der uns bei den Synoptikern begegnet, ist ein dem jüdischen Gesetz gehorsamer Jude." Siehe auch sein Werk: *Jewish Law from Jesus to the Mishna. Five Studies* (Philadelphia: Trinity Press Int., 1990), S. 90

7. Zum Thema Jesus als der König der Juden – siehe A. Lukyn Williams *A Manual of Christian Evidences for Jewish People* (New York: MacMillian and Co., 1911–1919), S. 29ff

8. Für gründliche Studien über den Brief des Jakobus in seinem ursprünglichen jüdischen Kontext siehe James B. Adamson *James. The Man and His Message* (Grand Rapids: Wm. B. Eerdmans, 1989); Ralph P. Martin: *James, Word Biblical Commentary* (im folgenden WBC abgekürzt; Waco, TX: Word, 1988); Peter H. Davids: *Commentary on James,* New International Greek Testament Commentary (Grand Rapids: Wm. B. Eerdmans, 1982).

9. Siehe F. F. Bruce *The Book of Acts*, New International Commentary on the New Testament (im folgenden NICNT abgekürzt [die Serien über das Alte Testament werden mit NICOT abgekürzt]; Grand Rapids: Wm. B. Eerdmans, 1988), S. 249: Er weist hier darauf hin, dass „Paulus als römischer Bürger drei Namen gehabt hat". Diese Namen trug er zusätzlich zu seinem hebräischen Namen *Sha'ul*.

10. Siehe Dan Juster und Keith Intrater *Israel, the Church and the Last Days* (Shippensburg, PA: Destiny Image, 1990). S. 257–281. Für zusätzliche Studien über die geistliche und prophetische Bedeutung der biblischen Feiertage siehe auch den entsprechenden Abschnitt im Anhang „Weiterführende Literatur".

11. Gemäß dem Buch der Offenbarung ist der verherrlichte Sohn Gottes der „Löwe aus dem Stamme *Juda*, die Wurzel *Davids*" (Offenb. 5, 5). Er ist immer noch ein Jude! Dies sind Seine eigenen Worte, die Er im Zusammenhang mit Seiner Wiederkehr spricht: „Ich bin die Wurzel und das Geschlecht Davids, der helle Morgenstern?" (Offenb. 22, 16)

Kapitel 6 – Bösartige Reportagen und Tendenzen

1. Frank Gervasi in Stephen Kartzky's und Peter Goldmann's Werk *The Media's War Against Israel* (New York, Jerusalem, Tel Aviv: Steimatzky–Shapolsky, 1986), S. 263; Wie erwartet handelt das Werk *Israel ... Our Dilemma* von Theodore Winston Pike (Oregon City: Big Sky Press, 1984) von Israels Beteiligung im Libanon, hieraus das Kapitel mit der

Überschrift: „A Forgotten Holocaust" (s. S. 69–73). Eine Einschätzung dieses Buches finden Sie im Anhang „Weiterführende Literatur".

2. Siehe Fouad Ajami *Beirut. City of Regrets* (mit Fotografien von Eli Reed; New York: W. W. Norton, 1988), S. 38: „Im Juni [des Jahres 1982] grüßte die südlibanesische Bevölkerung die israelische Armee mit Reis und Blumen ... Die Menschen sehnten sich zu einer normalen Welt zurück, die einrückende israelische Armee wurde als die beste Hoffnung dafür angesehen, die Zufluchtsstätte der Palästinenser zu zerschlagen und eine Rückkehr von ruhigeren Zeiten zu ermöglichen." Man muss anmerken, dass Prof. Ajami, ein im Mittleren Osten anerkannter Gelehrter, keineswegs irgendwelche Neigungen für Israel hegt, wo er doch im großen und ganzen an Israels Politik im Libanon Fehler findet.

3. Zur Genüge ist dies dokumentiert in *The Media's War* von Karezky und Goldmann; siehe auch Neil C. Livingstone und David Halevy *Inside the PLO. Covert Units, Secret Funds, and the War Against Israel and the United States* (New York: William Morrow, 1990); Leonard J. Davis (Eric Rozenmann und Jeff Rubin), *Myths and Facts 1989. A Concise Record of the Israeli-Arab Conflict* (Washington, DC: Near East Reports, 1988), S. 128–130; und Yitschalk Ben Gad *Politics, Lies and Videotape. 3,000 Questions and Answers on the Mideast Crisis* (New York: Shapolsky Publishers, 1991), S. 30–54, Abschnitt „PLO Crimes in Lebanon".

4. Frank Gervusi in *The Media's War*, S. 263

5. Zum Thema „Hafez Assad of Syria" und seine Greueltaten siehe: Moshe Ma'oz *Asad. The Sphinx of Damascus. A Political Biography* (New York: Grove Weidenfeld, 1988). Die palästinensische Terrorgruppe „Schwarzer September", die für den Mord an dem israelischen Olympia-Team 1972 in München verantwortlich war, wurde nach diesen gewalttätigen Ausschreitungen benannt, siehe Livingstone und Haley *Inside the PLO*, S. 103–106.

6. Siehe *Myths and Facts*, von L. J. Davis, S. 127 ff. (hier wird die falsche Vorstellung behandelt: „Die Palästinenser haben kein Heimatland") und Ben Gad's *Politics, Lies and Videotape*, Abschnitt „Jordan Is Palestine".

7. Siehe Ari und Shira Sorko-Ram „Who's to Blame for the Temple Mount Riots?" *Maoz Newsletter*, November, 1990, S. 2 f.

8. Ein präziser Bericht über die Ereignisse im Umfeld der Gewalttätigkeiten auf dem Felsendom siehe den oben erwähnten Bericht bzw. den vollständigen „Newsletter", *ibid*.

9. Siehe A. Roy Eckardt „The Devil and Yom Kippur" abgedruckt in Talmage *Disputation and Dialogue*, S. 232 ff.

10. Paul Johnson „Marxism vs. The Jews", *Commentary*, April 1984, S. 34 – zitiert in Flannery *Anguish of the Jews*, S. 346 f.

11. Siehe „Israel and the Occupied Territories. Amnesty International's Concerns in1988" (New York: Amnesty International, 1989). Ehrliche Antworten auf die häufigsten Beschuldigungen gegen Brutalität von Seiten Israels sind zu finden in Max Singer's „*Moral Standards Under Pressure: The Israeli Army and the Intifada*" Ethics and International Affairs, Band 4 (1990), S. 135–143; Davis *Myths and Facts*, S. 171–202 („Israel's Treatment of Minorities/The Uprising"); und „FLAME. Facts and Logic About the Middle East. A sampling of twenty educational and clarifying ads that have been published monthly in major national media" (FLAME: 1991), Ausgabe 21a, „Israel and Human Rights. How does Israel behave in the face of Arab uprising?" 26, „The ‚Intifada'. Is Israel using excessive force to suppress it'?" and 28; „Israel, the Arabs, & Human Rights (1)".

In *The Jewish Press* (Ausgabe XLI, Nr. 29, Woche vom 19. – 25. Juli 1991) erschien vor kurzem ein Artikel (auf S. 8a), der eine „Antwort des israelischen Justizministeriums auf den Jahresbericht 1991 von Amnesty International" darstellt. Er notiert schwere Unzulänglichkeiten in diesem Bericht, besonders das Unterlassen der Lieferung von „Hintergrund-Details, die wichtig sind, um die Proportionalität israelischer Antworten auf Gewalt der Intifada auszuwerten". Zum Beispiel ließ der Jahresbericht von Amnesty des Jahres 1991 die Tatsache aus, dass „während des relevanten Jahres Intifada-Teilnehmer 71.792 öffentliche Unruhen anstifteten, 81 Schusswechsel, 5 Anschläge mit Granaten, 651 Anschläge mit Molotow-Cocktails, 94 Bombenanschläge, 173 ‚kalte'

Angriffe (überwiegend mit Messern, Keulen, Äxten und Schwertern) und 299 mal Brandstiftung. Diese Gewalttaten führten bei 1193 israelischen Zivilisten und 2815 Angehörigen der israelischen Sicherheitskräfte zu stationären Krankenhausaufenthalten wegen ihrer Verwundungen." Wie oft ist dies wohl in der westlichen Presse berichtet worden?

12. Siehe Livingstone and Haley *Insinde the PLO*, eine kurze Erklärung über die tendenziöse Haltung der UN gegen Israel ist zu finden „FLAME. A sampling", Ausgabe 32, „The U.N. and the Middle East. Is it a proper forum to sit in judgement?"; eine Notiz ist auch in Flanery's *Anguish of the Jews*, S. 346 zu finden; siehe auch *Jewish Voice Prophetic Magazine*, November 1991, S. 16 (dies ist ein Zitat aus *Jewish Press*, vom 26. Juli 1991).

13. Siehe Livingstone and Halevy *Inside the PLO*

14. Siehe Davis *Myths and Facts*, S. 27-29; und Rabbi Joseph Telushkin *Jewish Literacy* (New York: William Morrow and Co., 1991), S. 277–279 („Haganah; Irgun-Bombing of the King David Hotel; Lekhi; Palmach"), und S. 296 f („Deir Yassin").

15. Zwei Beispiele von vielen, siehe Davis *Myths and Facts*, S. 94 f (behandelt die Untersuchung der israelischen Regierung in der angeblichen Verwicklung der Armee am Massaker in den Flüchtlingscamps von Sabra und Shatilla, Libanon); und S. 174–176 (behandelt die Untersuchung der israelischen Regierung von Vorwürfen der Folter an arabischen Gefangenen durch die Israelis). Als die Massaker von Sabra und Shatilla der Öffentlichkeit bekannt gemacht wurden, versammelten sich in Tel Aviv 400.000 Israelis und forderten eine gründliche Untersuchung durch die Regierung über eine eventuelle Beteiligung der israelischen Armee an diesem Gemetzel. Wenn dies nicht das Mitgefühl für Menschenrechte zeigt: Juden aus Israel drücken ihren Zorn darüber aus, dass ihre eigene Armee möglicherweise zugelassen hat, dass Araber andere Araber abschlachten!

16. Es ist eine erschütternde und grauenhafte Erfahrung, die Berichte von Amnesty International über Folter in Staaten wie Syrien, Irak und Iran zu lesen (z.B. „Syrien. Folter durch die Sicherheitskräfte") New York:

Amnesty International, 1987, S. 1: „Das Ausmaß der angewendeten Foltermethoden beschreibt ein ehemaliger Gefangener so, dass man eine Haftanstalt in Damaskus eher als ein Versuchszentrum ‚für neue Foltermethoden' nennen könnte." Es ist ungerecht, die Praktiken jener Länder auch nur annähernd mit denen der israelischen Regierung zu vergleichen (siehe auch Anmerkungen 11. und 15. in diesem Kapitel).

In arabischen Staaten wurden seit 1948 dort lebende Juden zeitweilig verfolgt, verhaftet, gefoltert und sogar exekutiert (siehe Davis, *ibid*, S. 142–152). Im Jahr 1969 wurden im Irak Juden, die lediglich beschuldigt wurden, ausgespuckt zu haben, öffentlich auf den Marktplätzen von Bagdad gehängt. Radio Bagdad „rief die Irakis auf ‚zu kommen und sich an diesem Fest zu erfreuen'. Ungefähr 500.000 Menschen, darunter auch Frauen und Kinder paradierten und tanzten, hinter dem Galgenaufbau wurden die Leichen der erhängten Juden hin- und hergeschwungen; der Mob sang im Rhythmus: ‚Tod für Israel' und ‚Tod allen Verrätern' ..." (Davis, *ibid*, S. 147). Israel hingegen hat keinen einzigen arabischen Terroristen *exekutiert*, ungeachtet seiner begangenen Verbrechen. (Adolf Eichmann, der berüchtigte Kriminelle des Nazi-Regimes, war die einzige Person, die im modernen Israel hingerichtet wurde.)

17. Gervasi in *The Media's War*, S. 242–245
18. Siehe Singer „Moral Standards", S. 173, Nr. 3
19. Siehe „The PLO. Has It Complied With Its Commitments?", Neuauflage, August 1990 (Jerusalem: Ministry Of Foreign Affairs, 1990), S. 3.
20. Interview mit *Politiken*, Dänemark, Zitat aus *ibid*, S. 8. Kadoumi ist innerhalb der PLO auch bekannt als Abu Lutf („Vater der Freundlichkeit")
21. Der jüngste Krieg, der begonnen wurde, um Kuwait zu befreien, zeigt uns ein exzellentes Beispiel dessen: Israel wurde gelobt, weil es sich weigerte an Saddam Hussein Vergeltung zu üben. Von welcher anderen Nation würde man verlangen, sich still zu verhalten, während sie kontinuierlich bombardiert wird und sie es zulässt, dass ihr eigenes Volk terrorisiert, ihr Besitz an Häusern und Grundstücken zerstört wird, dies alles nur um keinen internationalen Konflikt heraufzubeschwören?

22. „The Devil and Yom Kippur"", S. 232

23. Stokely Carmichael (jetzt: Kwame Toure), wird in dem Werk von Prager und Telushkin *Why the Jews?* zitiert, S. 149

24. Zitat im ADL Untersuchungs-Bericht „Louis Farrakhan: The Campaign to Manipulate Public Opinion" (New York: Anti-Defamation League of B'nai B'rith, 1990), S. 41 + 43

25. *Ibid*, S. 31 f.

26. *Ibid*, S. 47 und 49. Selbstverständlich spricht Farrakhan nicht für alle schwarzen Amerikaner. Martin Luther King war ein wirklicher Freund der Juden. Repräsentative Zitate für diese Haltung sind in Gould's Werk *What Did They Think of the Jews?* zu finden, S. 466–569. Siehe z. B. S. 568: „wo immer wir auf Antisemitismus stießen, verurteilten wir ihn mit aller unserer Macht."

27. Rabbi Marvin hier zitiert in „Letter from the Simon Wiesenthal Center" [„Brief aus dem Simon Wiesenthal Zentrum"] David Duke.

28. Siehe John W. Whithaed „The fatal consequences of hatred", *Action* (A Monthly Publication of The Rutherford Institute), Juni 1991, S. 3 ff; und James Ridgeway *Blood in the Face: The Ku Klux Klan, Aryan Nations, Nazi Skinheads, and the Rise of the New Culture* (New York: Thunder's Mouth Press, 1991)

29. Zitat im ADL Research Report „Liberty Lobby: Network of Hate" (New York: Anti-Defamation League of B'nai B'rith, 1990), S. 5

30. * Martin Luther: „Ein solch verzweifelt [= heilloses], durchböset, durchgifftet, durchteufelt Ding ists und diese Juden, so diese 1400 Jahr unser Plage, Pestilenz und alles Unglück gewesen sind und noch sind ... warum sollen die Juden Teufels frei sein ..." (*Von den Juden und ihren Lügen*, 1543, WA, Band 53, S. 528, Z. 28–30).

31. „Liberty Lobby", S. 10

32. *Ibid*, S. 2

33. *The Nationalist*, S. 3 ff

34. Prager und Telushkin *Why the Jews?*, S. 124. Weitere schockierende Zitate sind in *Myths and Facts*, S. 273–282 zu finden.

35. Robert Lacey *The Kingdom*, (New York: Harcourt Brace Jovanovich, 1981), S. 259

36. *Ibid*, S. 385 ff

37. Zitiert in Ben Gad *Politics, Lies and Videotape*, S. 250. Das gesamte Buch Ben Gad's ist voll mit Zitaten wie diesem von Sprechern arabischer Organisationen.

38. Zitat aus *The Blood of the Moon* von George Grant (Brentwood TN: Wolgemuth & Hyatt, 1991), S. 53. Siehe dort S. 122 (Nr. 4) für die Quelle dieses Zitates. Grant erwähnt hier auch andere Zitate von ehemaligen und gegenwärtigen arabischen Führern, sie alle rufen zum Mord aller Juden in Israel auf. (Siehe S. 53–56). Man beachte die Worte des Syrers Hafez Assad: „Wir haben beschlossen, dies Land mit dem Blut der Israelis zu tränken, die jüdischen Aggressoren zu verdrängen und sie ins Meer zu treiben." (S. 56)

39. Zitat aus Ben Gads Buch (S. 181). Husseins Erklärung vom 8. Juni 1967, die er über Radio Amman verbreiten ließ, wurde am 7. Juni dieses Jahres über Radio Damaskus wiederholt: „Soldaten an den Fronten des Jordan, in Syrien, im Gaza-Streifen und vor Khan Yunis – der heilige Marsch hat schon begonnen! Tötet sie und reinigt eure Waffen von ihrem Blut, wenn ihr an den Stränden von Jaffa, Acco und Haifa angelangt seid." (Zitat aus *ibid*)

40. Louis A. DeCaro in *Israel Today: Fulfillment of Prophecy?* (Presbyterian and Reformed Pub. Co.: 1974), S. 22. DeCaro's Buch wurde von anerkannten Autoren gelobt. so z. B. Johannes G. Vos („Ich bin von dem hohen Grad biblischer Gelehrsamkeit, dem guten Sinn und dem vernünftigen Standpunkt beeindruckt.") und Lorraine Boettner („Wirkungsvoller als alle anderen Autoren, die ich je gelesen habe, vertritt er, dass der Staat Israel ... keine Basis in irgendeiner der biblischen Prophetien hat, er ist auf den selben politischen und militärischen Prinzipien aufgebaut, die auch die anderen Nationen dieser Welt ins Leben gerufen haben?) Beide Empfehlungen sind auf den Umschlagseiten dieses Buches abgedruckt, außerdem findet sich ein Vorwort von Professor Vos darin.

41. Siehe die entsprechenden Abschnitte in *Myths and Facts*.

42. Pike *Israel: Our Duty, Our Dilemma*, S. 283

43. Rick Godwin in seiner Tonbandkassetten-Serie von 1988: „The Shepherd-Sheep Relationship"

44. Ray Sutton, „Does Israel Have a Future?", *Covenant Renewal Newsletter*, Ausgabe 11. Nr. 12 (Dezember 1988), S. 3 (vertrieben durch Institute for Christian Economics, Tyler, TX). Ray Sutton, ehemaliger Pastor in Texas, ist jetzt Präsident des Philadelphia Theological Seminary.

45. Pike *Israel*, S. 280. Pike's Buch ist ein klassisches Beispiel für militante anti-jüdische Schriften. Von einem geschichtlichen Standpunkt aus betrachtet ist es voll von groben Fehlern und Ungenauigkeiten; die Schreibweise jüdischer Quellen ist oftmals völlig durcheinandergebracht worden. Mit den Begriffen, die Pike gebraucht um die jüdische Geschichte, das Judentum und den modernen Staat Israel einzuschätzen, ist das Buch ohne jeden wissenschaftlichen Wert. Im Lichte dessen sind die Worte auf den Umschlagseiten unglaublich: „Eine Dissertation, die einen in ihren Bann zieht, unübertroffen. Der klarste, genaueste und verständlichste Überblick über jüdische Geschichte und jüdische Bestrebungen, die es heutzutage gibt." Nach Pike's eigenen Worten, der sich selbst nach seiner eigenen Definition *nicht* als Anti-Semit einschätzt (siehe S. 329), sind jüdische Bestrebungen eindeutig und klar: „Beide – der Talmud und der Kabbala – beurteilen von vornherein, dass die christliche Kirche Amerikas dem selben Schicksal verfallen sein wird, wie es in den vergangenen 67 Jahren über 100 Millionen ‚goyim' [= jüd. Bezeichnung für Nichtjuden] in ungefähr einem Drittel der Welt zugeteilt wurde: Den Hungertod sterben, abgeschlachtet zu werden, Qualen zu erleiden, Gefängnis und Erschöpfung zu erleiden. Man soll aber nicht meinen, dass es bei den Zionisten den leisesten Hauch von Anerkennung für die Wohltätigkeiten, das Geld und auch das Kriegsmaterial gibt, das Christen in das Experiment Israel investiert haben ... *Die gesamte christliche Kirche wird nichts anderes vom Zionismus für seine Liebenswürdigkeit erhalten, als was Gus Hall der Christenheit in Amerika versprochen hat: Eine Gewehrkugel für ihren Bauch.* Statt dass wir

dafür ‚gesegnet' werden, was wir den Juden an ‚Segen' gegeben haben, können wir vom Zionismus lediglich erwarten, für alle kommenden Zeiten und Generationen von seinem weltweiten Gulag [Gefängnissystem] versklavt zu werden." (S. 293; Hervorhebungen von Pike.)

Die Worte Pike's würden von Anti-Semiten, wie der spätere König Faisal von Saudi-Arabien, oder vom „moderaten" ägyptischen Autor Anis Mansur mit Beifall bedacht und bekräftigt werden. Faisal behauptete, dass „die Zionisten ... nur dazu da sind, alle menschlichen Organisationen und alle Zivilisation und alle Werke, die gute Menschen tun, zu zerstören." Mansur sagte in seinem Buch *Wound in the Heart of Israel* [*Wunde im Herzen Israels*]: „Die Welt muss die Juden und den Tag, an dem sie auf diese Erde kamen, verfluchen ... Die Juden bereiten für die gesamte Menschheit jegliche Form von Qualen vor ..." (Beide Zitate sind in Bed Gad's Buch *Politics, Lies and Videotape* zu finden: S. 250 und 433). Wie schmerzlich ist es, dass „Christen" und Muslime sich darin vereinen können, die Juden zu verleumden!

Kapitel 7 – Lügen, Lügen und nochmals Lügen!

1. Siehe Yvonne Glikson, „Wandering Jew", *Encyclopedia Judaica*, Band 16 (Jerusalem: Keter, 1971), Spalten 259–263

2. Zum Thema „Antisemitismus und der Schwarze Tod" siehe Flannery *Anguish of the Jews*, S. 109–111

3. Haim Hillel Ben-Sasson *Trial and Chievement: Currents in Jewish History*, S. 245–255, wird zitiert in Prager and Telushkin *Why the Jews?*, S. 102

4. Prager und Telushkin, *ibid.*, S. 103. Siehe auch Cecil Roth, „Host, Desecration of", *Enc. Jud.*, Band 8

5. Siehe R. Po-chia Hsia *The Myth of Ritual Murder: Jews and Magic in Reformation Germany* (New Haven: Yale Univ. Press, 1988); Trachtenberg *The Devil and the Jews*, S, 97–155; und Haim Hillel Ben-Sasson und Yehuda Slutsky „Blood Libel", *Enc. Jud.*, Band 4, Spalten 1120–1131, mit der hier zitierten Literatur (besonders die Werke von H.L. Strack und Cecil Roth).

6. Simon Wiesenthal, *Every Day Remembrance Day, A Chronical of Jewish Martydom*, (New York: Henry Holt and Co., 1987), S. 100

7. Siehe Flannery, *ibid.*, S. 16 ff

8. Es wurde 1973 gedruckt und von Prager und Telushkin gefunden; siehe *Why the Jews?*, S. 99

9. Das kleine Büchlein mit dem Titel *Jewish Ritual Murder* wurde von Arnold Leese geschrieben; siehe Flannery, *ibid.*, S. 318

10. James Parkes *The Foundations of Judaism and Christianity*, zitiert in Prager und Telushkin, *ibid.*, S. 100

11. Prager und Telushkin. *ibid.*, S. 100 ff

12. Hier, Briefe aus dem Wiesenthal Center, S. 3 (Die mir wichtigen Passagen habe ich kursiv gesetzt). Die Geschichte der in Damaskus entstandenen „Blutbeschuldigung" ist im Werk *A History of the Jewish People* von H. H. Ben-Sasson zu finden. * Auf Deutsch: *Geschichte des jüdischen Volkes,* Verlag C. H. Beck, München

13. Siehe World Jewish Congress *News & Views*, Ausgabe XV, No. 3, (Februar – April 1991), S. 20

14. Einige weitere charakteristische Zitate: „Die Wahrheit ist, dass kein einziger Juden in den Gaskammern umgebracht wurde, diese wurden lediglich zur Desinfektion der Kleidung der Insassen benutzt. Das Gas hatte auch einfach keine tödliche Wirkung, außerdem hätten die Gaskammern nicht die Massen von Menschen, bewältigen können, von denen Israel immer redet. Die internationale Gemeinschaft muss Israel stoppen und es für all seine Verbrechen verantwortlich machen, damit es nicht zu einem so zerstörerischen Gebilde heranwächst, wie es der ganze Nationalsozialismus war." (*Sawt-al-Arab [„Arabische Stimme"],* Kairo, 14. Juli 1986; zitiert in Davis *Myths and Facts*, S. 281); „... Der Holocaust ist in erster Linie ein historischer Schwindel. Der größte Holocaust war nicht der gegen die Juden, sondern der von Juden an Christen begangene. Ich frage mich, ob tatsächlich 6 Millionen Juden in den Lagern der Nazis umkamen." („David Duke: *In His Own Words. A Sampler of bigotery, racism and anti-Semitism*" [New York: Anti-Defamation League of B'nai B'rithn] S. 3). Weitere Literatur, die sich

auf Arthur R. Butz's unverschämtes Werk *The Hoax of the Twentieth Century* [*„Der Schwindel des 20. Jahrhunderts"*] bezieht, ist im Anhang „Weiterführende Literatur" – entsprechender Abschnitt zu diesem Kapitel – zu finden.

15. „Selbst wenn wir die jüdische Zahl von 6 Millionen jüdischen Märtyrern im Holocaust glauben (eine Zahl, die von vielen Gelehrten als wilde Übertreibung gehalten wird), so schwindet diese Zahl vor den etwa 144 Millionen Opfern des jüdisch inspirierten Kommunismus seit 1917." (Pike *Israel*, S. 174)

16. Zitat aus *Hier, Wiesenthal Center letter*, S. 2 ff

17. Jeder, der jemals ein Buch wie z. B. das von Martin Gilbert *The Holocaust* gelesen oder Fotografien gesehen hat, wie sie z.B. Yitzhak Arad als Sammlung *Pictorial History of the Holocaust* angelegt hat, kann nur sehnlichst wünschen, dass der Holocaust nie stattgefunden hat, ganz zu schweigen von einem Besuch des „Yad Vashem"-Museums in Jerusalem. Es ist nahezu unvorstellbar, dass sich solche Ereignisse vor einer Generation im „zivilisierten" Europa zugetragen haben. Beachten Sie bitte auch den Anhang „Weiterführende Literatur", wo sie im entsprechenden Abschnitt zu Kapitel 1 ein Verzeichnis von Schlüsselwerken zum Thema Holocaust finden.

18. Seit dem Aufkommen von *glasnost [= Offenheit]* in Russland in jüngster Zeit, werden nun die Juden – diesmal in aller Öffentlichkeit – beschuldigt, die Ursache für das nationale wirtschaftliche Chaos und den kurz bevorstehenden Kollaps zu sein.

19. Siehe *Hier, Wiesenthal Center letter*, S. 3. Eine Studie über den internationalen finanziellen Druck, der von den arabischen Staaten gegen Israel ausgeübt wird ist bei Aaron J. Sarna in *Boycott and Blacklist. A History of Arab Economic Warfare Against Israel* zu finden (Totowa, NJ: Rowman & Littlefield, 1986)

20. Siehe z.B. Pike *Israel*, S. 141–164 („Soviet Anti-Semitism: ‚Red Herring?'") und S. 166–177 („Monopolists Of the Media"); siehe auch *ibid.*, S. 174, bereits unter Nr. 15 zitiert. Als König Faisal von Saudi-Arabien gefragt wurde, wie er seine beiden Äußerungen „Zionismus ist

die Mutter des Kommunismus" und „die Tatsache, dass Israel und die UdSSR im Mittleren Osten einander als Kontrahenten gegenüberstehen, dadurch, dass die Russen Ägypten und Syrien mit Waffen beliefern, die diese gegen Israel einsetzen" in Einklang bringen kann, antwortete er frank und frei: „Dies ist alles Teil eines großen Komplotts, einer großen Verschwörung. Kommunismus ... ist eine zionistische Erfindung, geschaffen, um die Ziele des Zionismus zu erfüllen. Sie geben nur vor, gegeneinander zu arbeiten." (Robert Lacey *The Kingdom* S. 386)

In ihrem Vorwort zur Neuauflage von Hays *Christian Anti-Semitism*, S. XI, schrieb Claire Hutehet Bishop: „Gestern noch beschuldigt, Kommunisten zu sein, heute den Vorwurf ertragend, Kapitalisten zu sein – man verwehrt es den Juden immer, Juden zu sein." Wichtig ist auch der Kommentar von George Orwell: „Es ist offensichtlich, die Vorwürfe gegen die Juden sind nicht wahr. Sie können nicht wahr sein, zum Teil weil sie sich gegenseitig aufheben, zum anderen Teil kann kein Volk ein derartiges Monopol auf Boshaftigkeit haben." (zitiert aus Gould *What Did They Think of the Jews?*, S. 471)

21. Micah H. Naftalin, nationaler Direktor der Vereinigung des Rates für sowjetische Juden, schrieb in einem Brief (1990, S. 1): „Eine offizielle Zeitschrift des sowjetischen Verteidigungsministeriums begann, eine Serie mit diesen beiden Werken zu veröffentlichen, die zu lesen als ein ‚muss' für die aufsteigenden Offiziere der Roten Armee erachtet wurden." Mehr darüber ist im Anhang „Weiterführende Literatur" – entsprechender Abschnitt zu diesem Kapitel – zu finden.

22. Vergleiche Pike *Israel*, S. 328: „Die Wahrheit ist, dass die Mehrheit der in Palästina lebenden Juden, die die Araber dort aus ihrer Heimat in selbstherrlicher Art und Weise vertreiben, genauso wenig Nachkommen Abrahams sind, wie es jene jüdischen Konvertierten [zu einem anderen Glauben Übergetretene *] wie z.B. Sammy Davis Jr., Marilyn Monroe oder eigentlich sogar wir alle es nicht sind." Siehe auch Charles D. Provan *The Church Is Israel Now. The Transfer of Conditional Privilege* (Vallectio, CA: Ross House Books, 1987), S. 29: „... Juden forschen intensiv nach ihrer Abstammung [durch Isaak] (eine Tatsache, der sehr zu widersprechen wäre)."

Die Mythe betreffend, dass die ursprünglichen Juden alle schwarz gewesen seien, siehe die Worte Kwame Toure (vormals Stokely Carmiehael): „Afrika hat das Judentum geboren. Mose war Ägypter!" (zitiert in Gould *What Did They Think of the Jews?* S. 570). Den Schwarzen Hebräer-Kult betreffend (der nichts mit den äthiopischen Juden zu tun hat, diese sollten als Juden betrachtet werden), siehe Davis *Myths and Facts*, S. 18–20. Eine genaue Aussage über die Vielfalt der Rassen, die innerhalb des jüdischen Volkes zu finden sind, siehe Flannery *Anguish of the Jews*, S. 331.

23. Das Standardwerk zu diesem Thema stellte Arthur Koestler's *The Thirteenth Tribe. The Khazar Empire and its Heritage* (New York: Random House, 1976) dar. Seine Schlussfolgerungen werden von Pike in *Israel* (S. 326–328) und von James McKeever in *Claim Your Birthright* (Medford, OR: Omega Publications, S. 173 ff) praktisch als eine Tatsache akzeptiert. (McKeever ist ein international anerkannter christlicher Autor, seine Werke verzeichnen hohe Verkaufszahlen. *Claim Your Birthright* erhielt die Auszeichnung „prestigious Angel Award" für hochwertige christliche Literatur.) Die wissenschaftliche Widerlegung der Behauptungen Koestlers sind im Anhang „Weiterführende Literatur" im entsprechenden Abschnitt zu diesem Kapitel zu finden.

24. Siehe John Powledge *Replacement Theology: The Denial of Covenant?* (M. Div. Thesis. Messiah Biblical Institute and Graduate School of Theology: 1991), Anhang C: „McKeever, Koestler and the Khazars: Questions of Validity and Factuality in Historical Research."

25. In den Augen der traditionellen jüdischen Gemeinschaft ist eines der größten Probleme, denen sich amerikanische Juden heute gegenübersehen die *Assimilation* durch Heirat mit Nichtjuden. Siehe Telushkin *Jewish Literacy*, S. 441–444 („The Vanishing American Jew. Low Birthrate, Assimilation and Intermarriage.").

26. Louis Farrakhan, zitiert in Gould *What Did They Think of the Jews?*, S. 559 f

27. * Richard Wagner über die Juden

28. Tragischerweise wird dies – und eine Menge anderer Vorwürfe – von Pike in *Israel*, S. 20–105 296–324 vorgebracht, wiederholt werden sie

von McKeever, S. 265–279; siehe auch Gary North *The Judeo-Christian Tradition: A Guide for the Perplexed* (Tyler, TX: Institute for Christian Economics, 1990) S. 73–130. Es ist wirklich eine Schande, dass so viele Christen diese Passagen des Talmuds lesen werden, diese sind aus dem Zusammenhang gerissen und von Pike, McKeever und – in einem geringeren Ausmaß – von North beklagenswert fehlinterpretiert. Sie zeigen ein pervertiertes Bild des traditionellen Judentums (und von traditionellen Juden!). Der Kommentar von Moses Mielziner stimmt immer noch: „Es ist sicher, dass die meisten von denen ... die ein verdammendes Urteil über das gigantische Werk des Talmuds gefällt haben, niemals auch nur eine einzige Seite desselben im Original gelesen bzw. in der Lage gewesen waren sie gelesen zu haben. Sie sind vielmehr von religiösem Vorurteil oder religiöser Feindseligkeit provoziert worden, oder sie gründen ihr Urteil lediglich auf solche aus dem Zusammenhang gerissenen oder oftmals verzerrt wiedergegebenen Passagen die Eisenmenger und Konsorten, sowie deren Anhänger aus dem Talmud zu feindseligen Zwecken herausgepickt haben." (*Introduction to the Talmud. With a new bibliograpphy, 1925–1697 by Alexander Guttmann*, [New York: Bloch Puh. Co., 1968], S. 103). Weitere gegen den Talmud gerichtete Literatur, allen voran das niederträchtige Werk von J. A. Eisenmenger, sind im Anhang „Weiterführende Literatur" – entsprechender Abschnitt zu diesem Kapitel – zu finden.

29. Siehe Prager und Telushkin *Why the Jews?*, S. 46–58

30. Diese unbeschreiblich verdrehte Lüge ist in Pike's Buch *Israel: Our Duty ... Our Dilemma*, S. 36 und im Begleit-Video zu finden.

31. Diese falsche Vorstellung wird durch das ganze Buch von Davis *Myths and Facts* hindurch behandelt.

32. Michael Comay *Zionism, Israel, und the Palestinian Arabs. Questions and Answers* (Jerusalem: Keter, 1983), S. 40. Siehe auch Ben Gad *Politics, Lies and Videotape*, S. 155 f.: „Israel: Never an Arab Land"

33. Siehe Davis, *ibid.*, S. 21–29

34. Siehe Comay, *ibid.*, S. 40–44, und Davis, *ibid.*, S. 24–73, 85. Man beachte auch die Anmerkung Davis, *ibid.*, S. 128: „Von 1965 bis zur is-

raelischen Operation im Libanon von 1982 verloren bei terroristischen Attacken der PLO 689 Israelis ihr Leben und 3799 wurden verwundet."

35. David A. Rausch *A Legacy of Hatred: Why Christians Must Not Forget the Holocaust* (Grand Rapids: Baker, 1990), S. 183. Während die arabischen Nationen die Palästinenser drängten, das Land zeitweilig zu verlassen, drängten die dort lebenden Juden sie, zu bleiben! Ben Gad gibt in *Politics, Lies and Videotape*, S. 306 ff, den kompletten Text eines Posters des (jüdischen) Arbeiter-Rates von Haifa vom 28. April 1948 wieder: „Appell an die Araber, in ihren Häusern und an ihren Arbeitsstellen zu bleiben." Palästinensischen Arabern, die nicht aus dem Land flohen, wurde volle Staatsbürgerschaft bewilligt.

36. „Wie auch immer die Namen, sie haben das gleiche Ziel" (Israel Information Center); und Davis *Myths and Facts*, S. 283–294 (besonders S. 291 ff).

37. Siehe Davis *Myths ond Facts*, S. 12 ff (mit einem anschaulichen Zitat vom Mark Twain, der Palästina im Jahr 1867 beschreibt)

38. Siehe Ben Gad *Politics, Lies and Videotape*, S. 138 und 311 ff.

39. Ralph Galloway wird in Ari und Shira Sorko-Ram's Werk „A Short Handbook on the Israeli-Arab Conflict. The Palestinian Problem" zitiert, abgedruckt in *Maoz Newsletter*, S. 4. Siehe auch die anschaulichen Wahrheiten, die von Ben Gad präsentiert werden: *Ibid.*, S. 291–308 unter „Palestinian Arab Refugees – Political Weapons in Cruel Arab Hands."

40. Hanifi Younes, zitiert in *USA Today*, International Edition, vom 8. März 1991, Abschnitt A, S. 2. Auf Yassir Arafat bezogen sagt Younes: „Ich hasse diesen Mann. Jedesmal wenn er seinen Mund aufmacht, bringt uns das Probleme. Ich habe mit ihm nichts zu tun. Wieso werde ich dafür verantwortlich gemacht, was er sagt?" Ähnlich lautende Zitate anderer Palästinenser sind ohne weiteres überall zu finden.

41. Siehe „Judea Samaria and the Gaza District since 1967" (Jerusalem: Israel Information Center, 1986); und Davis *Myths und Facts*, S. 178f. 181–189.

42. Siehe *ibid.*, S. 74 und „FLAME. A sampling", die einführenden Worte im Innencover und Ausgabe Nr. 25 („‚Land for Peace' – Can it solve the problems of the Middle East?").

43. Ben Gad *Politics, Lies and Videotape*, S. 262

44. Zitat aus *ibid*

45. Zitat aus *ibid*

46. Siehe den ADL – Bericht über Louis Farrakhan, S. 11–13. Steve Cokely war ein Berater von Major Eugene Sawyer; Sawyer entließ ihn im Jahr 1988 als Cokely's starker Antisemitismus ans Tageslicht kam.

47. Weitere derartige Lügen sind in Clifford Goldstein's Werk „The Patagonian Zionist Plot" *Shabbat Shalom* Juli – September 1990. S. 12–14 zu finden.

48. Siehe: *Hier, Wiesenthal Center letter*, S. 1

Kapitel 8 – Die Inquisition ist noch nicht vorüber

1. Siehe Cecil Roth *A History of the Marranos* (New York: Schocken, 1974); Yitzhak Baer *A History of the Jews in Christian Spain*, Band 2 (übersetzt ins Englische von Louis Schoffman; Philadelphia: Jewish Publication Society, 1966). Man beachte den Kommentar von Major Arthur Griffiths: „Die Feuer der modernen Inquisition, so wurde gesagt, wurden ausschließlich für die Juden entzündet." (*In Spanish Prisons. The Inquisition at Home and Abroad. Prisons Past and Present* [Neuauflage, New York: Dorset Press, 1991] S. 32).

2. Rafael Sabatini *Torquemada – The Spanish Inquisition* (Boston/New York: Houghton-Mifflin Pub. 1924) S. 265 ff.

3. *Ibid.* S. 266–268

4. Dies sind die Verfügungen, die von St. Dominic erlassen wurden: „Der Büßer darf sein Leben lang keinerlei Fleisch essen; ... er muss ein religiöses Gewand tragen, welches mit einem kleinen Kreuz auf jeder Seite der Brust bestickt sein muss; er muss jeden Tag die Messe besuchen, sofern er die Möglichkeit dazu hat, und die Vesper [„abendliche Gebetsstunde"*] an Sonn- und Feiertagen; ... er muss das Paternoster [„Vaterunser"] siebenmal am Tag, zehnmal am Abend und 20 mal zur

Mitternacht wiederholen. Wenn er irgendeine dieser Anforderungen nicht erfüllt, soll er als ‚zurückgefallener Häretiker' verbrannt werden". (Griffiths, *ibid.*, S. 16f)

5. Zitiert in Ben-Sasson *A History of the Jewish People*, S. 589

6. Charlotte Klein *Anti-Judaism in Christian Theology*, S. 11

7. Für gründliche Analyse dieser Verse siehe W.D. Davies und Dale C. Allison *The Gospel According to Saint Matthew*, International Critical Commentary (im folgenden mit ICC abgekürzt); ICC Edinburgh: T & T Clark, 1988), Band 1, S. 481–503; Robert A. Guelich *The Sermon on the Mount*, (Waco, TX: Word, 1982), S. 134–174; und Gustaf Dalman *Jesus-Jeshua. Studies in the Gospels*, (ins Englische übersetzt von Paul P. Levertoff; Neuauflage, New York: Ktav, 1971), S. 56–85.

8. Jules Isaac *Genese de l'Antisémitisme*, S. 147, zitiert in Jaques Doukhan *Drinking at the Sources. An Appeal to the Jew and the Christian to note their common beginnings*, (ins Englische übersetzt von Walter R. Beach und Robert M. Johnson; Mountain View, CA: Pacific Press, 1981), S. 25. Isaacs Aussage ist in erster Linie auf die jüdisch-christliche Spaltung *nach* dem ersten Jahrhundert anwendbar. Siehe auch James Parkes *The Conflict of the Church and the Synagogue. A Study in the Origins of Antisemitism*, (New York: Atheneum, 1985), S. 45.

9. Um mit den Worten des Neuen Testaments zu sprechen, sollten wir alle „durch das Blut Jesu die Freiheit haben zum Eingang in das Heiligtum ... so lasst uns hinzutreten mit wahrhaftigem Herzen in vollkommenem Glauben, besprengt in unseren Herzen und los von dem bösen Gewissen und gewaschen am Leib mit reinem Wasser." (Hebräer 10, 19+22). In Jesus, dem Messias, gilt für Juden und für Nichtjuden Epheser 2, 22: „Durch ihn werdet auch ihr miterbaut zu einer Wohnung Gottes im Geist." Wahrhaftig, wir sind *jetzt* eingesetzt im Himmel in Christus Jesus (Epheser 2, 6), und aller geistlicher Segen im Himmel ist unser – durch Ihn (Epheser 1, 3). „Nun aber schauen wir alle mit aufgedecktem Angesicht die Herrlichkeit des Herrn wie in einem Spiegel, und wir werden verklärt in sein Bild von einer Herrlichkeit zur andern von dem Herrn, der der Geist ist." (2. Korinther 3, 18). Der Neue Bund ist unaussprechlich herrlich!

10. Siehe den Anhang „Weiterführende Literatur" zur Frage des Einhaltens des Sabbats.

11. Ähnlich lautende Anschuldigungen haben alle etwas Gemeinsames, was sich im folgenden (charakteristischen) Zitat widerspiegelt: „Die Gemeinde des Neuen Testaments war eine jüdische Sekte (Apostelgeschichte 28, 22) und wurde von geisterfüllten Lehrern beherrscht, die im Judentum groß geworden waren. Sie brachten die Dinge des Alten Bundes in die Gemeinde hinein, diese Dinge sind eine Schlinge und ein Betrug, der dem Leib Christi jede Möglichkeit verwehrt heranzureifen." „Die Gemeinde zu Jerusalem war so infantil, dass sie damit fortfuhren, DIE GESETZE DES MOSE ZU HALTEN ... So lange wir durch Täuschung dazu gebracht werden, die Muster [dieser] neutestamentlichen Gemeinde zu kopieren, werden wir durch Satan gebunden sein, genau so, wie unsere längst verstorbenen Brüder, die Juden zu Jerusalem, gebunden waren" (Peter Whyte *The King and His Kingdom*, [Shippensburg; PA: Destiny Image, 1989], S. 89). Während Whyte einige gute Punkte in seinem Buch ausführt, ist es andererseits jedoch unglücklich, dass er viele der heutigen Probleme in den Gemeinden unter der Überschrift judaistisches Christentum einordnet. Er stellt ganz klar die Behauptung auf, dass „jede Gemeinde, die dies judaistische Christentum fördert und praktiziert, eine ‚liebliche' Rebellion gegen den König praktiziert, sie rebelliert – jedoch in Seinem Namen." (S. 93) Eine kurze Diskussion über die häufigsten Einwände, die den messianischen Juden, die bewusst als Juden leben, entgegen gehalten werden, sind bei David H. Stern in *Messianic Jewish Manifesto* (Jerusalem: Jewish New Testament Publications, 1988), S. 11–16 zu finden.

12. Eine gründliche Zusammenfassung ist bei Daniel C. Juster in *Jewishness and Jesus*, (Downers Grove, IL: InterVarsity Press, 1977), S. 8 ff, zu finden.

13. Es gibt absolut keinen Beweis aus der Heiligen Schrift, dass sich Paulus hier äußerlichem judaistischem Druck unterworfen und seine Überzeugungen kompromittiert hätte. Das würde bedeuten, dass er so etwas ähnlichem, wie der Irrlehre der Galater, *also einem anderen Evangeli-*

um, Raum gegeben hätte. Mit anderen Worten (genau gesagt mit Paulus eigenen Worten) gesagt, wäre er dann *ewiger Verdammnis* unterworfen (siehe Galater 1, 6–9). Im ganzen restlichen Buch der Apostelgeschichte distanzierte er sich an keiner Stelle von seinen in Kapitel 21 beschriebenen Taten im Tempel zu Jerusalem, noch wies er auf sie als lobenswert hin (z. B. Apostelgeschichte 24, 17 ff und 25, 8). Und wenn Paulus nicht als ein der Tora gehorsamer Jude lebte, warum nahm er dann – wie vorher beschrieben (Kapitel 18, 18) – ein jüdisches Gelübde auf sich? Wenn Paulus nicht mehr als Jude lebte, wen wollte er dann damit beeindrucken oder wo waren die Juden, die versuchten, auf Paulus Druck auszuüben? Die einzig richtige Antwort ist die, dass er das alles tat, weil er selbst „nach dem Gesetz lebt und es hält." (Apostelgeschichte 21, 24). So schrieb z. B. W. L. Knox im Hinblick auf Paulus: „Gehorsam dem [jüdischen] Gesetz war eine Sache fürs ganze Leben." Siehe sein Werk *St. Paul and the Church of Jerusalem*, S. 122, zitiert in W. D. Davies *Paul and Rabbinic Judaism. Some Rabbinic Elements in Pauline Theology*, (Philadelphia: Fortress Press, 1980) S. 70.

14. Siehe C. Thomas Rhyne *Faith Establishes the Law*, (Chico, CA: Scholars Press, 1981). Hier ist eine detaillierte Studie zu diesem Vers zu finden.

15. Siehe auch den Anhang „Weiterführende Literatur" – entsprechender Abschnitt zu diesem Kapitel und zu Kapitel 5.

16. Man beachte die Kommentare von Knox, *ibid.*, zitiert in Davies, *ibid.*, S. 70. Eine umfangreiche Behandlung dieser Verse aus einer etwas anderen Perspektive ist in Gordon D. Fee's Werk *The First Epistle to the Corinthians*, NICNT (Grand Rapids: Wm. B. Eerdmans, 1987), S. 422–433, zu finden.

Kapitel 9 – Sind Sie ein „Kreuzfahrer" für Christus?

1. Benjamin Shlomo Hamburger *False Messiahs and Their Opposers*, (Hebrew; B'nai Brak, Israel: Mechon Moreshet Ashkenaz, 1989), S. 19 (Das Zitat am Ende dieses Absatzes ist von Rav Shimon Walbah, einem führenden orthodoxen Rabbiner in Israel).

2. Rabbi Ephraim Oshry *Responsa from the Holocaust*, (Englische Übersetzung: New York: Judaica Press, 1989), S. XIX–XX

3. *Ibid.* S. XXL

4. Eugene B. Borowitz *Liberal Judaism* (New York: Union of American Hebrew Congregations, 1984), S. 78f und 81. Professor Jacob Neusner bezieht sich vielfach auf die „Religion der Liebe, von der sich die Christen gern selbst predigen hören (die aber – aus Sicht der Juden – in der Praxis nur selten zu finden ist)." Siehe auch sein Artikel „The Myth of the Racism of Judaism", *Judaica Book News*, Ausgabe 21, Nummer 2 (Frühjahr/Sommer 1991/5751), S. 27.

5. Eliezer Berkovits „Judaism in the Post-Christian Era", neu gedruckt in Talmage *Disputation and Dialogue*, S. 287.

6. *Ibid.*, S. 287 f.

7. Franz Delitzsch in Schlissel und Browns Werk *Hal Lindsey & The Restauration of the Jews*, S. 46. zitiert. * Franz Delitzsch: Umfassender Kenner rabbinischen Schrifttums, übersetzte das Neue Testament ins Hebräische, gründete 1886 das „Institutum Judaicum" – lt. „RGG – Religion in Geschichte und Gegenwart" – Band 2 Spalte 74f. *

8. Nicolai Berdyacv wird in Dockhands Werk *Drinking at the Sources*, S. 93, zitiert. Man beachte auch die Worte Basilea Schlink's, die sie in erster Linie an ihre deutschen Mitchristen richtete: „*Wie sollen sie an Jesus glauben? Haben wir ihnen nicht selber die Binde vor die Augen gelegt? Sie können Jesus durch unser Verhalten nicht sehen, sie können nicht an Ihn glauben, denn wir haben ihnen ja nicht das Bild Jesu dargestellt, sondern das Bild der Unbarmherzigkeit*" (M. Basilea Schlink, Israel mein Volk, S. 43f)

9. Literatur über die Kreuzzüge sind im Anhang „Weiterführende Literatur" zu finden. Siehe auch in diesem Abschnitt unter Kapitel 2 Nr. 9.

10. David Rausch *Legacy of the Hatred*, S. 27 stellt hier einen lebhaften Bericht bereit: „Sie verbrannten die in der Hauptsynagoge [von Jerusalem] eingeschlossenen Juden bei lebendigem Leib, während sie um die schreienden, sich im Feuer quälenden Menschen herum marschierten, das Lied ‚Christus, wir beten dich an' auf den Lippen und ihre Kreuze,

die sie bereits während des ganzen Kreuzzuges trugen, in die Höhe haltend." Robert Payne beschreibt es so: „Das Massaker von Jerusalem wurde vorsätzlich durchgeführt; es war das Resultat vorausbestimmter Politik. Jerusalem sollte zu einer christlichen Stadt werden. Die Juden mussten deshalb beseitigt werden. Sie waren alle zur Hauptsynagoge geeilt, in der Hoffnung, dort Zuflucht und Schutz zu finden. Die Kreuzritter, begierig nach der einfachsten Lösung, brannten die Synagoge mit den darin versammelten Juden nieder." (*The Dream and the Tomb. A History of the Crusades* [New York: Dorset Press, 1984], S. 102 f.) Vor diesen Ereignissen dieses Tages zitierte einer ihrer Anführer, Raymond von Aguilers, den Psalm 118 Vers 24: „Dies ist der Tag, den der Herr macht, lasst uns freuen und fröhlich an ihm sein." Er fand die Zustimmung seiner Kreuzritter, die „über die verstümmelten Körper [derjenigen, die sie umgebracht hatten] hinwegrannten, so als ob diese ihnen wie ein ausgebreiteter Teppich zu Füssen lagen". (*ibid.*, S. 102)

11. Simon R. Schwarzfuchs, „The Crusades", *Enc. Jud.*, Ausgabe 5

12. *Ibid.*, Nr. 1138 f.

13. *Ibid.*, Nr. 1140

14. Oshry *Responsa.* S. 64

15. James Parkes *The Conflict of the Church and the Synagogue*, S. 395

16. *Ibid.*, S. 394

17. *Ibid.*, S. 398

18. *Ibid.*, S. 399

19. *Ibid.*, S. 397

20. *Ibid.*, S. 397

Kapitel 10 – „Mehr Tränen"

1. Bonar, *Memoir and Remains of Robert Murray M'Cheyne*, S. 192

2. Prager und Telushkin, *Why the Jews?*, S. 17 ff.

3. Siehe Gary D. Eisenberg, *Smashing the Idols. A Jewish Inquiry into the Cult Phenomenon* (Northvale, NJ: Jason Aronson, 1988).

4. Zerstörung Jerusalems ist bei Galya Cornfeld in *Josephus. The Josephus War* (Grand Rapids: Zondervan, 1982) zu finden.

5. Siehe das Buch *How Saved Are We?* von Michael Brown (Shippensburg, PA: Destiny Image, 1990), „The Baptism of Tears". S. 77–84, mit diesbezüglichen Zitaten von Richard Wurmbrand, John G. Lake, Smith Wigglesworth und anderen.

6. Wiesenthal, *Every Day Remembrance Day*, S. 135–137

Kapitel 11 – So nah und doch so fern

1. Rabbi Moses Isserles (16. Jahrhundert, Polen), erschienen bei Rabbi Jacob Berman, *Popular Halacha*, I (Jerusalem: The World Zionist Organization, 1978), S. 1 . Die hier zitierten Worte stammen aus Rabbi Isserles's Kommentar zu Rabbi Joseph Karos Werk *Shulchan Arukh [Gedeckter Tisch]*, der am Anfang dieses Werkes steht.

2. Babylonischer Talmud, Berakhot 63 a.

3. Fendel *The Halacha and Beyond*, S. 18

4. Sofern nicht anders vermerkt, sind diese Gebete von Rabbi Nosson Scherman *The Complete Artscroll Sidur*, (Brooklyn: Mesorah Pub., 1987); ich habe „HaSchem" (wörtlich: „der Name", siehe S. XVII) mit „der Herr" ersetzt. Das Gebet beim morgendlichen Aufstehen: Siehe S. 2 ff. Für weitere Studien über jüdisches Gebet siehe den entsprechenden Abschnitt im Anhang „Weiterführende Literatur".

5. *Ibid.*

6. Siehe Dr. Joseph H. Hertz *The Authorized Daily Prayer Book*, (überarbeitete Auflage: New York: Bloch Pub. Co., 1971), S. 997, und *Artscroll Siddur*, S. 288ff.

7. Eliezer Berkovits *With God in Hell*, S. 17ff.

8. * Siehe das jüdische Gebetsbuch *Sidur Sefat Emet* (mit deutscher Übersetzung von Rabbiner Dr. S. Bamberger – Victor Goldschmidt-Verlag, Basel, 1982)

9. * *Ibid.*, S. 3

10. *Artscroll Siddur*, S. 52–55

11. Yossel Rakover gehörte einer chassidischen (also einer ultraorthodoxen) Familie an, die von den Nazis ausgelöscht wurde. Obwohl es über ihn kein schriftlich niedergelegtes Zeugnis gibt, sind ihm die Worte seines

bewegenden Bekenntnisses von Zvi Kolitz in den Mund gelegt worden, der auf die Frage: „Wie hat ein Jude in dieser Zeit Gott angeredet?" wie hier zitiert antwortete. Siehe Zvi Kolitz „Yossel Rakover's Appeal to God" in Albert H. Friedlander's Werk *Out of the Whirlwind: A Reader of Holocaust Literature* (New York: Schocken, 1967), S. 390–399; siehe auch Emil L. Fackenheim „The People Israel Lives", abgedruckt in Talmage *Disputation and Dialogue*, S. 302f. Das dichterische Gebet mit dem Titel „The Resurrection" [„die Auferstehung"*], zitiert von Fackenheim, *ibid.*, S. 300–302, ist ein weiterer tief bewegender Text.

12. *Artscroll Siddur*, S. 180ff.

13. Alle folgenden Gebete sind dem *Shemoneh Esrei*, den achtzehn Segnungen entnommen, auch *Amidah („Das Gebet im Stehen")* genannt, oder einfach *Tefilah* „das Gebet". (Es ist das jüdische Gebet *par excellence*.) * Enthalten in der deutschen Ausgabe von *Sidur Sefat Emet, Mit deutscher Übersetzung von Rabbiner Dr. S. Bamberger* (Victor Goldschmidt-Verlag, Basel, 1982), S. 42 + 45.

Kapitel 12 – Hat Gott Sein Volk verworfen?

1. Bemerkenswert genug, dies ist im Grossen und Ganzen die Schlussfolgerung, die Charles Provan hier zieht (*The Church is Israel Now*, S. 44 und 60–61). Tatsächlich zitiert er auch (S. 60) Jeremiah 31, 31–35, wobei die Verse 36–37 dieses Kapitels *nicht* zitiert werden. Dies aber macht den Unterschied aus! (Auch vom Textzusammenhang ist dies nicht möglich: Jeremia 31, 35 *ist eine Einleitung* für die Verse 36–37, dieser Vers *schließt auf keinen Fall* die Verse 31–34 gedanklich ab.)

2. In seinem Kommentar zu Jesaja 66, 22 – „Denn wie der neue Himmel und die neue Erde, die ich mache, vor mir Bestand haben, spricht der HERR, so soll auch euer Geschlecht und Name Bestand haben" – sagt Franz Delitzsch: „... aber Israels Same und Name d.i. Israel als Volk gleicher Ahnen und selbständigen Namens bleibt ewig, wie der neue Himmel und die neue Erde ..." * Franz Delitzschs Kommentar des Alten Testaments: Jesaja (Brunnen-Verlag, Giessen) S. 685

Nach James McKeever jedoch glauben diejenigen, die von einem „besonderen Platz, den Gott für die Nation Israel hat" überzeugt sind, es *„aus ihren menschlichen Emotionen heraus ... Sie haben absolut keine biblische Grundlage für diese Überzeugung, sie glauben es nur weil sie ihr ganzes Leben lang damit auf propagandistische Art und Weise gefüttert wurden."* (*The End Newsletter*, Oktober 1989, S. 11, die mir wichtigen Teile habe ich kursiv gesetzt); Charles Provan schrieb außerdem, dass diejenigen, die glauben, dass die Juden Gottes auserwähltes Volk sind, *„den bedauerlichen Zustand zeigen, der existiert, wenn die Bibel nicht studiert wird ..."* (*Ibid.*, S. 34, die mir wichtigen Teile habe ich kursiv gesetzt). Das bedeutet dann wohl auch, dass Delitzsch, einer der geistlich einflussreichsten Gelehrten der Bibel im 19. Jahrhundert die Bibel nicht studiert hat!

3. Nach den Worten von Robert Carroll, ein bekannter Gelehrter des Buches Jeremia, kann man die tiefen Empfindungen, die mit den Worten „bricht mir mein Herz, dass ich mich seiner erbarmen muss" ausgedrückt werden, beschreiben mit „dem physikalischen, mächtigen Trieb, den eine Mutter für ihr Kind oder Liebende füreinander haben." Genauso sind die Empfindungen Gottes für Israel, auch in Zeiten seines Ungehorsams! Siehe Robert P. Carroll *Jeremiah: A Commentary*, Old Testament Library (Philadelphia: Westminster, 1986), S. 596ff. Carroll merkt weiterhin an: „Das Bild der überwältigenden Liebe einer Frau zu ihrem Kind ist ein Kennzeichen für die Sicht, die die Gottheit über die Gemeinschaft [des Volkes Israel] hat und zeugt von ihrer herrlichen Zukunft ... Jahwes Liebe für Ephraim ist so stark, sitzt so tief, dass das Kind trotz seiner närrischen und jugendlichen Unvollkommenheit auf Barmherzigkeit treffen wird" (S. 600).

4. In keinem anderen Aspekt als der Mythe des „Ewigen Juden" ist dies deutlicher zu sehen! Siehe oben, Kapitel Sechs („Lügen, Lügen und nochmals Lügen").

5. David Chilton drückt es so aus: „Weil Israel den schlimmsten vorstellbaren Akt, nämlich den Bund mit Gott zu brechen, begangen hatte, indem es Christus ablehnte, wurde es von Gott abgelehnt ..." (*Paradise*

Restored. A Biblieal Theology of Dominion [Tyler, TX: Reconstruction Press, 1985], S. 82); DeCaro schlussfolgert, dass „Israel nach dem Fleisch, das ist das heutige Israel, das nicht an Jesus glaubt, das Recht haben mag, politisch und national sich von anderen zu unterscheiden ... aber diese Unterscheidung bleibt ohne Bezug zu einer prophetischen vorhergesagten und im Bundesschluss Gottes vorgesehenen Umkehr'" (*Israel Today*, S. 123). Noch eindeutiger drückt es Godwin aus: „Keiner unserer [geistlichen] Väter, die den geistlichen Grund für uns gelegt haben, glaubte je an eine nationale Wiederherstellung der Nation Israel auf dieser Erde – egal in welchem Zeitalter das stattfinden sollte – oder dass die jüdische Nation dem Fleische nach jemals ein auserwähltes oder ein besonderes Volk sein würde" (Tonband-Predigt aus „The One Fold of God", aus der Serie „The Shepherd-Sheep Relationship"). Anzumerken wäre noch, dass Chilton eine auf irgend eine Art positive Sicht für die Zukunft *des einzelnen Juden* gemäß Römer 11, 26 hat.

6. Wiederum ist es Godwin, der in diesem Punkt besonders stark argumentiert: „Kein einziger der Apostel, auch kein einziger der Schreiber des Neuen Testaments verheißt ihnen irgendeine Art Wiederherstellung wertlosen Landes – nirgends im Neuen Testament" (aus seiner Tonband Serie „Shepherd-Sheep").

7. Mehr über die Bedeutung von Matthäus 23, 37–39 siehe unter Kapitel 16 „Leben aus dem Tod" weiter hinten in diesem Abschnitt.

8. Brown *The Restauration of the Jews*, S. 153

9. Hans K. LaRondelle *The Israel of God in Prophecy. Principles of Prophetic Interpretation*, (Berrien Springs, MI: Andrews Univ. Press, 1983), kommt zu einem entgegengesetzten Schluss. Nach seinen Worten „verleiht das Neue Testament unmissverständlich Israels territorialen Verheißungen eine *Allgemeingültigkeit* ... der Brennpunkt Mittlerer Osten oder die Begrenzung allein auf das palästinensische Problem ist in seiner ecclesiologischen und apokalyptischen Anwendung beständig beseitigt ... Selbst in Römer Kapitel 9–11 sucht Paulus nicht nach einer wiederhergestellten Theokratie eines nationalen Palästinas ..." S. 208, seine Betonung). LaRondelles Buch repräsentiert die offizielle Position der

Sieben-Tags-Adventisten, die besagt, dass die Kirche das Neue Israel geworden sei und das natürliche Israel völlig ersetzt habe. Kirchenhistoriker Professor Kenneth A. Strand nennt dies das beste Buch, das er je zu diesem Thema zu Gesicht bekommen habe, er empfiehlt, dass es „jedem christlichen Pastor und Laien, die mit den gegenwärtigen Werten in bezug auf Israel und Prophetie zu tun haben, an die Hand gegeben wird" (S. X). Eine solche Empfehlung kann ich nicht bestätigen. Zu LaRondelles Interpretation von Matthäus 23, 39, siehe in diesem Abschnitt – Kapitel 16 Nr. 3.

10. Siehe Gordon J. Wenham *Genesis 1-15*, WBC (Waco, TX: Word, 1987), S. 332, mit einem besonderen Bezug zu Gerhard Hasels Werk „The Meaning of the Animal Rite in Gen. 15" *Journal for the Study of the Old Testament*, 19 (1981), S. 61–78; weitere Bezüge aus der Bibel zu der Zeremonie des Hindurchgehens zwischen den [Opfer-]Stücken, siehe Jeremia 34, 18.

11. Römer 11, 29: „Denn Gottes Gaben und Berufung können ihn nicht gereuen." Dies Wort steht im Gegensatz zu der von Charles Provan gemachten Bemerkung: „Gottes Liebe zu Israel ist bedingungslos ... dies ist ganz klar nicht zutreffend, es sei denn wir sagen, das die Schrift sich selbst widerspricht." (*The Church is Israel Now*, S. 3)
In seinem umfassenden Kommentar zum Römerbrief merkt James D.G. Dunn an, dass „ER, der das Ende schon vom Anfang an vorhersieht, es nicht nötig hat, seine Wahl den sich ändernden Umständen von Israels Gehorsam und Ungehorsam anzupassen ..." Daher „wurde der Ruf, der Israel zuerst traf ... nie zurückgenommen." (*Romans 9-16*, WBC [Waco, TX: Word, 1988], S. 694). Genau dies ist die Bedeutung des Wortes unwiderruflich!
Selbst Ernst Käsemann, ein radikaler Gelehrter des Neuen Testaments, sagte, dass „aus der Sicht Paulus' die Gemeinde nicht an Israels Stelle getreten ist". Er führt aus, dass „das Problem Israel nach dem Fleisch kann nicht einfach beiseite geschoben werden indem man bei Marcion stehenbleibt." (Marcion war ein einflussreicher geistlicher Führer im 2. Jahrhundert, der das Alte Testament aus dem Kanon der Schrift ent-

fernte!) Siehe Käsemans *Commentary on Romans* (englische Übersetzung: Geollry W. Bromiley, Grand Rapids: Wm.B. Eerdmans, 1980), S. 261. Während Käsemann und Dunn, beides Gelehrte aus verschiedenen Richtungen kommend, über viele wichtige Punkte *unterschiedlicher Meinung sind*, so *stimmen sie* was die dauerhafte Gültigkeit des Bundes Gottes mit Israel betrifft *überein*. Sie sind nicht einfach nur Dispensationalisten, die buchstäblich an Römer 11, 29 glauben!

12. In der Tat beweist die Existenz von Anti-Missionsgruppen wie z. B. Juden für das Judentum und (in Israel) Yad L'Aehim die Tatsache, dass Juden für den Glauben an Jesus als Messias *gewonnen werden*. Wenn dies nicht so wäre, hätten jene Gruppen weitaus weniger zu tun! Dank sei Gott für die Zehntausenden von Juden, die weltweit nun im Lichte Jeschuas wandeln.

13. Bezugnehmend auf den Bund Gottes mit Israel sagt Peter C. Craigie: „Das Gesetz des Bundes drückt die Liebe Gottes aus und lässt die Möglichkeit erkennen, wie ein Mensch leben muss um Liebe für Gott widerzuspiegeln." Siehe *The Book of Deuteronomy*, NICOT (Grand Rapids: Wm. B. Eerdmans, 1976), S. 37. Siehe auch Samuel J. Schultz *The Gospel of Moses* (New York: Harper and Row, 1974).

14. Eine repräsentative Aussage über den Koran steht in Sura 2, 134–141. Gemäß dem Koran waren wahrhaftige Jünger wie z.B. Mose und Jesus immer Muslime, Anhänger der einen Religion. Siehe Abdullah Yusuf Ali *The Meaning of the Glorios Qur'an*, (Cairo and Beirut: Dar Al-Kitab Al-Masri and Dar Al-Kitab Allubnani), Band 1, S. 136, Nr. 392; S. 278, Nr. 824; und Band 2, S. 970, Nr. 3227.

Kapitel 13 – Natürliche Kinder und Gottes Kinder

1. Nach den Worten von T. N. Wright „lässt Römer, Kapitel 1-8 ein Problem entstehen, dessen Lösung in Römer, Kapitel 9-11 zu finden ist ... Kapitel 1-8 ist ohne die Kapitel 9-11 letzten Endes unverständlich." (*The Messiah and the People of God*, [Ph. D. Dissertation, Univ. of Oxford, 1980], S. 220, zitiert in Dunns Werk *Romans 9-16*, S. 519). Natürlich war die eigentliche Ursache, die Paulus veranlasste, diese Kapitel zu

schreiben, dieses: Wenn Israel die Verheißung gegeben wurde, Israel sie aber nicht angenommen hat, bedeutet es dann, dass Gottes Wort nicht gewirkt hat? Das sei ferne!

2. H.P. Liddon erklärt in seiner sorgfältigen Abhandlung des griechischen Textes diese Stelle akkurat: „Von denjenigen, die natürliche Nachkommen Israels sind, entsprechen nur eine bestimmte Anzahl der Bedeutung dieses Namens"; Liddon bezieht sich dann auf die „Beschränkung des wahren geistlichen Israels auf eine begrenzte Zahl von geborenen Israelis (*Explanatory Alalysis of St. Paal's Epistle to the Romans*, [Neuauflage, Minneapolis: James and Klock Christian Pub. Co., 1971], S. 156f.)

3. Obwohl Pastor Steve Schlissel behauptet, dass „[Charles] Provan unwiderlegbar demonstriert hat, dass das Neue Testament die Gemeinde als das Neue Israel dargestellt hat" (*Restoration of the Jews*, S. 22, Nr. 51, nimmt bezug auf *The Church is Israel Now*), sind die Argumente, die Provan zurechtgelegt hat, kaum zu widerlegen. Zum Beispiel listet er auf den Seiten 1–43 Schriftstellen auf, die „demonstrieren, dass die christliche Kirche jetzt das Israel ist, und zwar wegen der Tatsache, dass die im Alten Testament für Israel verwendeten Titel und Attribute en masse auf die Gemeinde des Neuen Testamentes zutreffen" (S. 1). Aber wo im Neuen Testament wird die Gemeinde jemals *Jakob* genannt? Wo doch *Jakob* im Alten Testament mehr als 140 mal in der Art benutzt wurde, dass dieser Name sich auf das Volk Israel bezieht! Käme etwa jemand auf den Gedanken, die Gemeinde Jesu *Jakob* zu nennen? Wohl kaum! Und zwar deshalb nicht, weil die Gemeinde genauso wenig das „Neue Israel" ist, wie man sie den „Neuen Jakob" nennt. Und – um diesen Gedanken weiter zu spinnen – sie ist wird auch nicht „Neuer Jeschurun" genannt. (Jeschurun wird wenige male im Alten Testament im Sinne eines besonderen Titel für Israel gebraucht.)

Israel wird in 2. Mose 4, 22 Gottes Erstgeborener Sohn genannt, die Gemeinde im Neuen Testament wird nie auf eine derartige Art und Weise angesprochen. Warum nicht? Weil die nichtjüdischen Gläubigen das *neue* Volk Gottes sind, sie haben an vielen Titeln und Attributen Israels Anteil, keinesfalls *werden sie* oder *ersetzen sie* das alte Volk Israel: *das physische, nationale Israel.* Alle diese von Provan aufgezählten Verse bestätigen diese Schlussfolgerung oder stimmen mit ihr überein – weitere Schlüsse kann man aus ihnen darüber hinaus nicht ziehen.

4. Eine exzellente Studie über Galater 6, 16 hat S. Lewis Johnson Jr., in seinem Werk „Paul and ‚The Israel of God': An Exegetical and Eschatological Case-Study" erstellt – erschienen in der Ausgabe *Essays in Honor of Dwight Pentecost* von Stanley D. Tossaint (Chicago: Moody Press. 1986, S. 181–196. Johnson merkt an, dass „trotz überwältigender Beweise für das Gegenteil, wird der Behauptung, der Begriff *Israel* passt genau auf die nichtjüdischen Gläubigen unserer Tage, hartnäckig Vorschub geleistet" (S. 181). Johnson findet diese Position unbiblisch: „Wenn es eine Interpretation gibt, die auf wackeligem Grund steht, dann die Sicht, dass Paulus den Begriff ‚Israel Gottes' mit der Gemeinde, die aus gläubigen Juden und Nichtjuden besteht, gleichstellt. [Die] Doktrin, dass die Gemeinde aus Nichtjuden und Juden *das Israel Gottes* sei, beruht auf einer Illusion. Sie ist ein klassischer Fall von tendenziöser Auslegung? (S. 195)

Obwohl Walter Gutbrodt glaubt, das sich „das Israel Gottes" aus Galater 6, 16 tatsächlich auf alle Gläubigen bezieht, bemerkt er jedoch, dass „dieser Ausdruck eine Bedeutung hat, die man in Anführungsstriche setzen sollte." Dies deshalb weil – mit einer oder zwei Ausnahmen – „es scheint, dass Paulus [das griechische Wort für] *Israel* niemals für die neue Gemeinschaft in Gott [die neue ‚Versammlung Gottes'] gebraucht. Wie wir aus Römer, Kapitel 9–11 sehen können, *konnte oder wollte er diesen Begriff nicht von denen losgelöst gebrauchen, die als natürlichen Nachkommen zu Israel gehören*" (die mir wichtigen Passagen sind von mir kursiv gesetzt). Siehe auch seinen Artikel (zusammen mit Gerhard von Rad und Karl Georg Kuhn) über „Israel" in Gerhard Kittel, Ausgabe *Theological Dictionary of the New Testament* (im folgenden mit TDNT abgekürzt; [ins Englische übersetzt von Geoffrey W. Bromiley, Grand Rapids: Wm. B. Eerdmans, 1966], Band III, S. 357–391; Ich habe [dort] aus S. 388 zitiert. Bemerkenswert ist es, dass McKeever der Ansicht ist, dass Galater 6, 16 der „klare und solide Beweis aus der

Schrift ist", dass die christliche Kirche – und nur die christliche Kirche allein das „Israel Gottes" ist, so versteht er die Worte des Paulus. (*Claim Your Birthright*, S. 106). * Gerhard Kittel: Theologisches Lexikon des Neuen Testaments

5. Siehe Ralph Martin *James*, S. 9

6. Zu Galater 6, 16 siehe Ronald Y. K. Fung *The Epistel to the Galatians* NICNT (Grand Rapids: Wm. B. Eerdmans, 1988), S. 309–311; zu Offenbarung 7, 4 siehe Robert H. Mounce *The Book of Revelation* NICNT (Grand Rapids: Wm. B. Eerdmans, 1977), S. 168f., hier stellt er seine Sichweise sehr deutlich dar.

7. Die anderen „möglicherweise"-Bibelstellen tauchen in Offenbarung 2, 9 und 3, 9 auf, wo bezug genommen wird auf die, „die sagen, sie seien Juden und sind es nicht, sondern sind die Synagoge des Satans." Mounce drückt es so aus (*ibid.*, S. 92): „die Juden, die verlästert werden ... waren keine echten Juden. ... In diesem Sinne sollte auch Römer 2, 28+29 verstanden werden ... Ungeachtet ihrer nationalen Abstammung wurden sie wegen ihrer scharfen Opposition zur christlichen Kirche und deren Botschaft zur Synagoge. Eine Synagoge, die die Aktivitäten des größten Gegenspielers Gottes ausführt: Satan." „Natürlich", so bemerkt G. R. Beasly-Murray, „kann dies nicht verallgemeinert werden, selbst wenn Johannes glaubt, dass die ganze jüdische Nation zum Volk des Satans wurde. Seine Beschreibung bezieht sich auf eine Synagoge, die sich erbittert den Jüngern Christi entgegenstellt (wie es die Synagoge in Philadelphia lt. Offenbarung 3, 8 tat) und so ihre ursprüngliche Natur verkehrt hat." (*Revelation*, New Century Bible Commentary [Grand Rapids: Eerdmans, 1983], S. 82).

8. Siehe beispielsweise Douglas Moo *Romans 1-8*, Wycliffe Exegetical Commentary (Chicago: Moody Press, 1991), S. 172. Hier wird Römer 2, 29 auf alle Christen übertragen.

9. Dunn spricht in seiner Übersetzung von Römer 2, 28 von „den wahren Juden"; siehe *Romans 1-8*, WBC (Waco, TX: Word, 1988), S. 119.

10. C. E. B. Cranfield *The Epistle to the Romans*, ICC (Edinburgh: T & T Clark, 1975), Band 1, S. 176. Wiederum überrascht die Aussage von

Charles Provan: „... diejenigen, die Juden von ihrer Abstammung her sind, sind noch lange nicht Juden in den Augen Gottes" (*The Church is Israel Now*, im Vorwort – ohne Seitenangabe). Wie aber erklärt Provon die simple Tatsache, dass sich das Wort „Jude" im Neuen Testament in den meisten Fällen auf Juden bezieht, die Jesus *nicht* nachfolgen – mit anderen Worten also „diejenigen, die nur der Abstammung nach Juden" sind?

11. Selbst wenn das Volk Israel sich nicht wie Kinder Gottes benahm, was dazu führte, das die Schrift über es sagen musste: „sie sind Schandflecken und nicht seine Kinder" (5. Mose 32, 5), so wird Gott sie dennoch zurückbringen: „denn der Herr wird seinem Volk Recht schaffen, und über seine Knechte wird er sich erbarmen. *Denn er wird sehen, dass ihre Macht dahin ist und es aus ist mit ihnen ganz und gar*" (5. Mose 32, 36). Und auch im Buch Hosea lesen wir: „Kaum dass Gott zu Israel gesprochen hatte ‚ihr seid nicht mein Volk, so will ich auch nicht der Eure sein', da sprach Er schon es wird aber die Zahl der Israeliten sein wie der Sand am Meer, den man weder messen noch zählen kann. Und es soll geschehen, anstatt dass man zu ihnen sagt ‚ihr seid nicht mein Volk', wird man zu ihnen sagen ‚o ihr Kinder des lebendigen Gottes!'" (Hosea 1, 9; 2, 1). Kaum dass Gott über Israel gesagt hatte „sie ist ja nicht meine Frau, und ich bin nicht ihr Mann!", da sagt er schon „alsdann ... wirst du mich nennen ‚mein Mann' ... ich will mich mit dir verloben für alle Ewigkeit, ich will mich mit dir verloben in Gerechtigkeit und Recht, in Gnade und Barmherzigkeit. Ja, in Treue will ich mich mit dir verloben, und du wirst den HERRN erkennen." (Hosea 2, 4; 18, 21+22).

12. Es ist klar: Diejenigen, die an dieser Sicht festhalten sind nicht der Meinung, sie seien über die Bedeutung des Wortes hinausgegangen. Sie würden vielmehr mit der Aussage Gordon D. Fee's – ein guter Gelehrter des Neuen Testaments – argumentieren: Die Auffassung, „Gottes neues Volk sei das wahre Israel Gottes, das die Verheißungen, die den Vätern gegeben wurden, erfüllt" werde „durch Paulus gründlichst bestätigt. Siehe besonders die Stellen Römer 2, 26–29; 11, 17–24; Galater 3, 6–9; 29, 6; 16, Philipper 3, 3, usw." (*Erster Korinther*, S. 444).

13. „Israel als Nation ist untreu geworden, sie wurde zu einer geistlichen Prostituierten, die in Rebellion gegen ihren Ehemann stand. Die furchtbaren Worte aus Hebräer 6, 4–8 sind buchstäblich auf die Nation des Bundes mit Gott anzuwenden, eine Nation, die ihr Geburtsrecht verloren hat" (David Chilton *Paradise Restored*, S. 81). Und an wen hat Israel sein Geburtsrecht verloren? Der nichtjüdische christliche Autor James McKeever hat die Antwort: „Ich bin ein Israelit, und ich bin sehr froh, es zu sein" (*Claim Your Birthright*, S. 13). Was die hypothetischen Menschen angeht, beschreibt sie McKeever folgendermaßen: Der Grund, weshalb Christen von „Abe Goldstein, der in Jerusalem wohnte und Christus nicht kannte" meinen, er sei wirklich Jude ist der, „weil sie die Bibel überhaupt nicht kennen ..." (*ibid.*, S. 81)!

14. Das Werk von Schlissel und Brown *Restauration of the Jews* ist ein gutes Beispiel hierfür. (Die Autoren zitieren viele andere wichtige christliche Denker, die auch diese Position einnehmen.)

15. Reinhold Mayer in der Ausgabe von Colin Brown *New International Dictionary of New Testament Theology*, (im folgenden mit NIDNTT abgekürzt, Grand Rapids: Zondervan, 1986). Band 2, S. 316.

16. Oder einfach nur „ich flehe auch zu Gott für sie" (die wahrscheinlichste Lesart). Mit „für sie" sind natürlich die Israeliten gemeint.

17. Siehe James Dunn *Romans 9-16*, S. 659ff.

18. Während des Holocausts wandte sich M. D. Weissmandel, ein polnischer Jude, an den Botschafter des Vatikans mit der Bitte, sich für die unschuldigen Juden, insbesondere die Kinder, einzusetzen. Er bekam zur Antwort: „Es gibt in der ganzen Welt kein unschuldiges Blut jüdischer Kinder. Alles Blut der Juden ist schuldig. Ihr müsst sterben. Dies ist die Bestrafung, die euch erwartet hat wegen eurer Sünde" (nämlich die Kreuzigung Jesu). Siehe Eliezer Berkovits *Faith After the Holocaust* (New York: Ktav, 1973), S. 19.

Berkovits weist richtigerweise darauf hin, dass „nicht alle Christen auf diese Art und Weise dachten, viele in hohen Positionen innerhalb der Kirche aber dachten so. Diese seit Jahrhunderten bestehende teuflische Anklage tat ihr mörderisches Werk im christlichen Unterbewusstsein der Christenheit, und war in vielen Fällen ein aktiver Komplize bei den Nazi-Verbrechen und in den meisten Fällen ‚ein stillschweigender Teilhaber an Grausamkeiten.'" Siehe *ibid.*, S. 19ff.

19. McKeever *Claim Your Birthright*, S. 229. McKeever ist anderswo dogmatischer. Zum Beispiel schreibt er auf S. 118: „Nach vielem intensiven Gebet, flach auf meinem Angesicht liegend, sprach der Herr klar zu mir und sagte: *Dies ist meine Wahrheit: Die Gemeinde ist Israel. Verkündige meine Wahrheit und ich werde dich segnen.*"

20. Louis DeCaro *Israel Today*, S. 108f. In die gleiche Kerbe schlägt Charles Provan wenn er Römer 11, 17–24 behandelt. Er bemerkt jedoch nicht, dass sich Paulus' Worte *„in ihren eigenen Ölbaum"* auf die *ungeduldigen Israeliten* beziehen, die eines Tages wieder [in den Ölbaum] eingepfropft werden. (Siehe *The Church is Israel Now*, S. 46. Steve Schlissel, der Provan's Buch stark unterstützt [siehe oben in diesem Abschnitt unter Nr. 3], hält diese Abhandlung über Römer 11 „völlig unzulänglich." Siehe *The Restoration of the Jews*, S. 22, Nr. 51.) Nach den Worten von Paulus ist das ungläubige Israel immer noch Israel!

Kapitel 14 – „Du sollst nicht stehlen"

1. Siehe H.H. Ben-Sasson *Apostasy, Enc. Jud.*, Band 3, Spalten 201–215

2. Siehe Juster und Intrater *Israel, the Church and the Last Days*, S. 23–62; und George Ladd *The Gospel of the Kingdom, Scriptual Studies in the Kingdom of God* (Neuauflage, Grand Rapids: Wm. B. Eerdmans, 1988).

3. Für diese Verse siehe Dunn *Romans 9–16*, S. 844–853

4. Es kann keinen Zweifel daran geben, dass in Jesaja 54, 11–17 zuallererst von der Stadt Jerusalem die Rede ist. Siehe auch die aramäische Übersetzung (auch Targum Jonathan genannt), die in den Synagogen im Altertum benutzt wurde: „Oh du arme Gedemütigte, die Stadt, von der die Menschen sagen, sie wird nicht mehr getröstet werden" ... Franz Delitzsch, der diese Verse wunderbar auf „die Gemeinde" (d. h. das Volk Gottes) bezieht, macht aber auch deutlich, dass „Jerusalem [seine]

Hauptstadt" ist, und erklärt, dass Jesaja 54, 1 ff „auf Jerusalem bezogen ist." Siehe sein Werk *Jesaja*, Band 7, Teil 2, S. 342 und 348.

5. Für die Bezüge zu Zion, siehe das Werk von H. Schultz *Jerusalem NIDNTT* Band 2, S. 324–329; und Georg Forher und Eduard Lohse „Zion, Jerusalem etc." *TDNT* Band 7. S. 292–338.

6. Aus dem Zusammenhang des ganzen Kapitels heraus ist dies völlig klar.

7. In den Psalmen werden wir dazu aufgefordert, für das Wohlergehen und den Frieden (*Schalom*) der Stadt Jerusalems zu beten (Psalm 122), die Stadt, über die Jesus weinte (siehe Kapitel 10 „Mehr Tränen") und die Stadt, zu der ER wieder zurückkommen wird (siehe Kapitel 16 „Leben aus dem Tod").

8. Siehe John Bright *A History of Israel* (Philadelphia: Westminster Press, 1981), S. 326ff.

9. Siehe Martin Gilbert *Atlas of Jewish History* (New York: Dorsett Press, 1984), Karte 106.

10. Siehe in diesem Abschnitt Kapitel 17, Nr. 7

11. Dies ist die Sicht von Autoren und Lehrern wie Pike, MeKeever, Godwin, DeCaro und Chilton, die jeweils in den Anmerkungen zu den vorhergehenden Kapiteln zitiert wurde. Siehe auch die Übersicht über einige ihrer Schriften (sie sind übrigens alle in diesem Punkt ziemlich dogmatisch) in Powledge's Werk *Replacement Theology*, Kapitel 1, „Replacement Theology Today", und im Anhang D „Is Replacement Theology Anti-Zionist?"

12. Laut den heutigen Schätzungen wäre es möglich, dass der Exodus aus Russland Israels Bevölkerung fast *verdoppeln* könnte. Einige geistliche Einblicke in die Bedeutung dieses phänomenalen Ereignisses bietet das Werk *Exodus II. Let My People Go!* [* Deutsch: „*Der Exodus II. Norden gib heraus*" – von Steven Lightle und Eberhard Mühlan, Verlag Schulte + Gerth, Asslar]. Die Stellen Jeremia 16, 14f. und 23, 7f – ihren ursprünglichen Zusammenhang betreffend – siehe Kommentar-Werke über Jeremia von J. A. Thompson, John Bright, William McKane, William L. Holladay und Walter Brueggeman.

Kapitel 15 – Ein teuflischer Plan

1. „Das Wort *Jude* erregt wie kein anderer religiöser oder nationaler Name unaufhörliches Leid." (Prager und Telushkin *Why the Jews?*, S. 12)

2. Siehe weiter vorn in Kapitel 2 „Eine schreckliche und tragische Vergangenheit"; Kapitel 12, Nr. (3); und Flannery *Anguish of the Jews*, S. 355 (siehe unter „Deicide accusation").

3. Siehe Flannery, *ibid.*, S. 7–27; und J. N. Sevenster *The Roots of Pagan Anti-Sernitism* (Leiden: E. J. Brill, 1975).

4. Siehe Prager und Telushkin, *ibid.*, S. 73f und 154–157.

5. „Wie wahr auch immer die ‚Sündenbock-Theroie' in einem allgemeinen Aspekt sein mag, sie erklärt nicht, warum es immer die Juden statt anderer Minoritäten sind, auf denen herumgehackt wird, noch wird es klar, *wofür* sie immerzu der Sündenbock sind" George Orwell wird in Gould's Werk *What Did They Think of the Jews?*, S. 472, zitiert.

6. Vergleiche auch die Kommentare Voltair's, bereits weiter oben zitiert. In einem vor kurzem in der (in Sydney ansässigen) Zeitung namens *Australian Chinese Daily* veröffentlichten Artikel unter der Überschrift „Die bösartige Natur der Juden" wurden diese als „herzlos, reich, grausam und rücksichtslose Kriegstreiber" bezeichnet. Tony Wong, der Verlagsleiter, entschuldigte sich indem er erklärte, „dass der Artikel ‚versehentlich' gedruckt wurde" (aus *Dateline: World Jewry*, Juni 1991, S. 8). Man muss sich dies einmal vergegenwärtigen: Ein *anti-semitischer* Artikel erscheint in *Australien* für *chinesische* Leser!

7. Edward Flannery drückt es so aus: „Anti-Semitismus ist der älteste und tiefsitzendste Hass der Menschheitsgeschichte ... Welche andere Form von Hass hat nun schon mehr als 23 Jahrhunderte überdauert, hat den Völkermord von mehr als 6 Millionen seiner Opfer überlebt, nur um sich im 20. Jahrhundert seiner Existenz immer noch als intakt und reich an Potenzial für viele weitere Jahre seines Fortbestehens vorzufinden?" (*Anguish of the Jews*, S. 284).

8. Dies ist das Argument, das sich durch das ganze Werk *Why the Jews?* von Prager und Telushkin hindurchzieht. „Durch ihre ganze Geschichte hindurch haben Juden den Juden-Hass als unabwendbare Konsequenz

ihres ‚Jüdisch-Seins' angesehen. Im Gegensatz zum modernen Verständnis von Anti-Semitismus sieht das alte jüdische Verständnis nur einen weltweiten Grund für den Juden-Hass: Judaismus." (S. 21).

9. Flannery schreibt in seiner Beurteilung: „Prager und Telushkin argumentieren überzeugend, dass der Judaismus und seine positive Auswirkung auf die Juden der wesentliche Grund für allen Anti-Semitismus ist. Diese ist ein wichtiger Beitrag, der jedoch nicht ausreichend genug die Komplexität antisemitischer Reaktion erklärt. Sie geht auch nicht weit genug auf die Tiefen und Launen der negativen Reaktionen eines Antisemiten ein." (*ibid.*, S. 349)

10. Unsere Geschichte ist voll von Taten des Heldentums, der Hingabe und des Opfers, diese Taten brachten Erstaunliches zustande und bewirkten unglaubliches Stehvermögen. Die kürzlich veröffentlichte Studie von Berel Wein *The Triumph of Survival. A Story of the Jews in the Modern Era (1660–1990)* (Suffern, NY: Shaar Press, 1990), enthält umfassende Zeugnisse hierüber. Und dennoch – unsere Geschichte kann nicht als Beweis für all die im Bundessschluss Gottes verheißenen Segnungen herhalten.

11. Im Jahr 1975 besuchte Aaron („Art") Katz einen Vortrag Elie Wiesels über den Holocaust, der in einer Synagoge in New York gehalten wurde. Katz, ein messianischer Jude, sprach Wiesel am Ende des Abends an und fragte: „Inwieweit hat Ihnen Ihr Studium der [alttestamentlichen] Schriften Einblick gegeben, um daraus den Grund für den Holocaust herzuleiten. Ich frage Sie, da Sie als führender jüdischer Schriftsteller über den Holocaust gelten. Ich denke in diesem Zusammenhang insbesondere an das Gericht, von dem Gott in den letzten Kapiteln vom 4. und 5. Buch Mose spricht." Wiesel's kurze und bündige Antwort lautete: „Soetwas will ich gar nicht in Betracht ziehen." Siehe Aaron Katz und Phil Chomak in *Reality. The Hope of Glory* (Pineville, NC: Morning Star Publications, 1990), S. 77 ff.

12. Siehe 5. Mose 5, 29 und Jesaja 48, 18f.

13. Eliezer Berkovits drückt aus, dass zur Zeit des Holocausts „die überwältigende Mehrheit der Juden in Ost-Europa im Gehorsam der Tora

gegenüber lebte" (*With God in Hell*, S. 2). Irving Rosenbaum erklärte: „Es gibt Schätzungen, wonach mehr als die Hälfte der Millionen von Juden, die im Holocaust umkamen die Mitzwot – die Bestimmungen der Tora – in ihrem täglichen Leben beachteten – bis zum Beginn der Herrschaft der Nazis." (*The Holocaust and Halakaha*, S. 1 und 157). Und trotzdem ereignete sich der Holocaust! Es gibt jedoch jüdische Gelehrte, die anders argumentieren, sie weisen darauf hin, dass das europäische Judentum sich in einem Zustand geistlichen Verfalls befand.

14. Siehe Lukas 19, 41–44 (bereits in Kapitel 10 – „Mehr Tränen" zitiert). Man sollte auch die Tatsache bedenken, dass die ersten hundert Jahre nach Jesu Tod und Auferstehung gekennzeichnet waren von der Zerstörung des Tempels (im jüdischen Aufstand gegen Rom, 66–70 n. Chr.) und von der Verbannung aller Juden von Jerusalem (nach dem zweiten Aufstand gegen Rom, 132–135 n. Chr,). Die Zahl der jüdischen Opfer in diesen Kriegen erreichten astronomische Ausmaße. *Wenn die Verkündigung des auferstandenen Messias angenommen worden wäre, wäre die jüdische Geschichte völlig anders verlaufen.*

15. Es gibt vergleichbare Beispiele in der Schrift: Obwohl Gott Assyrien zu dem Zweck groß hat werden lassen, um Israel und Juda zu richten, *so ist Assyrien seinerseits zu weit gegangen* und wurde nun selbst von Gott gerichtet (siehe Jesaja 10, 5–19). Nicht ganz zwei Jahrunderte später wuchs Babylon heran und richtete Juda und Jerusalem – Nebukadnezer wird sogar von Gott als „mein Knecht" bezeichnet (siehe Jeremia 27, 6) – nur um im folgenden von Gott gerichtet zu werden (siehe Jesaja 47). Immer wurden die Nationen hinweggefegt, die feindlich am jüdischen Volk handelten.

16. Yossel Rakover wird von Fackenheim in Talmage's *Disputation and Dialogue*, S. 302 zitiert (die dem Autor wichtigen Worte hat er kursiv gesetzt). Siehe auch Kapitel 11 Nr. 11.

17. Dies sind einige der letzten Worte Eichmann's an seine Männer, kurz vor Ende des Krieges. Siehe Gabriel Bach „Adolf Eichman" in *Enc. Jud.*, Band 6, Spalte 250. Alois Brunner, ein Chefberater Eichmanns, „berichtete der *Chicago Sun Times* in einem Telefon-Interview im Jahr 1987

von seinem Haus in Damaskus aus, dass er nichts bereue und dasselbe noch einmal tun würde. Alle Juden ‚verdienen es, zu sterben, weil sie Agenten des Teufels und unmenschlicher Unrat sind' sagte er" (Davis in *Myths and Facts*, S. 146).

18. Ellie Wiesel und Albert H. Friedlander in *The Six Days of Destruction. Meditations towards Hope* (New York/Mahwah: Paulist Press, 1988), S. 33f.

19. *Ibid.*, S. 34

20. Dies ereignete sich am 1. September 1942 und wurde von Ben Edelbaum, einem Augenzeugen berichtet (siehe Gilbert *The Holocaust*, S. 440–443). Einer der Patienten des Krankenhauses, die an diesem Tag zur Exekution fortgebracht wurden, war die Schwester Edelbaum's, die sich noch wegen der Geburt ihres ersten Kindes dort befand. *Einer der Säuglinge, die an diesem Tag aus dem Fenster auf das Straßenpflaster geworfen wurden, war Esther's neugeborenes Baby, Ben Edelbaum's Nichte. Sie war das erste Enkelkind in der Familie.* Man hatte noch keinen endgültigen Namen für sie gefunden.

21. Siehe den Bericht von N. Hanover, zitiert in * Ben–Sasson's Werk *Geschichte des jüdischen Volkes* (C. H. Beck Verlag, München – einbändige Sonderausgabe, 1995), S. 802.

22. In seiner Einleitung zur Neuauflage des Werkes *Christian Anti-Semitism* (von Hay), beschreibt Flannery es so: „... das Phänomen, das Heilige zu Sadisten, Gelehrte zu Verrückten und das normale Volk zu Mördern werden lässt, hat dämonische Qualitäten."

23. Gould zitiert Voltaire in *ibid.*, S. 89 und 91. Der Historiker Arthur Hertzberg weist darauf hin, dass Voltaire „seine religiösen Attacken gegen die Juden völlig lösgelöst von den christlichen Gegnern und ihren Argumenten, wie z. B. sie würden Christen umbringen, führt. Er brachte ein neues Prinzip vor, auf dem er seinen Hass begründet: Der innere Charakter der Juden" (Zitat aus *ibid.*, S. 91).

24. Siehe weiter vorn in diesem Abschnitt unter Kapitel 2 – „Eine schreckliche und tragische Vergangenheit".

25. Richard Wagner *Das Judenthum in der Musik* (1850)

26. Arnold Toynbee wird in Gould zitiert, S. 453f.

27. Bedeutende Anti-Semiten des 20. Jahrhunderts sind: Joseph Stalin – seine gewaltigen Maßnahmen gegen die Juden fanden erst durch seinen Tod ein Ende; Henry Ford, der so bewunderte amerikanische Industrialist – seine vielgelesenen Artikel über „die internationale jüdische Verschwörung" wurden ins Deutsche übersetzt, um von Hitler weiterverbreitet zu werden (Hitler nannte ihn liebevoll Heinrich Ford). Kurz danach wurden die Schriften Ford's als verleumderisch entlarvt, woraufhin er seine Artikel öffentlich widerrief.

28. Siehe: „Hier, Wiesenthal Center letter". S. 1

29. Raymond Barr wird in *Dateline: World Jewry* vom Januar 1991, S. 5 zitiert.

30. Siehe Prager und Telushkin *Why the Jews?*, S. 110–126; Davis *Myths and Facts.* S. 238ff. (Einige der hier gesammelten Zitate geben nicht unbedingt eine ausschließliche islamische Perspektive wieder); man beachte auch die entsprechenden Abschnitte aus Emmanuel Sivan's Werk *Radical Islam. Medivial Theology and Modern Politics* (New Haven: Yale Univ. Press. 1990).

31. Siehe Juster und Intrater *Israel, the Church and the Last Days*, S. 63-141.

Kapitel 16 – Leben aus dem Tod

1. Die messianische Bedeutung dieser Worte kann ganz klar aus den Parallel-Berichten in den anderen Evangelien ersehen werden: „Gelobt sei das Reich unseres Vaters David, das da kommt!" (Markus 11, 10); „Gelobt sei, der da kommt, der König, in dem Namen des Herrn!" (Lukas 19, 38); „Hosianna! Gelobt sei, der da kommt in dem Namen des Herrn, der König von Israel!" (Johannes 12, 13). Siehe auch Hermann L. Strack und Paul Billerbeck *Kommentar zum Neuen Testament aus Talmud und Midrasch* (München: C. H. Beck, 1922), Band 1, S. 850; Joachim Jeremias *The Eucharistic Words of Jesus* (englische Übersetzung: Philadelphia: Fortress Press, 1977), S. 251–261; und Leslie C. Allen *Psalms 101–150*, WBC (Waco, TX: Word, 1983), S. 124ff.

2. W.D. Davies drückt es so aus: „... der letzte Akt der Menschheitsgeschichte liegt auf den Juden" („Paul and the Gentiles: A Suggestion
concerning Romans 11, 13–24" S. 154, neu abgedruckt in *Jewish and
Pauline Studies* [Philadelphia: Fortress Press, 1984], und wird auch in
Dunn's Werk *Romans 9–16*, S. 658, zitiert.

3. Eine Abhandlung über Matthäus 23, 29, die diesen Punkt außer Acht
lässt, ist das Werk *The Israel of God in Prophecy* von LaRondelle (siehe
dort S. 160–164). Er berücksichtigt nicht, dass Matthäus 23, 29 Hand
in Hand geht mit Sacharja 12, 10: Das jüdische Volk wird einmal auf
Ihn, den Durchbohrten, schauen und ihn willkommen heißen. Dies ist
auf keinen Fall „eine neue Art von Errettung" – „durch Schauen" anstatt „durch Glauben" – die der Substanz des ewiggültigen Evangeliums
zuwider handelt (siehe Römer 10, 17 *ibid.*, S. 162)! Wie zu erwarten ist,
bringt LaRondelle Matthäus 23, 39 (in seinem Abschnitt „Problemati-
sche Texte", S. 147–169) in Verbindung mit Amos 9, 11–12 (so wird es
jedenfalls in Apostelgeschichte 15, 16–28 angewandt); Jesaja 11, 10–12
(Israels „Zweite Sammlung"); und Lukas 21, 24 (im Zusammenhang
mit dem Sechs-Tage-Krieg von 1967).

4. F. F. Bruce kommentiert diese Verse wie folgt: „Lasst sie deshalb Buße
tun, lasst sie von ihrer Einwilligung in den Tod des wahren Messias mit
einer radikalen Wende umkehren, lasst sie sich wieder zu Gott hin wenden, dann wird ihnen Errettung und Segen zufließen, die durch den Tod
des Messias freigesetzt wurde. Ihre Sünden werden dann getilgt werden
... nicht nur das, nein: Die Zeiten der Erquickung und Freude, die die
Prophten als Kennzeichen des zukünftigen Heils beschrieben, diese würden dann ihnen von Gott her zugedacht werden" (*The Book of Acts*, S.
84).

5. „Wenn die jüdische Welt doch nur eine Demonstration der Liebe, die
Jesus in der Bergpredigt lehrte, empfangen würde, so hätte dies eine
derartige Auswirkung auf die jüdische Welt, dass eine Vielzahl der von
Christen in den vergangenen Jahrhunderten begangenen kollektiven
Sünden bedeckt wären" (Shlomo Hizak *Building or Breaking* S. 54).
Flannery bezeichnet wahre Umkehr vom christlichen Anti-Semitismus

[wenn sie denn stattfinden würde] als „Austreibung der Dämonen der Vergangenheit" (*Anguish of the Jews*, S. 3). Wie wichtig ist es, dass diese Dämonen auch ausgetrieben werden!

6. Es ist wichtig, sich dies zu vergegenwärtigen! Von den Autoren und Lehrern, die ich in den bisherigen Kapiteln erwähnt habe – und deren Schriften ich zum Teil entschieden widerspreche – sind einige überzeugte und ernsthafte Gläubige. Edward Flannery schreibt hierzu: Echte Christen „können die Tatsache, dass christlicher Antisemitismus – obgleich er heutzutage viel sanfter auftritt – der immer noch die Seelen vieler Christen befleckt, nur zutiefst bedauern." (*Anguish of the Jews*, S. 294).

7. Viele jüdische Führer sind bezüglich der „bedingungslosen" christlichen Liebe eher skeptisch eingestellt. Wie wäre es, wenn die Juden (einschließlich des Volkes Israel) nicht gleich und sofort auf die Schriften der Christen eingehen würden? Was, wenn sie auch weiterhin Jesus als Messias ablehnen? Hat die Gemeinde dann immer noch eine „bedingungslose" Liebe zu Israel – oder wird sie erneut den Weg des Christostomos oder den des Martin Luther beschreiten?

8. Nach vorsichtigen Schätzungen werden gegenwärtig in China täglich 20.000 bis 30.000 Chinesen in das Reich Gottes hinein geboren. (Das macht in sechs Wochen zusammengerechnet 1 Million Menschen aus!) Viele dieser Heiligen wurden inhaftiert, gefoltert, viele sterben als Märtyrer. Aber das hat nur zu einem Wachstum der Kirche in China geführt. Siehe hierzu Arthur Wallis *The China Miracle. A Silent Explosion* (Colombia, MO: Cityhill Publishing 1986). Und während sich der Eiserne Vorhang allmählich öffnete, kamen Massen von geistlich verhungerten Menschen aus Russland, der Ukraine, aus Rumänien, Bulgarien und aus anderen Ländern zu zehntausenden zusammen, um die Gute Nachricht zu hören. Und doch gibt es eine noch größere Ernte, die noch einzubringen ist! Siehe das Buch *The End of the American Gospel Enterprise* von Michael Brown (Shippensburg, PA: Destiny Image. 1989) unter „The Revival to End All Revivals", S. 113–116.

9. James Dunn orientiert sich bei Ulrich Wilckens und bemerkt hierzu: „Nicht nur die Ausbreitung des Evangeliums zu den Nichtjuden ge-

schah durch Israel, auch der letzte Akt der Errettung wird durch Israel vermittelt werden" (*Romans 9–16*, S. 658). Gemäß Römer Kapitel 11 wird dies die „letzte Sequenz sein: Die Fülle der Heiden (V. 25), die Vollzahl der Juden (V. 12) = Versöhnung der Welt die letzte Auferstehung" (*ibid.*). Hallelujah!

Weiterführende Literatur

Einige der im folgenden zitierten Werke sind schon im Anhang „Anmerkungen" erwähnt worden. Viele der Bücher sind gemäß ihrem letzten Erscheinungsdatum zitiert worden, für das Erstwerk (Ausgabe und Ort des Erscheinens) müssen die entsprechenden Bücher selbst zu Rate gezogen werden. Mit nur wenigen Ausnahmen habe ich nur die Englisch-sprachigen Werke aufgeführt; es gibt jedoch auch mehrsprachige Bibliographien unter den folgenden Titeln.

Kapitel 1

Literatur über den Holocaust ist sehr umfangreich und wird schnell und stetig mehr. Die wichtigsten historischen Studien sind: Lucy S. Duwidowicz *The War Against the Jews 1933–1945* (New York: Bantam, 1986); Raul Hillberg *The Destruction of the European Jews*, 3 Bände (New York: Holmes & Meier, 1985); Nora Levin *The Destruction of European Jewry 1933–1945* (New York: Schocken, 1973); Leni Yallin *The Holocaust* (New York: Oxford University Press, 1990). Besonders viele Augenzeugenberichte sind enthalten in: Martin Gilbert *The Holocaust: A History of the Jews of Europe During the Second World War* (New York: Henry Holt, 1985). Ein tragisches und bewegendes Tagebuch eines ganzen Gemeinwesens stellt Alan Adelsons und Robet Lapides' Werk *The Lodz Ghetto: Inside a Community Under Siege* (New York: Viking, 1989) dar. Eine exzellente Auswahl führender Autoren, die über den Holocaust berichten, ist: Albert H. Friedlander *Out of the Whirlwind: A Reader of Holocaust Literature* (New York: Schocken, 1976). Eine wichtige Sammlung von Bildmaterial ist: Yitzhak Arad *Pictorial History of the Holocaust* (Jerusalem/New York: Yad

Vashem/Mac Millan, 1991). Ein zuverlässiges Nachschlagewerk ist: Israel Gutmann *Encyclopedia of the Holocaust*, 4-bändig (New York: MacMillan, 1990). Siehe bitte auch die am Ende des 4. Kapitels in diesem Abschnitt zitierten Werke (diese behandeln jüdische Frömmigkeit während des Holocaust), ebenso die im Kapitel 7 erwähnte Literatur (diese beschäftigt sich mit dem Leugnen des Holocaust). Eine Aufzählung vieler anderer Studien enthält Abraham J. Edelheit's und Herschel Edelheit's Werk *Bibliography on Holocaust Literature* (Boulder, CO: Westview Press, 1986), und *idem, Bibliography on Holocaust Literature: Supplement* (Boulder CO: Westview Press, 1990).

Kapitel 2

Einen generellen Überblick über den „christlichen" Anti-Semitismus stellt Edward Flannery's Werk *The Anguish of the Jews: Twenty-Three Centuries of Antisemitism* (New York/Mahwah: Paulist Press, 1985) dar. Weitere Werke sind: John G. Gager *The Origins of Anti-Semitism* (Oxford: Oxford Univ. Press, 1983); Malcom Hay *The Roots of Christian Anti Semitism* (New York: Liberty Press, 1981); Jules Isaac *The Teaching of Contempt: Christian Roots of Anti-Semitism* (New York: Holt, Rinehart, and Winston, 1985); James Parkes *The Conflict of the Church and the Synagogue: A Study in the Origins of Antisemitism* (New York: Ahteneum, 1985); David A. Rausch *A Legarcy of Hatred: Why Christians Must Not Forget the Holocaust* (Grand Rapids: Baker, 1990); Rosemary R. Ruether *Faith and Fractricide: The Theological Roots of Anti-Semitism* (New York: Seabury, 1974 [* in deutsch erschienen! *Nächstenliebe und Brudermord* (Chr. Kaiser Verlag, München, 1978)]; Samuel Sandmel *Anti-Semitism in the New Testament?* (Philadelphia: Fortress, 1978); Frank Ephraim Talmage *Disputation and Dialogue: Readings in the Jewish-Christian Encounter* (New York: Ktav/ Anti-Defamation League of B'nai B'rith, 1975); siehe auch die Werke, die zu den Kapiteln 6, 7 und 15 in diesem Abschnitt angegeben werden. Antworten auf den Vorwurf, das Neue Testament und/oder das Christentum selbst sei anti-semitisch liefern Gregory Baum *Is the New Testament Anti-Semitic?* (New York: Paulist Press, 1965); Eugene Fischer *Faith Without Prejudice:*

Rebuilding Christian Attitudes Towards Judaism (New York: Paulist Press, 1977). S. 54–75; Donald A. Hagner *The Jewish Reclamation of Jesus: An Analysis and Critique of the Modern Jewish Study of Jesus* (Grand Rapids: Zondervan, 1984), S. 288–293; T. A. Indinopulos and R. B. Ward „Is Christology Inherently Anti-Semitic?" *Journal of the American Academy of Religion*, 45 (1977), S. 193–214; Daniel Juster „Are the Gospels Anti-Semitic?" in *idem* und John Fischer's Ausgabe *The Enduring Paradox: Jewishness and Belief in Jesus*; M. Barth „Was Paul an anti-Semite?", *Journal of Ecumenical Studies*, 5 (1968), S. 78–104; W. D. Davies „Paul and the People of Israel", in seinem Werk *Jewish and Pauline Studies* (Philadelphia: Fortress, 1984), S. 123–152 (besonders S. 134–143); Franz Mussner *Tractate on the Jews: The Signifiance of Judaism for the Christian Faith* (Philadelphia: Fortress, 1984), S. 133–153.

Kapitel 3

Mir ist nicht bekannt, dass es wissenschaftliche Bücher gibt, die sich dem Thema „Philo-Semitismus" [Befürworter, Freund des Semitismus'] widmen. Christlich motiviertes Heldentum während des Holocaust enthalten folgende Werke: Philip Friedman *Their Brothers Keepers* (New York: Crown Publishers, 1957); Mordecai Paltiel *Path of the Righteous: Gentile Rescuers of Jews During the Holocaust* (Hoboken, NJ: Ktav 1991); Andere Stein *Quiet Heroes: True Stories of the Rescue of Jews by Christians in Nazi Occupied Holland* (New York: Oxford Univ. Press, 1986); Nechama Tec *When Light Pierced Darkness: Christian Rescue of Jews in Nazi Occupied Poland* (New York: Oxford Univ. Press, 1986); und die in Flannery's Werk *Anguish of the Jews* – dort im Anhang „Weiterführende Literatur" zu Kapitel 2, S. 336 – zitierten Werke. Die Geschichte Corrie ten Boom's ist zu finden: Im (Gemeinschafts-)Werk Corrie ten Boom's mit John und Elizabeth Sherrill *The Hiding Place* (Old Tappan, NJ: Revell, 1975). Man beachte auch *Christian History* 32 (Band X, Nr. 4), dort die Abhandlung über Dietrich Bonhoeffer; und Jakob Jocz *The Jewish People and Jesus Christ After Auschwitz: A Study in the Contmversy Between Church and Syagogue* (Grand Rapids: Baker, 1981).

Kapitel 4

Viele Bücher sind zum Thema jüdischer Glaube und dessen Praxis geschrieben worden, sowohl zum allgemeinen Verständnis, als auch für fortgeschrittene Studien. Die folgende Aufstellung repräsentiert daher nur eine winzige Auswahl. Zum Thema jüdisches Denken und praktisches Leben: Benjamin Blech *Understandig Judaism: The Basics of Deed and Creed* (Northvale, NJ: Basic Books, 1991); Haim Halevy Donin *To be a Jew* (New York: Basic Books, 1991); Louis Jacobs *Principles of the Jewish Faith* (New York: Basic Books, 1964); Alfred J. Kolatch *The Jewish Book of Why* (Middle Village, NY: Jonathan David, 1981); Joseph Telushkin *Jewish Literacy* (New York: William Morrow and Co., 1991). Zum Thema jüdische Feiertage: Abraham P. Bloch *The Biblical and Historical Background of the Jewish Holy Days* (New York: Ktav, 1978); Irving Greenberg *The Jewish Way* (New York: Summit Books, 1988); und die Zusammenstellung über die wichtigsten Feiertage von Philip Goodman (Philadelphia: Jewish Publication Society, 1971). Werke über jüdisches Brauchtum: Abraham P. Bloch *The Biblical and Historical Background of the Jewish Customs and Ceremonies* (New York: Ktav, 1980); Abraham Chill *The Minhagim: The Customs and Ceremonies of Judaism, Their Origins and Rationale* (New York: Sepher-Hermon Press, 1979). Eine Einführung in wichtigste Sammlung rabbinischer Literatur: Noah Aminoah und Yosef Nitzan *Torah: The Oral Tradition* (World Zionist Organization: Department for Torah Education and Culture in the Diaspora, n. d.); Barry W. Holtz *Back to the Sources: Reading the Classic Jewish Texts* (New York: Summit Books, 1984); *idem, Finding Our Way: Jewish Texts and the Lives We Lead Today* (New York: Schocken, 1990); Jacob Neusner *Invitation to the Talmud* (San Francisco: Harper & Row, 1984); *idem, Invitation to the Midrash* (San Francisco: Harper & Row, 1989); Adin Steinsaltz *The Essential Talmud* (New York: Bantam Books, 1976). Praktische Sammlungen rabbinischer Schriften und deren Lehre enthalten die Werke: A. Cohen *Everyman's Talmud* (New York: Schocken, 1975); Nathan N. Glatzer *Hammer on the Rock: A Short Midrash Reader* (New York: Schoeken, 1962); C. G. Monteriore und H. Loewe *A Rabbinic Anthology* (New York: Schocken, 1974). Zum Thema jüdische

Frömmigkeit während des Holocaust: Eliezer Berkovits *With God in Hell* (New York: Sanhedrin Press, 1979); Mordechai Eliab *Ani Ma'amin* (auf deutsch: „Ich glaube"; Jerusalem: Mosad Harav Kook, 1988); Yaffa Eliach *Hasidic Tales of the Holocaust* (New York: Vintage, 1988); Ephraim Oshry *Responsa from the Holocaust* (New York: Judaica Press, 1989), eine [englische] Übersetzung von Y. Leiman von Teilen des fünf-bändigen hebräischen Werkes *Sheilos Utshuvos Mima'amakim [Fragen und Antworten (jüdisches praktisches Leben und jüdisches Gesetz betreffend) aus der Tiefe]*; Irving Rosenbaum *The Holocaust and Halakah* (New York: Ktav, 1976). Zum Thema jüdisches Gebet und Anbetung siehe in diesem Abschnitt Kapitel 11.

Kapitel 5

In diesem Teil des Anhangs sind Werke verzeichnet zu den Themen: Jüdischer Hintergrund des neuen Testaments, „jüdische Wesensart" Jesu, jüdische Wurzeln des christlichen Glaubens und prophetische Bedeutung der israelischen Feiertage. Kapitel 8 in diesem Abschnitt zählt hauptsächlich Bücher auf, die sich mit Paulus und seinem „jüdisch-Sein" beschäftigen, und gegenwärtige messianisch-jüdische Werte und Fragen. Die nun folgende Aufzählung ist eine kleine aber repräsentative Sammlung von (Gegenwarts-Literatur, einschließlich Werken von Autoren aus der protestanischen, römisch-katholischen, „Sieben-Tags-Adentistischen", messianisch-jüdischen Richtung und von orthodoxen, konservativen und gemäßigten jüdischen Gelehrten: James H. Charlesworth *Jesus Within Judaism* (Garden City: Doubleday, 1988); *idem, Jesus' Jewishness* (New York: Crossroad, 1991); E. P Sanders *Jesus and Judaism* (Philadelphia: Fortress, 1986); R. T. France und David Wenham *Gospel Perspectives, Vol. 3: Studies in Midrash and Historiography* (Sheffield: JSOT Press, 1983); Marvin R. Wilson *Our Father Abraham: Jewish Roots of the Christian Faith* (Grand Rapids: Eerdmans, 1986); Brad H. Young *Jesus and His Jewish Parables* (New York/Mahwah: Paulist Press, 1989); Terrance Callan *Forgetting the Root: The Emergence of Christianity from Judaism* (New York/Mahwah: Paulist Press, 1986); Bernard J. Lee, S. M. *The Galilean Jewishness of Jesus: Retrieving the Jewish Originas of Christianity* (New York/Mahwah: Paulist Press,

1988); Val Ambrose McInnes, O. P. *Renewing the Judeo-Christian Wellsprings* (New York: Crossroad, 1987); Jaques Doukhan *Drinking at the Sources* (Mountain View, California: Pacific Press, 1981); David H. Stern *Restoring the Jewishness of the Gospel* (Jerusalem: Jewish New Testament Publications, 1988); Harvey Falk *Jesus the Pharisee: A New Look at the Jewishness of Jesus* (New York/Mahwah: Paulist Press, 1985); Samuel Tobias Lachs *A Rabbinic Coinmentary on the New Testament: The Gospels of Matthew, Mark and Luke* (New York/Hoboken: The Anti-Defamation League/Ktav, 1987); Philip Sigal *The Halakah of Jesus of Nazareth According to the Gospel of Matthew* (Lanham, MD: University Press of America, 1986); Irving Zeitlin *Jesus and the Judaism of His Time* (Oxford: Blackwell, 1988). Eine Einschätzung gegenwärtiger jüdischer Studien über Jesus und Verweise auf die Werke von I. Abrahams, S. Ben-Chorin, D. Daube, D. Flusser, J. Klausner, P. Lapide, C. G. Montefiore, S. Sundmel, G. Vermes und andere: Siehe Donald Hagner *The Jewish Reclamation of Jesus* (bereits in diesem Abschnitt unter Kapitel 2 zitiert). Zum Thema prophetische Bedeutung der jüdischen Feiertage: Victor Buksbazen *The Gospel in the Feasts of Israel* (Fort Washington, PA: Christian Literature Crusade, 1954); John Fischer „The Meaning and Importance of the Jewish Holidays" – zitiert in Sid Roth's Werk *Time is Running Short* (Shippensburg, PA: Destiny Image, 1990), S. 177–194; Martha Zimmerman *Celebrate the Feasts* (Minneapolis: Bethany, 1981); Mitch and Zhava Glaser *The Fall Feasts of Israel* (Chicago: Moody, 1987); Joseph Good *Rosh HaShanah and the Messianic Kingdom to Come: A Messianic Jewish Interpretation of the Feast of Trumpets* (Port Arthur, TX; HaTikvah Ministries, 1989; und Daniel Juster *Revelation: The Passover Key* (Shippensburg, PA: Destiny Image, 1991).

Kapitel 6

Zum Thema gegenwärtige, gegen Israel gerichtete Tendenzen in den Medien und allgemein falsch verstandene Vorstellungen zum großen Thema Palestinänser sind zu finden bei Yitschak Ben Gad *Politics, Lies and Videotape. 3000 Questions and Answers on the Mideast Crisis* (New York: Shapolsky Publishers, 1991); Leonard J. Davis (und Eric Rozenmann und Jeff Rubin)

Myths and Facts 1989: A Concise Record of the Israel-Arab Conflict (Washington, DC: Near East Reports, 1988); Stephen Karetzky und Peter Goldman *The Media's War Against Israel* (New York: Steinmatzky-Shapolsky, 1986); Uri Algom, Daniel Dishon, Yoel Cohen und Arden J. Goldman „The War in Lebanon", *Enceclopedia Judaica Year Book 1983/5* (Jerusalem; Keter, 1985), Spalten 18–67. Eine gute monatliche Publikation wird von CAMERA (Commitee for Accuracy in Middle East Reporting in America; Boston, MA) herausgegeben; die in San Francisco ansässige Organisation FLAME (Facts and Logic about the Middle East), sie sponsort Anzeigenkampagnen in den großen Zeitschriften und Zeitungen. Christliche evangelikal-missionarische Sichtweisen über die Krise im Mittlere Osten bringen: David Dolan *Holy War for the Promised Land: Israel's Struggel to Survive in the Muslim Middle East* (Nashville: Thomas Nelson, 1991); George Grant *The Blood of the Moon* (Brentwood, TN: Wolgemuth & Hyatt, 1991); und Basilea Schlink *Israel at the Heart of World Events: A Perspective on the Middle East Situation Written During the Gulf War* (Darmstadt-Eberstadt, Germany: Evangelical Sisterhood of Mary, 1991). Eine ausgewogene Beurteilung des palästinensischen Aufstands bringt Ze'ev Schiff und Ehud Ya'ari *Intifada* (New York: Simon & Schuster, 1989). Die menschliche Dimension des arabisch-israelischen Kampfes beleuchtet David K. Shipler *Arab and Jew: Wounded Spirits in a Promised Land* (New York: Penguin Books, 1987); Raphael Patai *The Seed of Abraham: Jews and Arab in Contact and Conflict* (New York: Charles Scribner's Sons. 1986), *idem, The Arab Mind* (New York: Charles Scribner's Sons, 1983); *idem, The Jewish Mind* (New York: Charles Scribner's Sons, 1977); Amos Elon *The Israelis: Founders and Sons* (New York: Penguin Books, 1981); und Elia Chacour und David Hazard *Blood Brothers* (Old Tappan, N. J.: Revell, 1984); eine starke Kritik Israels aus palästinensischenr Sicht ist Naim Stifan Ateek *Justice and Only Justice: A Palestinian Theology of Liberation* (Maryknoll, NY: Orbis Books, 1989).

Kapitel 7

Allgemeine Studien zu den Vorwürfen gegen die Juden im Mittelalter enthalten: Joshua Trachtenberg *The Devil and the Jews: The Medieval Conception* *of the Jew and its Relation to Modern Antisemitism* (New York: Meridian Books, 1961); und James Parkes *The Jew in the Medieval Community* (New York: Sepher-Hermon Press, 1976); siehe auch die in *Encyclopedia Judaica* enthaltenen Artikel über „Blood Libel" [= Blutbeschuldigung *], (von Haim Hillel Ben-Sasson und Yehuda Slutsky), „Desecration of the Host" [= Hostienschändung *] (von Cecil Roth), „Wandering Jew" [= der ewige Jude *] (Yvonne Glikson), „Protocols of the Elders of Zion" (Leon Piliakov), „The Dreyfus Affair" (Moshe Catane) und „The ‚Doctors' Plot" (Jonathan Frankel), zusammengestellt in *Anti-Semitism* (Jerusalem: Keter, 1974). Mehr über *Protocols*, ein Werk, das von Paul F. Boller, Jr. und John George als „eines der meist verbreitetesten Fälschungen unserer Tage" bezeichnet wird (*They Never Said It: A Book of Quotes, Misquotes, and Misleading Attributions* [New York: Oxford Univ. Press, 1989], S. 106f), siehe besonders Norman Cohn *Warrant for Genocide: The Jewish World Conspiracy and the Protocols of the Elders of Zion* (New York: Harper & Row, 1966); und vergleiche auch Cliff Goldstein „The Protocols Bug", *Shabbat Shalom*, Januar–März 1991, S. 11–13. Die „Khazar conversion"-Theorie Arthur Koestlers ist von anerkannten Gelehrten der jüdischen Geschichte gründlichst widerlegt worden; eine hilfreiche Zusammenstellung der Fehler Koestlers ist zu finden bei John Powledge *Replacement Theology: The Denial of Covenant?* (M. Div. Thesis, Messiah Biblical Institute and Graduate School of Theology, 1991), „Anhang C: McKeever, Koestler and the Khazars: Questions of Validity and Factuality in Historical Research"; besonderer Beachtung wert ist ein auf Französisch erschiener Artikel von Simon Szszman „La Question des Khazars: Essai de Mise an Point", in *Jewish Quarterly Review* 73 (1982), S. 189–202. Zur pseudo-wissenschaftlichen „Auschwitz-Lüge" gibt es folgende Werke: Lucy S. Dawidowicz „Lies About the Holocaust", *Commentary* 70/6 (December, 1980), S. 31–37; *idem, The Holocaust and the Historians* (Cambridge, MA: Harvard Univ. Press, 1981); Israel Gutman „Holocaust, Denial of" in *Encyclopedia of the Holocaust*, Band 2, S. 681–686, mit einer Bibliographie über wichtige wissenschaftliche Einzeldarstellungen auf S. 686. Zu verleumderischen Attacken gegen den Talmud, siehe Artikel in *Encyclopedia Judaica* unter „Eisenmenger, Johan Andreas" (Band 6, Spalte

545ff.) und unter „Rohling, August" (Band 14, Spalte 224); man beachte auch das Werk von H. L. Strack und G. Stemberger *Introduction to the Talmud and Midrash* (Edinburgh: T & T Clark, 1991), S. 241–244, mit einer Bibliographie auf S. 241. Siehe bitte auch die in diesem Abschnitt zu den Kapiteln 6 und 14 aufgeführten Werke.

Kapitel 8

Grundlegende Studien über die Inquisition enthalten die Werke: Henry C. Lea *A History of the Inquisition in Spain* 4 Bände (New York: Harbor, 1955); Henry A.F. Kamen *The Spanish Inquisition* (New York: W. W. Norton, 1964); zusätzliche Bibliographien siehe *Encyclopedia Judaica* Band 8, Spalte 1407; ein Schlüsselwerk über die „Conversos" ist Cecil Roht's Werk *A History of the Marranos* (New York: Schocken, 1974). Primärquellen sind: H. Beinart *Records of the Trials of the Spanish Inquisition in Ciudad Real* (Leiden: E. J. Brill, 1974). Gegenwärtige Fragen zum Thema messianisches Judentum (wobei auch die früheren Werke von J. Danielou, H.J. Schoeps, M. Simon u.a. aufgegriffen werden) siehe Daniel Juster *Jewish Roots: A Foundation of Biblical Theology for Messianic Judaism* (Rockville, MD: Davar, 1986); Michael Schiffman *Synagogue of the Messiah: Messianic Judaism from the First Century to the Present* (Bay Terrace, NY: Teshuvah Publishing, 1992); David H. Stern *Messianic Jewish Manifesto* (Jerusalem: Jewish New Testament Publications, 1988); vergleiche auch Arnold F. Fruchtenbaum *Israelology: The Missing Link in Systematic Theology* (Tustin, CA: Ariel Ministries, 1989); eine historische Perspektive über „jüdisches Christentum" (das ist messianisches Judentum), vergleiche Jakob Jocz *The Jewish People and Jesus Christ: The Relationship Between Church and Synagogue* (Grand Rapids: Baker, 1979); und Ray A. Pritz Nazaren *Jewish Christianity: From the End of the New Testament Period until its Disappearance in the Fourth Century* (Jerusalem/Leiden: Magnes/E. J. Brill, 1988). Für das Einhalten des siebenten Tages als Sabbat machen sich folgende Werke stark: Samuel Bacchiocchi *From Sabbath to Sunday: A Historical Investigation of the Rise of Sunday Observance in Early Christianity* (Rome: The Pontifical Gregorian Univ. Press, 1977); vergleiche auch *idem, Divine Rest for Human Restlessness: A Theological Study of the Good News of the Sabbath for Today* (Berrien Springs, MI: by the author, 1984); mit Bacchiocchis Werk setzt sich D. A. Carson in *From Sabbath to Lord's Day: A Biblical, Historical and Theological Investigation* (Grand Rapids: Zondervan, 1982) auseinander. Eine kürzlich erstellte christliche Studie über die Bedeutung des Sabbats (in ihm wird für seine Übertragung auf den Sonntag biblisch argumentiert) stellt Will Chantry's Werk *Call the Sabbath a Delight* (Carlise, PA: Banner of Truth, 1991) dar. Ein klassisches jüdisches Werk über den Sabbat hat Abraham Joshua Heschel erstellt: *The Sabbath: Its Meaning for Modern Man* (New York: Noonday Press, 1991). Literatur unserer Tage über Paulus und das [jüdische] Gesetz ist sehr umfangreich; eine Zusammenfassung der kürzlich erschienen wichtigen wissenschaftlichen Werke – einschließlich der Schriften von W. D. Davies, L. Gaston, E. P. Sanders, H. Räisänen, H. Hübner und anderer – siehe Stephen Westerholm's Werk *Israel's Law and the Church's Faith: Paul and His Recent Interpreters* (Grand Rapids: Eerdmans, 1988) – hierin setzt er sich auch mit den Positionen der genannten Autoren auseinander; vergleiche auch James D. G. Dunn *Jesus, Paul and the Law: Studies in Mark and Galatians* (Louisville, KY: Westminster, 1990). Siehe bitte auch die in Kapitel 5 zu diesem Abschnitt aufgeführten Werke.

Kapitel 9

Grundlegende Studien über die Kreuzzüge sind enthalten in: Hans E. Mayer *The Crusades* (Oxford: Oxford Univ. Press, 1972); Robert Payne *The Dream and the Tomb: A History of the Crusades* (New York: Dorset Press, 1984); Jonathan Riley-Smith *The Crusades: A Short History* (New Haven: Yale Univ. Press, 1990); Steven Runciman *A History of the Crusades* 3 Bände (New York: Cambridge Univ. Press, 1952–1954); Kenneth M. Setton *A History of the Crusades* (Madison: Univ. of Wisconsin Press, 1969); vergleiche auch Salo Wittmayer Baron *A Social and Religious History of the Jews* Band 4 (New York/Philadelphia: Columbia Univ. Press/The Jewish Publication Society, 1957); Shlomo Eidelberg *The Jews and the Crusaders: The Hebrew Chronicles of the First and Second Crusades* (Madison: Univ. of Wisconsin Press, 1977); Francesco Gabrieli *Arab Historians of the Crusa-*

des (New York: Dorset Press, 1989). Weitere Studien sind in folgenden bibliographischen Werken zu finden: Hans E. Mayer (*Bibliographie zur Geschichte der Kreuzzüge*, 1960) und Azis S. Atiya (*The Crusades: Historiography and Bibliography*, 1962).

Kapitel 10

Zum geistlichen Fürbitter-Dienst, der mit Tränen verbunden ist, gibt es: *Ablaze for God* von Wesley L. Deuwel (Grand Rapids: Zondervan, 1989, S. 237–247; und Leonhard Ravenhill *Revival God's Way*, (Minneapolis: Bethany, 1983), S. 69–74. Ein klassisches Beispiel für die Kraft, die aus einem tiefen, mit innerem Zerbruch verbundenen Gebet fließt, liefert: Captain E. G. Carre *Praying Hyde* (South Plainfield, NJ: Bridge Publishing, 1982); Norman Grubb Rees Howells: *Intercessor* (Fort Washington; PA: Christian Literature Crusade). Ein machtvoller Ruf an die Christenheit für mehr Mitgefühl für Israel: M. Basilea Schlink *Israel, My Chosen People* (Old Tappan, NJ: Revell: 1988); siehe auch *idem, Comfort, Comfort My People* (Darmstadt-Eberstadt, Germany: Evangelical Sisterhood of Mary, 1989), und vergleiche Andrew Bonar *Memoir and Rernains of Robert Murray M'Cheyne* (Carlisle, PA: Banner of Truth, 1966), S. 187–198.

Kapitel 11

Unter den vielen Werken, die es bereits zum Thema jüdisches Gebet und Anbetung gibt, dienen die folgenden als praktische Einleitung: Haim Halevy Donin *To Pray as a Jew* (New York: Basic Books, 1980); Evelyn Garfield *Service of the Heart: A Guide to the Jewish Prayer Book* (Northvale, NJ: Jason Aronson, 1989); Abraham Millgram *Jewish Worship* (Philadelphia: Jewish Publication Society, 1971): Elie Munk *The World of Prayer*, 2 Bände (New York: Feldheim); vergleiche auch die verschiedenen Ausgaben des *Siddur* (Jüdisches Gebetsbuch) [* in Deutsch (d. h. zweisprachig: Hebräisch-Deutsch) erschienen unter *Siddur Sefat Emet* (Victor Goldschmidt Verlag, Basel, 1982)*], insbesondere *Art Scroll Siddur Metsudah Siddur* und die Ausgaben des Gebetsbuches des Chofetz Chaim, von J.H. Hertz, von S.R. Hirsch und Philip Birnbaum. Über die achtzehn Segnungen: Siehe Avrohom

Chaim Feuer *Shemoneh Esrei: The Amidah/The Eighteen Benedictions* (New York: Mesorah Publications, 1990).

Kapitel 12, 13 und 14

Zum Thema moderner Staat Israel und die Bibel vergleiche Arthur W. Kac *The Rebirth of the State Israel: Is it of God or of Men?* (Grand Rapids: Baker, 1976); *idem, The Death and Resurrection of Israel: A Message of Hope for a Time of Trouble* (Grand Rapids: Bake, 1976). Eine Kritik an der dispensationalistischen [Dispenstationalismus = die strikte Unterscheidung zwischen Israel und der Gemeinde Jesu*] und der den Alten Bund betonenden Hermeneutik [= Schriftauslegung*], letztere betont die Einheit des Mosaischen und des Neuen Bundes, liefert: Daniel P. Fuller *Gospel and Law: Contrast or Continuum?*; für eine Kritik an der „Enterbungstheorie" siehe M. Div. Thesis von John Powledge (bereits in diesem Abschnitt zu Kapitel 7 zitiert) und – sehr prägnant – Keith Parker „Is the Church the ,New Israel'? A Biblical Analysis of the Teachings of ,Replacement Theology'" in Sid Roth's Werk *Time is Running Short* (bereits in diesem Abschnitt zu Kapitel 8 zitiert), S. 203–219; vergleiche auch Daniel Juster in *idem* und Keith Intrater *Israel, the Church and the Last Days* (Shippensburg, PA: Destiny Image, 1990), S. 1–102. Die Auslegung von Römer, Kapitel 9–11 betreffend – siehe insbesondere die kürzlich erschienenen Kommentare von James D. G. Dunn (Word) und C. E. B. Cranfield (International Critical Commentary).

Kapitel 15

Allgemeine Studien zum Thema Anti-Semitismus siehe: Paul E. Grosser und Edwin G. Halpern *Anti-Semitism, Causes and Effects* (New York: Philosophical Library, 1983); Jacob Katz *From Prejudice to Destrucion: Anti-Semitism 1700–1933* (Cambridge, MA: Harvard Univ. Press, 1980); Gavin A. Langmuir *Toward a Definition of Antisemitism* (Berkeley: Univ. of California Press, 1990); Bernard Lewis *Semites and anti-Semites: An Enquiry into Conflict and Prejudice* (New York: W. W. Norton, 1986); Barnet Litvinoff *The Burning Bush: Anti-Semitism and World History* (New York. E. P. Dutton, 1988); Leon Poliakov *The History of Antisemitsm: From the Time of Christ to the Court Jews* (New York: Schocken, 1974); *idem, The History of Anti-Semitism: From Voltair to Wagner* (New York: Vanguard Press, 1975); Dennis Prager und Joseph Telushkin *Why the Jews? The Reasons for Antisemitism* (New York: Simon & Schuster, 1983); Jean-Paul Sartre *Anti-Semite and Jew* (New York: Schocken, 1965). Man beachte auch die in der *Encyclopedia Judaica* enthaltenen Artikel über Anti-Semitismus, insbesondere S. 1–67; siehe bitte auch die bereits zitierten Werke zu den Kapiteln 2, 6 und 7 in diesem Abschnitt. Mehrere Organisationen geben regelmäßige und aktuelle Veröffentlichungen über nationalen und international vorkommenden Anti-Semitismus heraus, darunter sind: Die „Anti-Defamation League", das „Simon Wiesenthal Center", das „World Jewish Center" und der „American Jewish Congress".

Kapitel 16

Zum Thema Israel und die Endzeit, siehe die Kapitel 12 bis 14 in diesem Abschnitt. Man beachte auch Keith Intrater – in Juster und Intrater's Werk *Israel, the Church and the Last Days* (bereits in diesem Abschnitt zu Kapitel 12–14 zitiert), S, 103–141; von den vielen Werken, die die Verbindung zwischen inbrünstigem Gebet und Erweckung zum Inhalt haben, seien insbesondere erwähnt: Leonhard Ravenhill *Why Revival Tarries* (Minneapolis: Bethany, 1989); Mary Stuart Relfe *The Cure of All Ills* (Montgomery, AL: League of Prayer, 1988); James Alexander Stewart *Opened Windows: The Church and Revival* (Asheville, NC: Revival Literature); Arthur Wallis *In the Day of Thy Power* (Columbia, MO/Fort Washington, PA: Cityhill Publishing/Christian Literature Crusade, 1990); vergleiche auch James Edwin Orr *The Event of the Century: The 1857–1858 Awakening* (Richard Owen Roberts; Wheaton, IL: International Awakening Press, 1989); Charles G. Finney *Revival Lectures* (Old Tappan, NJ: Revell); siehe bitte auch Kapitel 10 in diesem Abschnitt.

„Ein Freund liebt zu jeder Zeit …"

(Sprüche 17, 17)

Christliche Freunde Israels e. V.
Söldenhofstr. 10
83308 Trostberg
Tel.: 0 86 21 - 97 72 86
E-Mail: info@cfri.de
www.cfri.de

Christliche Freunde Israels e. V. (CFRI) ist der deutsche Arbeitszweig von **Christian Friends of Israel** mit Hauptsitz in Jerusalem.

Der Name CFRI kommt aus Sprüche 17,17: *„Ein Freund liebt zu jeder Zeit …"* und repräsentiert die Liebe von Christen in der ganzen Welt gegenüber der Nation Israel. Viele Christen suchen nach Möglichkeiten, ihre Liebe und Freundschaft auszudrücken und gemäß der Bibel mit Israel vereint zu stehen. CFRI ist eine Brücke zwischen der Gemeinde Jesu in den Nationen und dem jüdischen Volk.

Christliche Freunde Israels ist ein Dienst mit folgenden wesentlichen Zielen:

1. Sich mit der Liebe des Messias durch Projekte und Einsätze in Israel nach den Juden auszustrecken
2. Die Gemeinde Jesu über ihr hebräisches Erbe und ihre Grundlagen zu lehren und eine prophetische und biblische Verantwortung gegenüber den Juden zu betonen
3. Den jüdischen Menschen unsere Solidarität mit ihnen bewusst machen

Es ist traurig, aber wahr, dass der durchschnittliche Jude durchs Leben geht, ohne jemals eine klare Definition echten Christentums gehört zu haben oder je einen wirklichen Zeugen gesehen zu haben. Wegen unserer Geschichte haben viele Juden eine vorgefasste Meinung über Christen.

Aber auch viele Christen haben nie die Möglichkeit, etwas über die jüdische Welt zu erfahren. Die Mitarbeiter von CFRI haben die einzigartige Gelegenheit, Kanäle des Segens für die Gemeinde zu sein, während sie in Israel leben und dienen. Sie können alle erdenklichen Möglichkeiten nutzen, den Schaden, der den Juden gegenüber im Namen Jesu von der Kirche angerichtet worden ist, wieder gutzumachen.

DEREK C. WHITE

Die Ersatztheologie

Ursprung, Geschichte
und Theologie

In verschiedenen Ausprägungen ist die sogenannte „Ersatz-Theologie" immer noch tief verwurzelt in der Kirche. Das hat verhängnisvolle Konsequenzen für die Beziehung der Kirche zu Israel. Nur wenige sind mit den Ursachen und der Entwicklung dieser Lehre vertraut. Diese Studie will allen verantwortlichen Christen zu einem tieferen Verständnis helfen und – wo nötig – den gegenwärtig vorhandenen Einstellungen und Verhaltensweisen Israel gegenüber entgegenwirken.

Paperback, 64 Seiten
ISBN: 978-3-981131-13-0

LANCE LAMBERT

Mein Haus soll ein Haus des Gebets sein

In diesem Buch greift Lance Lambert auf vielfältige Erfahrungen zurück, die er in seinem Leben als Beter und Fürbitter machen konnte. Als 13 Jähriger war er der jüngste Teilnehmer einer Gebetsgruppe, als junger Mann erlebte er in einer kleinen Gruppe, wie der Herr nach jahrelangem kontinuierlichen Gebet einen geistlichen Durchbruch in ihrer Region und darüber hinaus schenkte. Die enge Gemeinschaft mit dem Herrn und mit Geschwistern im Gebet war immer ein zentraler Ausdruck seines geistlichen Lebens.

Die vielfältigen Erfahrungen und Einblicke, die schwierigen und auch humorvollen Erlebnisse, die der Herr ihm in 70 Jahren als Beter geschenkt hat, machen dieses Buch zu einem kostbaren Schatz für jeden, der enge Gemeinschaft mit dem sucht, der selber der größte Fürbitter ist:

„Daher kann er auch bis aufs äußerste die retten, welche durch ihn zu Gott kommen, da er immerdar lebt, um in Fürbitte für sie einzutreten!" (Hebr 7, 25)

Paperback, 304 Seiten
ISBN: 978-3-981131-16-1

KAREN & CHUCK COHEN

Heimkehr
zu den Wurzeln

Wenn wir unsere Glaubenswurzeln entdecken und erkennen, so erlangt der Leib Christi Macht und Kraft und Stärke. Die Kirche hat sich fatalerweise im zweiten Jahrhundert von den jüdischen Wurzeln getrennt. Dadurch wurde die Theologie mit einer gefährlichen Mischung aus Wahrheit und Irrtum regiert. Jesus, Paulus und die Apostel haben sich in all ihren Predigten immer auf das Alte Testament, die hebräische Bibel, bezogen. Nur indem diese inneren Wurzeln nährten, konnte der Geist Gottes sie benutzen, um das Gesetz zu erfüllen – bildlich zu erklären und seine wahre Bedeutung klarzumachen.

Chuck und seine Frau arbeiten hervorragend die tiefen Bedeutungen des Alten Testaments heraus. Immer wieder gehen sie auf die Wurzelbedeutung des jeweiligen Wortes ein. Ein Buch, das in Israelkreisen seinen festen Platz haben sollte. Darüberhinaus für jeden Christen wichtig zu wissen, worauf unser Glaubenshaus gebaut ist. Es eignet sich für das persönliche Studium, als Leitfaden für Hauskreise und auch zur Predigtvorbereitung.

Paperback, 320 Seiten
ISBN: 978-3-944603-01-8